PASQUALE J. SIMONELLI

HYRIA,
A Lost City-State,
Una Polis Scomparsa.

Nola - Tabŭla II, n. 7a.

Hyria - Tabŭla I, n. 8.

Sacer Equestris Aureus Ordo

©2000

Copyright © 2000 by Pasquale J. Simonelli
Designs © S.E.A.O. 2000

All rights reserved. No part of this book may be reproduced
in any form or by any means, electronic or mechanical, including
photocopying, recording, or by any information storage and
retrieval, without permission in writing from the author.

ISBN-13: 978-0615702551
ISBN-10: 0615702554

Sacer Equestris Aureus Ordo Inc.
History division
Charleston, SC, USA

This book, in English and Italian, is an updated reprint of

NOLA-HYRIA
History, economy, legends, and myths of Hyria, a lost pagan city in the IV century B.C.
(edited by Luigi Vecchione, Edizioni "*Opinione 2*" Archeoclub d'Italia, Nola, Napoli, 2001)
***
with the addition of a chapter on the Campanian city-state of Phistelia.

Questo libro, in inglese ed italiano, è una ristampa aggiornata di

NOLA-HYRIA
Storia, economia, leggende e miti di una città pagana perduta nel IV secolo a.C.
(edito da Luigi Vecchione, Edizioni "*Opinione 2*" Archeoclub d'Italia, Nola, Napoli, 2001)
***
con l'aggiunta di un capitolo sulla polis campana di Fistelia.

CONTENT

Preface	6
I Blessed Campania	10
II The coins of Hyria	14
III The Myths of Hyria	22
IV The etymological and sacred aspect of Hyria	30
V The Italic settlers	38
VI Etruscans and Greeks	46
VII The Samnites	56
VIII Nola, the New-Hyria	62
IX Hyria's mint	70
X Nola's supremacy	80
XI The Second Samnite War	86
XII Nola's boundary disputes	90
XIII Coins of the Campanian City-State of Phistelia	98
TABŬLA I SELECTED COINS FROM THE MINT OF HYRIA	102
TABŬLA I a ACHELOUS CROWNED NIKE -VICTORY FLYING ABOVE	105
TABŬLA II SELECTED COINS FROM THE MINT OF NOLA	106
TABŬLA III COIN COMPARISON	108
TABŬLA III OVER-STRUCK	109
TABŬLA IV INVENTORY OF HYRIAN AND NOLAN COIN HOARDS	110
TABŬLA V NAPLES: "MUSEO NAZIONALE"	111
TABŬLA VI SELECTED COINS WITH ELEPHANTS FROM 310 TO 202 B.C.	113
ABREVIATIONS	114
NOTES	115
BIBLIOGRAPHY	127
APPENDIX	137

    MAP I   CENTRAL AND SOUTHERN ITALY, II AND I MILLENNIUM B.C.
    MAP II   CENTRAL GREECE, I MILLENNIUM B.C.
    MAP III   NOLA'S SURROUNDINGS
    MAP IV   THE LOCATION OF CICALA'S HILL
    MAP V   CAMPANIA
    PLATE 1
        $1: Great Seal
        £2: ear of barley
        £10: Pegasus
        Metapontion: *Nomos* (VI cent. B.C.)
        Syracuse: stater (IV cent. B.C.)
        Mt. Somma
        Present Clanius? (Avella: Fontanelle)
    PLATE 2
        1/4 Shekel, 1.91 gr., Hannibal
        ½ Litra, ROMAION
        Hyria: Athena

    Nola
    Hyria
    Nola
    Neapolis: Apollo & Achelous

PLATE 3
    Gela
    Etruscan Art
    Naples, Piazzetta Nilo
    120 grana
    Napoleon
    Ur, detail of the Great Lyre's panel
    Akkadian seal
    "Lamassu"
    Teanum Apulum
    Syracusan thunderbolt
    "Rdo-rje"

PLATE 4
    ...Genio Coloniae...
    Caria: stater
    Pompeii: # 2 reg. IX isola 7
    Caduceus
    Pompeii: Casa del Criptoportico # 2 reg. I isola 6
    Brahmāṇda

PLATE 5
    Cero
    Giglio, Brooklyn, NY
    Boat & giglio: Brooklyn, NY

PLATE 6
    Samnite Warrior
    Nola: Samnite tomb
    Skyphos

PLATE 7
    Neapolis: Berlin Museum
    'Demareteia'
    Thurii
    Croton
    Pandosia
    Decadrachma, Euainetos
    Neapolis: didrachma

PLATE 8
    Nola
    Cumae
    Cicala: St. Lucia (XV cent.)
    Cicala

PLATE 9
- Syrian Mother Goddess
- Nola: monogram ΛE
- Senseris
- Hyria: Hera
- Croton
- Thurii
- Pandosia
- Overstrike: Neapolis on Hyria
- Chimaera, Nola, Via G. Bruno
- Similar: to Frasso's coin

PLATE 10
- *C.I.L.* X, Nola, 1238
- Maria SS Assunta, Pernosano di Pago
- Rome: victoriatus 211-208 B.C.
- Visciano: seen from Cicala

PLATE 11
- Nola: Emperor Titus
- Lauro, San Giovanni del Palco, Roman Villa
- *C.I.L.* X, Nola, 1235
- *C.I.L.* X, Nola, 1236
- Nola: Marcellus

PLATE 12
- *CIPPUS ABELLANUS*

PLATE 13
- Coins of Phistelia

PLATE 14
- Coins of Phistelia and Etruria

PREFACE

The investigation on coinage is one of the very important moments for the study of a country's history, particularly if its coinage is the only source certifying the existence of that state. Clearly, the inquiry on coinage cannot rule out a general analysis of the historical and cultural environment in which the official currency was ratified. Minting originates as a political act legalized by all the administrative components of the issuing state. Therefore, we can never disregard the philosophy, history, religion, politics, laws, mythology, art, and culture of a state when we want to study its currency as a synthetic symbol of its weltanschauung. However, it is not necessary that these symbols be immediately understood in all their ideological significance by the citizens themselves, who may only vaguely realize a certain connection with the values expressed by those symbols. The historian, on the contrary, must explain why a particular symbol is used on a coin and what its importance is in the sociocultural context of the issuing state and of the other states with which it enters in commercial relationships. The currency, in short, is the calling card of the issuing state and identifies it as a sociopolitical entity. The symbol presented on the currency is not arbitrary, but reflects the political, economic, and religious history of a population. For example, those who want to understand the history of the United States of America may turn to the reverse of "The Great Seal," [1] printed on the nation's $1 bill. The seal, an unfinished pyramid surmounted by an eye in a triangle, reveals symbolically the scope of the illuminist philosophy in the country's revolution. [2] Therefore, it would be short-sighted if we omit the study of the Enlightenment, deeming it not essential for the comprehension of the history of America. Similarly, to those who want to understand Italy's past, the "ear of barley" and the "Pegasus," [3] engraved on its £2 and £10 coins of 1946-50, reveal symbolically the intent to reconnect to the tradition, history, and mythology of the ancient coinage of Magna Graecia. [4] Such symbolism cannot be disregarded if one wants to have a serious knowledge of Italy during those post-war years. At that time, Italy witnessed the vanishing ideals of an imperial Roman spirit and was searching for a new identity with an ancient but not suspect past.

Early minting was considered a sacred art and, as such, a goddess presided over its production. It is very difficult, for the contemporary mind, to understand the intervention of a metaphysical principle in matters that are perceived as unrelated to religion. The modern person, states Mircea Eliade, "accepts no model for humanity outside the human condition" and the "religious experience is no longer open to the cosmos." [5] The ancient person, on the contrary, perceived the world differently. S/he felt a communion with the gods. S/he shared with them the sanctity of the cosmos in all its metaphysical dimensions. The woods were inhabited by nymphs, the rivers by gods, and the sea by mermaids. They were visible during the evocative moments of awe suggested by the beauty and fascination of Nature. For the ancient religious person, the cosmos "lived … spoke" and the gods showed "themselves to men through cosmic life." [6] All aspects of existence were deemed sacred and homologized with the Transcendent. Thus, all actions of life such as love, sex, work, eating, and other diverse acts, became microcosmic rituals corresponding to macrocosmic divine acts, while the anatomical parts involved

PREFAZIONE

L'esame delle monete costituisce uno dei momenti molto importanti per lo studio della storia di un paese, in particolar modo se la sua monetazione costituisce l'unica fonte attestante l'esistenza dello stato stesso. Chiaramente, l'indagine sulla monetazione non può prescindere da un'analisi dell'ambiente storico-culturale in cui viene ratificata la coniazione ufficiale. La monetazione nasce come un atto politico legalizzato da tutte le componenti amministrative dello stato emittente. Pertanto, non si potrà mai prescindere dalla filosofia, storia, religione, politica, giurisprudenza, mitologia, arte e cultura di uno stato di cui si vuole studiare la moneta come simbolo sintetico della sua weltanschauung. Non necessariamente, però, tali simboli devono essere immediatamente compresi in tutto il loro significato ideologico dai cittadini stessi, i quali potrebbero intuire solo vagamente una certa connessione con i valori espressi da tali simboli. Lo storico, invece, deve spiegare perché un determinato simbolo è usato su una moneta, qual'è la sua valenza nel contesto socio-culturale del paese emittente e degli altri stati con i quali entra in relazioni commerciali. La moneta, insomma, costituisce il biglietto da visita dello stato emittente e lo identifica come entità socio-politica. Il simbolo espresso sulla moneta non è arbitraro, ma rispecchia la storia politica, economica e religiosa di un popolo. Per esempio, chi volesse comprendere la storia degli Stati Uniti d'America può osservare il rovescio del "Grande Timbro,"[1] stampato sul biglietto da $1 di quella nazione. Il timbro, una piramide incompiuta sovrastata da un occhio in un triangolo, rivela simbolicamente la portata della filosofia illuministica nella rivoluzione del suddetto paese.[2] Pertanto, tralasciare lo studio dell'Illuminismo, ritenendolo non essenziale alla comprensione della storia d'America, sarebbe una miopia. Ugualmente, per chi volesse comprendere il passato dell'Italia, la "spiga di grano" ed il "Pegaso,"[3] impressi sulle sue monete da £2 e £10 del 1946-1950, rivelano simbolicamente l'intento di un riaggancio alla tradizione, alla storia ed alla mitologia dell'antica monetazione della Magna Grecia.[4] Tale simbolismo non può essere tralasciato se si vuole avere una seria conoscenza dell'Italia durante quegli anni del dopoguerra. In quel tempo, l'Italia aveva visto sfumare gli ideali di una romanità imperiale e cercava una nuova identità con un passato antico ma non sospetto.

L'antica coniazione era considerata un'arte sacra e, come tale, una dea presiedeva alla sua produzione. È molto difficile, per una mente contemporanea, comprendere l'intervento di un principio metafisico in tematiche concepite avulse dalla religione. L'uomo moderno, afferma Mircea Eliade, "non accetta alcun modello per l'umanità al di fuori della condizione umana" e l' "esperienza religiosa non è più aperta al cosmo."[5] L'uomo antico, al contrario, percepiva il mondo differentemente. Egli si sentiva in comunione con gli dei. Egli condivideva con loro la santità del cosmo in tutte le sue dimensioni metafisiche. I boschi erano abitati da ninfe, i fiumi da dei ed il mare dalle sirene. Essi erano visibili durante i momenti evocativi di meraviglia reverenziale suggerita dalla bellezza e dal fascino della Natura. Per l'antico uomo religioso, il cosmo "viveva ... parlava" e gli dei "si mostravano agli uomini attraverso la vita del cosmo."[6] Tutti gli aspetti dell'esistenza erano ritenuti sacri ed omologati col Trascendente. Pertanto, ogni azione della vita, come l'amore, il sesso, il lavoro, il mangiare ed altri vari atti, divenivano rituali microcosmici corrispondenti agli atti divini macrocosmici, mentre le parti anatomiche interessate

E
were assimilated to their cosmic principles. Consequently, expressions as the pillar of light, the omphalos of the world, and the cosmic tree were, at the same time, referred to the Metaphysical World, to the geography of the Universe, as well as to the faculties of the senses, and to the organs of the body.

We reject any unilateral, atomistic, and sectorial approach to History, regarding it as partial, unauthentic, and not corresponding to the complexity of human reality. Our research recognizes the functional and organic relations between the parts and the entire historical, political, socioeconomic, and cultural reality of a particular time period. These principles will constitute the basis of our research. From these premises we start to analyze the coinage of Hyria and Nola, highlighting the holistic aspect of the history and culture of these cities during the fifth and fourth centuries B.C.

I

erano assimilate ai loro principi cosmici. Quindi, espressioni come la colonna di luce, l'onfalo del mondo e l'albero cosmico erano, allo stesso tempo, riferiti sia al Mondo Metafisico ed alla geografia dell'Universo, che alle facoltà dei sensi ed agli organi del corpo.

Rigettiamo qualsiasi approccio unilaterale, atomistico e settoriale alla storia, ritenendolo parziale, inautentico e non corrispondente alla complessità della realtà umana. La nostra ricerca riconosce le relazioni funzionali ed organiche tra le parti e l'intera realtà storica, politica, socioeconomica e culturale di un dato periodo. Questi principi costituiranno la base della nostra indagine. Da queste premesse ha inizio la nostra analisi sulla monetazione di Hyria e Nola, evidenziando l'aspetto holistico della storia e della cultura di queste città durante il quinto e quarto secolo a.C.

I
BLESSED CAMPANIA

On March 18, 1931, a small treasure of silver coins was delivered to the Archaeological Museum of Naples. An earthen vessel, containing the hoard, had surfaced during a building dig belonging to Amore, in the locality "Murto" at Frasso Telesino, a little village on a hill in the Campanian province of Benevento. The town (population 3,203, on the Foggia-Benevento-Napoli railroad - station of Frasso-Dugenta) was a fourteenth century feud of the Gambacorta family. It was renamed Terra di Frasso in the eighteenth century. The burg is "located at the center of natural park of Taburno, at 700 meters of altitude, populated by wild boars, hares, foxes, beavers" and birds of prey. [1]

The coins, a total of twenty-two didrachmas or staters, measure about two centimeters in diameter by two millimeters in thickness each and average 7.46 grams of silver, as the standard required at the time they were minted. The coins of Frasso bare names of ancient cities: two of Capua, two of Neapolis, six of Cumae and twelve of Hyria. Today, all of those cities are still in existence, except for Hyria. Apart from its many coins, recovered in numerous other findings, no early historian or any classical literary reference ever mentioned Hyria and no other archeological finding of the town have ever surfaced. The Superintendent of Antiquities, Professor Maiuri of the University of Naples, assigned to Dr. Laura Breglia the task of examining the coins recovered at Frasso. Her study concluded that the burial of the treasure dated not later than 380 B.C. [2] Thus, before 400 B.C., the city-state of Hyria must have thrived in Campania.

Campania is a region naturally protected and surrounded by the Apennines' range and by the Tyrrhenian Sea on the west. That stretch of the Apennines has only three narrow and arduous passes. The northern pass led to ancient Latium, the southern one led to Samnium - land of the Samnites in central southern Italy - and the third pass was in the east leading to the land of the Hirpini - one of the four tribes of the Samnite confederation.[3] The other three tribes were the Caudini, the Caraceni, and the Pentri.

Around the year 150 B.C., the Greek historian Polybius found it "reasonable" (εἰκότως) that Hannibal, during the winter of 216-215 B.C., chose to quarter his Carthaginian army in Campania. It was a way to intimidate the enemy and to demonstrate that he was indisputably in control of the whole country. [4] The most renowned and beautiful cities and the most important seaports of Italy were in that region. On the coast, Polybius [5] mentions the cities of Neapolis (Νεάπολις), present Naples; Sinuessa (Σινούεσσα), present *aquae sinuessanae* of Mondragone, thirty-one miles north-west of Naples; Cumae (Κύμη), twelve miles west of Naples; Dicaearchea (Δίκαιάρχεια), present Pozzuoli, five miles west of Naples; more inland, Nuceria Alfaterna (Νουκερία), present Nocera Inferiore, twenty-three miles south-east of Naples. Polybius remarks that in the center (μεσημβρίαν) of that region was Capua (Καπύη), present Santa Maria Capua Vetere, sixteen miles north of Naples, and, at its south

I
CAMPANIA FELIX

Il 18 marzo 1931, veniva consegnato al Museo Archeologico di Napoli un piccolo tesoro di monete d'argento. Un vaso di terracotta, contenente il gruzzolo, era stato rinvenuto durante uno scavo edilizio nella proprietà Amore, in località "Murto" a Frasso Telesino, un piccolo villaggio su di una collina nella provincia campana di Benevento. Il paesino (3.203 anime, sulla linea ferroviaria Foggia-Benevento-Napoli - stazione di Frasso-Ducenta) era un feudo della famiglia Gambacorta nel quattordicesimo secolo. Fu chiamata Terra di Frasso nel diciottesimo secolo. Il borgo è "situato al centro del parco naturale del Taburno, a 700 metri d'altezza, popolato da cinghiali selvatici, lepri, volpi, castori" e rapaci.[1]

Le monete, per un totale di ventidue didramme o stateri, misurano circa due centimetri in diametro per due millimetri in spessore ciascuna e mediamente contengono 7,46 grammi d'argento, così come richiedeva lo standard all'epoca della loro coniazione. Le monete di Frasso recano i nomi di antiche città: due di Capua, due di Neapolis, sei di Cuma e dodici di Hyria. Oggi, tutte quelle città esistono ancora, eccetto per Hyria. A parte il suo gran numero di monete rinvenute in molti altri ritrovamenti, nessuno storico antico o alcun riferimento letterario ha mai menzionato Hyria e non è mai venuto alla luce nessun altro reperto archeologico della città. Il Sovrintendente alle Antichità, Professor Maiuri dell'Università di Napoli, incaricò la Dottoressa Laura Breglia di esaminare le monete recuperate a Frasso. Il suo studio concludeva che la data di sepoltura delle monete risaliva a non più tardi del 380 a.C.[2] Pertanto, prima del 400 a.C. la città-stato di Hyria doveva aver prosperato in Campania.

La regione Campania è naturalmente protetta e circondata dalla catena degli Appennini e dal Mar Tirreno ad ovest. Quel tratto degli Appennini ha solo tre stretti ed ardui passi. Il passo a nord conduceva nell'antico Lazio, quello a sud conduceva nel Sannio - la terra dei Sanniti nell'Italia centro meridionale - ed il terzo passo era ad est dirigendosi verso la terra degli Irpini - una delle quattro tribù della confederazione sannitica.[3] Le atre tre tribù erano: i Caudini, i Caraceni ed i Pentri.

Verso l'anno 150 a.C., lo storico greco Polibio ritenne "ragionevole" (εἰκότως) che Annibale, durante l'inverno del 216-215 a.C., scegliesse di acquartierare il suo esercito cartaginese in Campania. Era un modo d'intimidire il nemico e di dimostrare che egli era indisputabilmente in controllo dell'intero paese.[4] Le città più rinomate e più belle ed i porti marini più importanti d'Italia erano in quella regione. Sulla costa, Polibio[5] menziona le città di Neapolis (Νεάπολις), l'attuale Napoli; Sinuessa (Σινούεσσα), l'attuale *aquae sinuessanae* di Mondragone, a cinquanta chilometri nord-ovest di Napoli; Cuma (Κύμη), a venti chilometri ovest di Napoli; Dicearchia (Δικαιάρχεια), l'attuale Pozzuoli, a otto chilometri ovest di Napoli; più nell'entroterra, Nuceria Alfaterna (Νουκερία), l'attuale Nocera Inferiore, a trentasette chilometri sud-est di Napoli. Polibio afferma che al centro (μεσημβρίαν) di quella regione v'era Capua (Καπύη), l'attuale Santa Maria Capua Vetere, a ventisei chilometri nord di Napoli, ed a sud di questa (40°55'N, 14°33'E), Nola (Νωλανοί),[6] a ventitre chilometri nord-est di Napoli. Al nord,

E (40°55'N, 14°33'E), Nola (Νωλανοί),[6] fourteen miles north-east of Naples. In the north, Polybius describes (Cales (Κάλης), present Calvi Risorta, eleven miles north-west of Santa Maria Capua Vetere, and Teanum Sidicinum (Τέανον), present Teano, thirty-one miles north of Naples,[7] but he does not mention Hyria. By the beginning of the third century B.C., that city-state was not on the Campanian maps. That land, one of the richest of Italy, was called "Blessed Campania." The Samnites named the region after Capua, once its most important city-state, and on account of its leveled vast "*champaign*" (*campus* – field camp) - beautiful and rich like a Blessed (*Felix*) garden (κῆπος, *kepos*).[8] To the early inhabitants of that land it seemed as if the gods themselves, bearing cornucopias, "came down upon earth to mix with men" [9] each season and to participate with them in a joyous feast of Thanksgiving. Those ancient populations, during the celebrations, offered on the altars of the gods, libations with olive oil, wine, milk, honey, and the blood of the victims and of the warriors who had sacrificed themselves for that land. The whole region was most celebrated, due to its fertility and magnificence. Given such amenities, myth has it that the gods fought to gain control of that region. With the help of Heracles-Hercules, the deities took the land away from the Giants, who, periodically, to this day, claim it back again. That claim is made clear, when Vesuvius itself makes its rumbling voice heard with fiery quakes, after which everything stands still in a cloud of dust and ashes. [10]

Polybius had named the entire region "Phlaegraean field," in reference to its burning craters, [11] a name that should properly refer only to the area around Cuma and adjoining Naples. One of these volcanoes, Vesuvius, like the primordial god Janus, has two faces. One side is Vesuvius itself that stretches out as to embrace the Bay of Naples. The other face is Mount Somma[12] which looks at the rising sun and guards over atavic cities. To be precise, Mount Somma was the actual cone of the volcano itself at the time our coins were minted. The eruption that buried Herculaneum, Pompeii, and Stabiae, on August 24, 79 A.D., created a new crater that changed the shape of that mountain and gave the volcano the appearance it has today.

The ancient cities, on the oriental side of the Vesuvius, sprawl out through a vastness of black, thick and rich land which, gradually climbing, reaches the slope of gentle rounded hills abundant in herds. Wave after wave, higher and higher, with the crescendo of a choral symphony, those hills make room for mountains lush in pasture, crowning the entire southeastern horizon of the plain. In that plain, the city of Nola emerges from a sea of golden wheatfields, blooming gardens, ripe vineyards, blossoming orchards, and sweet-smelling groves, ever changing in colors. "The territory of Nola occupies the extreme oriental part of Campania... facing east it is limited by the hills of Cicala and Visciano. Facing west instead there are open fields that extend on a uniform plain up to the mouth of the river Volturno and to the Tyrrhenian Sea. The river Clanius, cutting across that plain, marks the western boundary of its territory." [13] The Clanius, presently part dried up and part turned swampy, [14] originated from Campo Summonte, in the mountains above Abella five miles north-east of Nola, and reached the Tyrrhenian Sea at Castelvolturno. [15] The domain of ancient Nola was very vast; it extended from its fluvial port in Pompeii to its border with Neapolis and, from the sea, it reached the Irpinian Mountains.

I

Polibio descrive Cales (Κάλης), l'attuale Calvi Risorta, a diciotto chilometri nord-ovest di Santa Maria Capua Vetere, e Teanum Sidicinum (Τέανον), l'attuale Teano, a cinquanta chilometri nord di Napoli,[7] ma egli non menziona Hyria. All'inizio del terzo secolo a.C, quella città-stato non appariva sulle mappe campane.

Quella terra, una delle più ricche d'Italia, era denominata "Campania Felix." I Sanniti avevano dato il nome alla regione derivandolo da Capua, un tempo la sua città-stato più importante, ed a causa della sua vasta "campagna" (*campus*) pianeggiante - bella e ricca come un Felice (*Felix*) giardino (*kepos,* κῆπος).[8] Ai primi abitanti di quella terra sembrava che gli dei stessi, recando cornacopie, "venivano sulla terra per unirsi agli uomini"[9] in tutte le stagioni e per partecipare con loro ad una gioiosa festa di Ringraziamento. Quelle antiche popolazioni, durante le celebrazioni, offrivano sugli altari degli dei libagioni con olio d'oliva, vino, latte, miele ed il sangue delle vittime e dei guerrieri che si erano immolati per quella terra. L'intera regione era molto famosa, a causa della sua fertilità e magnificenza. Date queste amenità, la mitologia ritiene che gli dei avessero lottarono per ottenere il controllo di quella regione. Con l'aiuto di Ercole-Eracle, i numi tolsero quella terra ai Giganti, i quali, periodicamente, fino ad oggi, ne reclamano la restituzione. Ciò avviene, quando il Vesuvio stesso fa sentire il brontolio della sua voce con terremoti infuocati, dopochè tutto rimane immobile in una nube di polvere e cenere.[10]

Polibio aveva chiamato l'intera regione "Campi Flegrei," in riferimento ad i suoi crateri ardenti,[11] un nome che avrebbe dovuto riferirsi propriamente solo all'area intorno a Napoli e Cuma. Uno di questi vulcani, il Vesuvio, come il dio primordiale Giano, ha due facce. Un lato è il Vesuvio stesso, che s'estende come per abbracciare la Baia di Napoli. L'altra faccia è Monte Somma[12] che guarda al sole sorgente e fa la guardia alle città ataviche. Per essere precisi, Monte Somma era l'attuale cono del vulcano stesso al tempo in cui le nostre monete furono coniate,. L'eruzione che seppellì Ercolano, Pompei e Stabia, il 24 agosto 79 d.C., creò un nuovo cratere che cambiò la forma della montagna e diede al vulcano l'aspetto attuale.

Le antiche città, sul lato orientale del Vesuvio, s'estendono attraverso una vasta terra nera, spessa e ricca che raggiunge, con graduale ascesa, le balze di colline dolcemente arrotondate ed abbondanti in armenti. Onda dopo onda, sempre più alte, col crescendo di una sinfonia corale, quelle colline danno luogo a montagne ricche in pastura, che coronano l'intero orizzonte sud orientale della piana. In quella piana, la città di Nola emerge da un mare di frumento dorato, fiorenti giardini, vigneti maturi, frutteti in fiore e boschetti profumati, dai sempre cangianti colori. "Il territorio di Nola occupa la parte estremo-orientale della Campania . . . guardando ad oriente essa è limitata dalle colline di Cicala e Visciano. Guardando ad ovest invece vi sono campi aperti, che s'estendono su di una piana uniforme fino alla foce del fiume Volturno ed al Mar Tirreno. Il fiume Clanio, tagliando attraverso quella pianura, segna il confine occidentale del suo territorio."[13] Il Clanio, oggi in parte essiccato ed in parte impaludato,[14] originava a Campo Summonte, nei monti sopra Abella otto chilometri nord-est di Nola, e raggiungeva il Mar Tirrenio a Castelvolturno.[15] Il dominio di Nola antica era molto vasto; si estendeva dal suo porto fluviale a Pompeii al suo confine con Neapolis e, dal mare, raggiungeva le montagne irpine.

II
THE COINS OF HYRIA

By the end of the fifth century B.C., the economy in Campania was to go through an unprecedented change. Under Greek influence, mints were producing new monetary tools. Most of the time the coins showed Greek gods and goddesses, like Apollo, Athena and Hera, or other mythological themes. Productive mints flourished in the Vesuvian region. They coined silver didrachmas, the equivalent to two drachmas the unit of value of the Greek monetary system. The drachma had a specific "weight" or stater (στατήρ), which was accepted by the "standard custom" (*nomisma* - νόμισμα), and was equivalent to six obols - a "hand full" (*drachme* - δραχμή) of spits. The *obol* (ὀβολός) was a small iron spit of a given weight. The coins were produced by striking molten dumps of metal between two dies (two metal pieces engraved in negative). The anvil die produced the obverse, or the front side of the coin, while the punch die produced the reverse, or the back side of the coin. A standard weight determined the specific amount of metal to be used. Usually, precious metal was found in nature fused with other minerals, such as silver, gold, and copper. One of the ancient techniques to refine it was to place the unrefined material in a small hollow furnace in the ground. The metal was fused together with lead by heated hot coals which were continuously fanned by bellows. The lead, which absorbed the copper, acted as a mean of separation of the different metals. The remaining metals were then hammered in foils or granules to obtain a wider surface to accelerate the refinement. That treated metal was soaked in water, mixed with salt, and placed in an earthenware vessel. Finally, the container was heated for many days, until the salt and the vapors separated the gold from the silver. [1]

The origin of the mineral for the Campanian coins must have been Greek and must have come in by way of Corinth, at that time, the most important exchange center on the Mediterranean Sea. [2] In fact, the western mines were not yet in production. Sardinia, Cyprus, and Gaul were minor sources of silver [3] and the great mines of Spain were not yet in use. Hannibal opened (*inchoatos*) the Spanish mines only between 221 and 219 B.C. [4] Perhaps the silver drachmas, of 3.67 grams, struck during Hannibal's occupation of Tarentum, 212 - 209 B.C., came from those mines. [5] Likewise, it would not have been economically feasible to bring to southern Italy the silver from the Asian mines, like Bactriana in Afghanistan, Colchis and Pharnacia on the eastern Black Sea and Caucasus, Carmania on the eastern Persian Gulf, [6] and Lydia in Turkey. This is because that supply of silver was already absorbed by the Greek demand and because Greece itself was, in ancient times, a great producer of silver. Two major mining areas are remembered: Mount Pangaeum in Thracia, located in north-eastern Greece, [7] and the mines of Laurium, in the hills south of Athens. Xenophon, in 355 B.C., tells us that these last mines were very ancient and seemed endless, [8] even if he had detected, during his time, a certain decline in production. [9] Most likely, it was the silver from the mines of Laurium, the closest to Italy, that reached the port of Neapolis and other Campanian mints. Perhaps, the ore may have come from the mines of Damastium (Δαμάστιον), of uncertain whereabouts, located somewhere (δέ που) in present day Albania.[10] Nevertheless, the city-state of Nola could very well have imported directly its share of silver from one of the aforementioned mines,

II
LE MONETE DI HYRIA

Alla fine del quinto secolo a.C., l'economia campana s'avviava verso un cambiamento che non aveva precedenti. Sotto l'influenza greca, le zecche producevano nuovi strumenti monetari. Il più delle volte le monete mostravano dei e dee greci, come Apollo, Atena ed Era, o altro tema mitologico. Zecche feconde fiorirono nella regione vesuviana. Esse coniavano didramme d'argento, l'equivalente di due dramme, l'unità di valore del sistema monetario greco. La dramma aveva un "peso" specifico o statere (στατήρ), che era accettato dallo "standard consuetudinario" (*nomisma* - νόμισμα), ed era equivalente a sei oboli - un "pugno" (*drachme* - δραχμή) di spiedi. L'*obolo* (ὀβολός) era un piccolo spiedino di ferro di peso specifico. Le monete erano prodotte battendo un soldo d'agento fuso tra due coni (due pezzi di metallo incisi al negativo). Il conio dell'incudine produceva il diritto, o faccia frontale della moneta, mentre il conio del punzone produceva il rovescio, ovvero la faccia del retro della moneta. Un peso standard determinava lo specifico quantitativo di metallo da utilizzare. Usualmente, il metallo prezioso si trovava in natura fuso con altri minerali, come l'argento, l'oro ed il rame. Una delle antiche tecniche per raffinarlo era quello di porre il materiale grezzo in una piccola fornace cava nel terreno. Il metallo veniva fuso insieme con piombo su carboni ardenti che erano continuamente soffiati da mantici. Il piombo, assorbendo il rame, agiva come un agente di separazione dei diversi metalli. I metalli rimanenti erano poi martellati in fogli o granuli per ottenere una superficie più ampia onde accelerare il raffinamento. Il metallo trattato era immerso nell'acqua, mischiato con sale e posto in un vasellame di terracotta. Quindi, il contenitore veniva riscaldato per molti giorni, finchè il sale ed i vapori non separavano l'oro dall'argento.[1]

L'origine del minerale di quelle monete doveva essere greca ed arrivava in Campania via Corinto, al tempo, il più importante centro di scambi del Mar Mediterraneo.[2] Infatti, le miniere occidentali non erano ancora in funzione. La Sardegna, Cipro, la Gallia erano fonti minori d'argento[3] e le grandi miniere di Spagna non erano state ancora messe in uso. Annibale aprì (*inchoatos*) le miniere spagnole solo tra il 221 e 219 a.C.[4] forse, l'argento delle dramme, da 3,67 grammi, coniate durante l'occupazione di Annibale a Taranto, 212 - 209 A.C., proveniva da quelle miniere.[5] Allo stesso modo, non sarebbe stato economicamente conveniente portare in Italia meridionale l'argento dalle miniere dell'Asia, quali Bactriana in Afghanistan, Colchide e Farnacea sul Mar Nero orientale ed il Caucaso, Carmania sul golfo persico orientale[6] e Lidia in Turchia. Ciò perchè quell'argento era già assorbito dalla domanda greca e perchè la Grecia stessa era, in quei tempi antichi, una grande produttrice d'argento. Sono note le due più grandi aree minerarie : il Monte Pangeo in Tracia, localizzato nella Grecia nord-orientale,[7] e le miniere di Laurio, nelle colline a sud di Atene. Senofonte, nel 355 a.C., ci riferisce che queste ultime miniere erano molto antiche ed erano ritenute inesauribili,[8] anche se egli notava, al suo tempo, un certo declino nella produzione.[9] Molto probabilmente, era l'argento delle miniere di Laurio, le più vicine all'Italia, che arrivava al porto di Neapolis ed alle altre zecche Campane. Forse, il metallo potrebbe essere venuto dalle miniere di Damaste (Δαμάστιον), una località incerta, localizzate in qualche luogo (δέ που) nell'attuale Albania.[10] Comunque, la città-stato di Nola avrebbe potuto benissimo importare direttamente la sua quota d'argento da una delle suddette

E

since it sat "at the confluence of the two sea trade roads, one from Naples, the other from the river port in Pompeii," [11] and was "situated along the great road track between the north and the south of the peninsula." [12] The Greek states or cities issued their own coins and determined their own standard weights. Since the beginning of coinage in the island of Aegina, in the late seventh century B.C., the Aeginetan standard was common. However, in the fifth century, the Attic or Euboic standard prevailed in Corinth, in the Aegean cities, in Athens, and in the Sicilian colonies. The didrachma was equal to 135 grains, about 8.75 grams, since one gram equals 15.43 grains. [13] The Neapolitan mint struck didrachmas and other coins. Taking as a model the old Phocaic standard (7.66 - 7.34 grams) used in the commercial cities of Poseidonia and Velia, [14] Neapolis established its own Campanian standard, by which the didrachma was fixed at about 116 grains, or 7.50 grams. [15] Two didrachmas could have bought, at the time, about a month's supply of bread for one person. In fact, in 450 B.C., the annual ration of grain (σίτου) for a garrison [16] of 20,000 men was equivalent to 600,000 Athenian Attic drachmas, 4.30 grams each [17] - the equivalent of thirty drachmas a person per year, a total of 129 grams of silver. At the exchange it would have corresponded to 17.20 Campanian didrachmas, of 7.50 grams each - the equivalent of one and a half didrachma a month if divided by a year.

The Neapolitan coins featured, on the obverse, the siren-nymph Parthenope, or the goddess Athena, or the god Apollo, and, on the reverse, a bearded, man-headed bull, either alone [18] or crowned by Nike, the goddess Victory, flying above it. [19] This mint was so important that the Romans, upon establishing an alliance with Neapolis (*foedus neapolitanum*), developed an interest in coinage. They shared the Neapolitan mint and struck, around 320 B.C., with local types, two bronze half and quarter litra, the unit of value of Magna Graecia, 2.66 grams, [20] for use only in Campania. The first one, of which only six examples exist, bears obverse Apollo's head laureate and reverse the inscription - ΡΩΜΑΙΩΝ (ROMAION); the other reads - ROMANOM. [21] The coins reproduced, on the reverse, the forepart of a bearded, man-headed running bull [22] with a star or sun [23] on its shoulder.

Besides Neapolis and Cumae, the major producer of coins in Campania was Hyria. In order to date these coins we must use three elements: 1) the date of the burial sites of their findings, 2) the technical and stylistic analysis of the dies, [24] and 3) the metrological analysis of the weight standard and quantity of silver, in each coin, in its exchange ratio among different cities. "To discover the weight standard of an issue is to take the mean of the weight of unworn specimens; if this is impossible, the only valid alternative is to take the mean of the weight of available specimens and attempt to estimate the mean loss of weight as a result of wear and corrosion." [25] This method is very accurate, if we further put it in relation to the fact that in 280 B.C. the cities of Magna Graecia, on the Ionian Gulf, decided to lower the silver coin weight. [26] The economic standards established by these cities were also "adopted by the... Lucanians and Nolans ... and even by the Romans themselves for their possessions in Lower Italy." [27]

I

miniere, dal momento che era situata "alla confluenza delle due vie del commercio marittimo l'una da Napoli, l'altra dal porto fluviale di Pompei,"[11] ed era "posta lungo la grande via carovaniera tra il nord ed il sud della penisola."[12]

Gli stati o città greche battevano la loro moneta e determinavano i loro pesi standard. Fin dall'inizio della coniazione nell'isola di Egina, durante il tardo settimo secolo a.C., era comune lo standard egineta. Tuttavia, nel quinto secolo, a Corinto, nelle città egee, ad Atene e nelle colonie siciliane prevalse lo standard attico o euboico. La didramma era equivalente a 135 grani, circa 8,75 grammi, dal momento che un grammo equivale a 15,43 grani.[13] La zecca napoletana battè didramme ed altre monete. Prendendo a modello il vecchio standard foceo (7,66 - 7,34 grammi) usato nelle città commerciali di Poseidonia e Velia,[14] Neapolis stabilì il suo standard Campano, per cui la didramma fu fissata a circa 116 grani, o 7,50 grammi.[15] Due didramme avrebbero potuto comprare, al tempo, il fabisogno di pane per una persona per un mese circa. Infatti, nel 450 a.C., la razione annua di grano (σίτου) per una guarnigione[16] di 20,000 uomini era equivalente a 600,000 dramme attiche ateniesi, 4,30 grammi ciascuna[17] equivalenti a trenta dramme annue a persona, un totale di 129 grammi di argento. Al cambio sarebbero stati equivalenti a 17,20 didramme campane, di 7,50 grammi ciascuna - equivalente a circa una didramma e mezza al mese se divise per un anno.

Le monete napoletane mostrano, sul diritto, la sirena Partenope - Ninfa, o la dea Atena, o il dio Apollo, e, al rovescio, un toro con volto umano barbuto, sia solo[18] o coronato da Nike, la dea Vittoria, che gli vola sopra.[19] La zecca era così importante che i Romani, nello stabilire un'alleanza con Neapolis (*foedus neapolitanum*), svilupparono un interesse per la monetazione. Essi condivisero la zecca di Neapolis e batterono, intorno al 320 a.C., con i tipi locali, due bronzi di un quarto e mezza litra, l'unità di valore della Magna Graecia, 2,66 grammi,[20] per uso solo in Campania. Il primo, di cui esistono solo sei esemplari, ha al diritto la testa laureata di Apollo ed al rovescio l'iscrizione - PΩMAIΩN (ROMAION); sull'altra si legge - ROMANOM.[21] Le monete ritraggono, sul rovescio, la parte anteriore di un toro in corsa con volto umano barbuto[22] con una stella o sole[23] sulla sua spalla.

Oltre a Neapolis e Cuma, la maggiore produttrice di monete in Campania fu Hyria. Per poter dare una datazione a queste monete dobbiamo utilizzare tre elementi: 1) la data del luogo di sepoltura in cui sono state ritrovate, 2) l'analisi tecnica e stilistica dei coni,[24] e 3) l'analisi metrologica del peso standard e della quantità d'argento, in ciascuna moneta, in rapporto al suo cambio-valuta con le diverse città. "Per scoprire il peso standard di una emissione bisogna considerare il peso medio degli esemplari non consumati; se ciò dovesse essere impossibile, l'unica alternativa valida è quella di considerare il peso medio degli esemplari disponibili e cercare di valutare la perdita media di peso risultante dall'uso e dalla corrosione."[25] Questo è un metodo molto accurato, se viene messo in relazione al fatto che nel 280 a.C. le città della Magna Grecia, sul golfo ionico, decisero di ridurre il peso delle monete d'argento.[26] Gli standard economici stabiliti da queste città furono anche "adottati dai ... Lucani, e Nolani ... ed anche dagli stessi Romani per i loro possedimenti nella bassa Italia."[27]

E

Around 415 B.C., sharing its types with Neapolis, Hyria minted coins with Greek inscriptions. The ethnic name (*i.e.* the name of the city-state in the coin's legend) on the oldest one of these coins reads *HVPIETES* (*HURIETES*). Later, the forms ΥΡΙΑΝΟΣ (*URIANOS*), ΥΡΙΑΛΑΣ (*URIALAS*) appeared. [28] From those Hellenic words derived all the other abbreviated Oscan legends: ΑͶΙႠΥ (*URINA*), ΥDΙΝΑΙ (*URINAI*), ΝΙ◁S (*SRIN*), ΥΙDΙΝΑ (*UIRINA*), ΑͶΕ◁Υ (*URENA*), VDNAI (*URNAI*) and YDNVA (*URNYA*).[29] On the reverse of the Hyrian coins appears a bearded, man-headed bull running or walking.[30] Use of the symbol of the bearded, man-headed bull was wide spread throughout Campanian cities. The persistence of its effigy indicates the great reverence given to this mythical figure. Why was it so meaningful that it became the most common reverse type and the most important one since it showed the ethnic name? What was its significance? We will deal with these answers later. The obverses of the Hyrian coins show the heads of Athena, Hera, and a Nymph. The Athenian influence, over Neapolis and Campania between 425 and 413[31] and the cult at the temple of Athena in Surrentum,[32] were the reasons for the selection of that goddess on the obverse of some Campanian coins. Thus, the Hyrian coins were minted showing the profile of Athena with a crested Attic helmet surmounted by an olive wreath and an owl.[33] In addition, the Hyrian mint produced coins displaying the head of Hera, borrowed from the coins of Pandosia[34] and dictated by religious reasons influenced by Hera's veneration at the sanctuary of Croton. Finally, Hyria, under Nolan influence, also produced coins with the head of a Nymph. Besides the twelve coins discovered in Frasso Telesino,[35] other hoards of Htrian didrachmas, with burial sites dating between 350 and 250 B.C., came to light. They were found in 1854 at Campo Laurelli (Campobasso), in 1855 at S. Maria C.V.(Caserta), in 1865 in Basilicata, in 1884 at Benevento, in 1896 at Vulcano (Messina), in 1926 at Torchiarolo (Brindisi), in 1936 at Gioia del Colle (Bari), in 1953 in Basilicata, in 1957 at Cariati (Cosenza), in 1959 at Calvi Risorta (Caserta), and in 1969 in southern Italy.[36]

Between 380 and 350 B.C. staters of Hyria were minted along with didrachmas bearing the name of Nola. Coins of Hyria were found together with those of Nola in the mentioned burial sites of Campo Laurelli, Basilicata, Benevento, Torchiarolo, Calvi Risorta, and southern Italy. Only in two hoards, dating between 280 and 260 B.C., found in 1899 at Pietrabbondante (Campobasso) and in 1907 at Mesagne (Brindisi), did the Nolan didrachmas appear alone.[37] The staters of Hyria are very similar to those of Nola.[38] Nolan coins are rare and they show, on the obverse, the head of Athena or a Nymph and, on the bronze coins, that of Apollo. On the reverse there is the same constant theme of a bearded, man-headed bull either alone or crowned by flying Victory above.[39] The ethnic name appears as: *NOLAION, NOLAIOS*) and derivate forms of ΝΩΛΑΙ (*NOLAI*), ΝΩΛΑΙΩΝ (*NOLAION*), ΝΩΛΑΙΟΝ (*NOLAION*), ΝΩΛΑΙΟΣ (*NOLAIOS*), ΝΩΛΑΙΩΙΝ (*NOLAIOIN*), ΝΩΛΑ (*NOLA*), ΝΩΙΑΛΟΣ (*NOIALOS*). Hyria and Nola continued minting side by side, but suddenly, by 340 or 320 B.C.,[40] all traces of Hyria were lost. The city-state disappeared as fast as it had appeared. Ancient authors give very detailed descriptions of the region and of its cities. However, there is no news about Hyria, its silver coins are the sole evidence of its existence.[41]

I
Intorno al 415 a.C., condividendo i suoi tipi con Neapolis, Hyria coniò con iscrizioni greche. La dicitura (ovvero il nome della città-stato sulla moneta stessa) sulla più antica di queste monete riporta *HVPIETES* (*HURIETES*). Successivamente, apparvero le scritte ΥΡΙΑΝΟΣ (*URIANOS*), ΥΡΙΑΛΑΣ (*URIALAS*).[28] Da queste forme elleniche derivarono tutte le atre diciture abbreviate in osco: ΑͶΙƆΥ (*URINA*), ΥDΙΝΑΙ (*URINAI*), ΝΙ◁S (*SRIN*), ΥΙDΙΝΑ (*UIRINA*), ΑͶΕ◁Υ (*URENA*), VDNAI (*URNAI*) and YDNVA (*URNYA*).[29] Sul rovescio delle monete di Hyria appare un toro con testa di uomo barbuto in corsa o ambulante.[30] L'uso del simbolo del toro a volto umano barbuto era molto diffuso in tutte le città campane. La persistenza della sua effige dimostra la grande reverenza data a questa figura mitica. Perchè era così significativa da divenire il tipo più comune di rovescio ed il più importante dal momento che recava il nome della città-stato nella dicitura? Qual'era il suo significato? Esamineremo questi quesiti in seguito. Le monete hyriane mostrano, al diritto, le teste di Atena, Era e di una ninfa. L'influenza ateniese, su Neapolis e la Campania tra il 425 ed il 413[31] ed il culto nel tempio di Atena, a Surrentum,[32] furono i motivi per la scelta di quella dea sul diritto di alcune monete campane. Pertanto, le monete di Hyria furono coniate mostrando il profilo di Atena con elmetto attico ornato di cresta e coronato da una ghirlanda d'olivo con una civetta.[33] Inoltre, la zecca di Hyria produsse monete recanti la testa di Era, adottata dalle monete di Pandosia[34] e dettata da motivi religiosi influenzati dalla venerazione di Era nel santuario di Crotone. Infine, Hyria, sotto l'influenza nolana, produsse anche monete con la testa di una ninfa. Oltre alle dodici monete ritrovate a Frasso Telesino[35] vennero alla luce altri ripostigli di didramme hyriane, con i luoghi di sepoltura databili tra il 350 ed il 250 a.C. Essi furono rinvenuti nel 1854 a Campo Laurelli (Campobasso), nel 1855 a S. Maria C.V.(Caserta), nel 1865 in Basilicata, nel 1884 a Benevento, nel 1896 a Vulcano (Messina), nel 1926 a Torchiarolo (Brindisi), nel 1936 a Gioia del Colle (Bari), nel 1953 in Basilicata, nel 1957 a Cariati (Cosenza), nel 1959 a Calvi Risorta (Caserta), e nel 1969 nell'Italia meridionale.[36]

Tra il 380 ed il 350 a.C. gli stateri di Hyria furono coniati contemporaneamente a didramme recanti il nome di Nola. Monete di Hyria furono trovate insieme a quelle di Nola nei luoghi di sepoltura citati di Campo Laurelli, Basilicata, Benevento, Torchiarolo, Calvi Risorta ed Italia meridionale. Solo in due ripostigli, datati tra il 280 ed il 260 a.C., ritrovati nel 1899 a Pietrabbondante (Campobasso) e nel 1907 a Mesagne (Brindisi), le didramme nolane apparvero da sole.[37] Gli stateri di Hyria sono molto simili a quelle di Nola.[38] Le monete nolane sono rare e riportano, al diritto, la testa di Atena o di una ninfa e, sulle monete di bronzo, quella di Apollo. Al rovescio v'è lo stesso tema costante di un toro androcefalo sia solo che coronato dalla Vittoria che gli vola al disopra.[39] Il nome nella dicitura appare come: *NOLAION, NOLAIOS* e le forme derivate di ΝΩΛΑΙ(*NOLAI*), ΝΩΛΑΙΩΝ (*NOLAION*), ΝΩΛΑΙΟΝ (*NOLAION*), ΝΩΛΑΙΟΣ (*NOLAIOS)*, ΝΩΛΑΙΩΙΝ (*NOLAIOIN)*, ΝΩΛΑ (*NOLA*), ΝΩΙΑΛΟΣ (*NOIALOS*). Hyria e Nola continuarono a coniare fianco a fianco, ma improvvisamente, dal 340 o 320 a.C.,[40] ogni traccia di Hyria fu persa. La città-stato sparì con la stessa prontezza con cui era apparsa. Gli antichi autori danno dettagliate descrizioni della regione e delle sue città. Tuttavia, non v'è notizia di Hyria, le sue monete d'argento sono l'unica evidenza della sua esistenza.[41]

E
Why Hyria vanished without a trace? Where was it located? We have only two clues to solve the mystery: the coins and the name of Hyria itself. We will try, through its currency, to answer all the related questions. Was it a city-state? If so, what kind? Who founded it? What was its history?

I

Perchè Hyria è svanita senza tracce? Dove era locata? Noi abbiamo solo due indizzi per risolvere il mistero: le monete ed il nome stesso di Hyria. Cercheremo, attraverso la sua monetazione, di dare una risposta a queste domande. Era una città-stato? Se così, che tipo di città-stato? Chi la fondò? Quale fu la sua storia?

III
THE MYTHS OF HYRIA.

The name Hyria appears for the first time in the *Iliad*, when Homer,[1] listing all the ships and warriors, mentions those "who lived in Hyria and Aulis." In time, Herodotus,[2] referring to the Cretans' westward expansion during the second millennium B.C., mentions an Italian Hyria. He says that some Cretans from the fleet of king Minos, the grandson of the mythical founder, on the way to Sicily, were shipwrecked in the sea of Iapygia, Adriatic. They reached land in Puglia, but, unable to go back to Crete, adopted the ways of the local Messapians and founded the city of Hyria. Strabo[3] remarked that Herodotus had erroneously identified Hyria (Ὑρία) with the Iapygian city-state of Ouria (Οὐρία = *Ouria*), present Oria, nineteen miles from Brindisi, at the end of the Appian Way. Some numismatists have also erroneously connected to the silver coins of Hyria about a dozen small bronze coins, with the inscription YPIA//TINΩN (URIA//TINON) and showing, on the obverse, Athena with galea and, on the reverse, a rudder and dolphin,[4] from the city of "Ourium" (Οὔριον - *Ourion*; Οὔρειον - *Oureion*),[5] present Rodi Garganico in Puglia (*Uriae - Irini*).[6] It has been clearly demonstrated, by historians and numismatists, that there is no connection between the two sets of coins. The quality of the metal and the style of "Ourium's" coins are typical of Apulia, the place where they were found. They are totally different from those of Hyria, which were minted in Campania.[7] Some scholars have also erroneously attempted to read "Oria" in the name *Leb-oriae* described by Pliny, in his "Natural History,"[8] as the most fertile Campanian region placed between the consular roads leading to Capua. Nevertheless, some ancient maps,[9] showing the perimeters of Nola's territory, up to the Lagno, the new name of the ancient river Clanius, label them the *Hirrensium* borders (*fines*). Perhaps, that name is a corruption of *Hirinensium* or *Hirrinensium*, meaning the limits of Hyria's territory (*Hyrineo*).[10] However, some authors have considered that these are not Campanian maps.[11] Thus, again we are confronted with uncertainty regarding the location of Hyria.

Referring to the *Iliad*, Strabo is of the opinion that, when Homer mentioned "Hyria and Aulis," he implied a geographical succession.[12] Thus, the geographer concluded that the city of Hyria was near Aulis, the port on the Gulf of Euboea in Boeothia, Greece. Nevertheless, he had difficulty pinpointing it. First he locates it inland near Aulis, between Thebes, present Thivai, and Tanagra. Then, he admitted that there are those who claim (λέγεσθαί) Hyria to be Hysiae, located south, below Mount Cithaeron, near the river Asopos and the ancient city of Erythrae,[13] the colonizer of the homonymous city in Ionia, Turkey. Stephanus Byzantius placed Hyria, as the city of the legendary king Megassares,[14] in the Roman province of Isauria, Turkey.

Thus, there is no certainty; there are only legends and, to stress them, Strabo reminds us of the myths connected with Hyria, the city of Hyrieus and the birthplace of his son Orion. Pindar[15] and Ovid[16] narrate the story of Orion, a giant and handsome hunter born out of a buried ox hide, moistened by the ungodly *watery* intervention of Zeus, Hermes and Poseidon, who happened to be Hyrieus' guests.[17] Later, the rich king Hyrieus, son of Poseidon and Alcyone,

III
I MITI DI HYRIA.

Il nome Hyria appare per la prima volta nell'*Iliade*, quando Omero,[1] elencando tutte le navi ed i guerrieri, menziona "coloro che vivono a Hyria ed Aulide." A suo tempo, Erodoto,[2] riferendosi all'espansione ad ovest dei Cretesi durante il secondo millennio a.C., fa menzione ad una Hyria italiana. Egli afferma che alcuni Cretesi dalla flotta del re Minosse, il nipote del mitico fondatore, in rotta per la Sicilia, naufragarono nel mare iapigio, l'Adriatico. Essi raggiunsero la riva in Puglia, ma, non potendo ritornare a Creta, adottarono i costumi dei locali Messapii e fondarono la città di Hyria. Strabone[3] osserva che Erodoto aveva erroneamente identificato Hyria (Υρία) con la città-stato iapigia di Ouria (Οὐρία = *Ouria*), l'attuale Oria, trentuno chilometri da Brindisi, alla fine della via Appia. Alcuni numismatici hanno anche erroneamente collegate alle monete d'argento di Hyria circa una dozzina di piccole monete di bronzo, coll'iscrizione YPIA//TINΩN (URIA//TINON) e che mostrano, al diritto, Atena con galea ed, al rovescio, un timone ed un delfino,[4] della città di "Ourio" (Οὔριον - *Ourion*; Οὔρειον - *Oureion*),[5] l'attuale Rodi Garganico in Puglia (*Uriae - Irini*).[6] È stato chiaramente dimostrato, da storici e numismatici, che non v'è alcuna connessione tra i due gruppi di monete. La qualità del metallo e lo stile delle monete di "Ourio" sono tipicamente dell'Apulia, luogo del loro ritrovamento. Esse sono totalmente differenti da quelle di Hyria, coniate in Campania.[7] Alcuni studiosi hanno erroneamente cercato di leggere "Oria" nel nome Leb-oria, descritta da Plinio, nella sua "Storia naturale,"[8] come la regione campana più fertile, situata tra le vie consolari che conducevano a Capua. Tuttavia, alcune antiche mappe,[9] che riportano i perimetri del territorio di Nola, fino al Lagno, il nuovo nome dell'antico fiume Clanio, li definiscono i confini (*fines*) *Hirrensium*. Forse, quel nome è una corruzione di *Hirinensium* o *Hirrinensium*, intendendo i limiti del territorio di Hyria (*Hyrineo*).[10] Comunque, alcuni autori hanno osservato che queste non sono mappe campane.[11] Pertanto, siamo nuovamente nell'incertezza riguardante la località di Hyria.

In riferimento all'*Iliade*, Strabone è dell'opinione che, quando Omero menzionava "Hyria ed Aulide," egli intendeva una successione geografica.[12] Quindi, il geografo concludeva che la città di Hyria era situata vicino ad Aulide, il porto sul golfo di Eubea in Beozia, Grecia. Egli, tuttavia, aveva difficoltà ad individuarla precisamente. In un primo tempo egli la localizzò nell'entroterra vicino ad Aulide, tra Tebe, l'attuale Tivai, e Tanagra. Successivamente, egli ammise che vi sono coloro che asseriscono (λέγεσθαί) che Hyria è Isie, situata a sud, sotto il monte Citerone, vicino al fiume Asopo e l'antica città di Eritre,[13] la colonizzatrice dell'omonima città in Ionia, Turchia. Stefano Bizantino individuava Hyria, come la città del leggendario re Megassare,[14] nella provincia romana di Isauria, in Turchia.

In conclusione, non v'è certezza; vi sono solo leggende e, per metterle in risalto, Strabone ci ricorda del mito connesso con Hyria, la città di Irieo ed il luogo di nascita di suo figlio Orione. Pindaro[15] ed Ovidio[16] narrano la storia di Orione, un gigantesco ed imponente cacciatore nato da una pelle di bue sepolta, irrorata dall'empio intervento *acquoso* di Zeus, Ermes e Poseidone, i quali erano per caso ospiti di Irieo.[17] In seguito, il ricco re Irieo, figlio di Poseidone ed Alcione,

E commissioned the twins Trophonius and Agamedes, famous architects of the Delphic temple of Apollo, to erect a treasury for Hyria - the capital, founded by him in Boeotia.[18] The builders completed the work and left a secret entrance, known only to them, through which they could steal from the treasury at will. The king, noticing mysterious "withdrawals" from his treasury, placed strategic traps. Agamedes fell into one of them. Trophonius, to avoid any possible incrimination for himself, cut off his brother's head and fled to Lebadea where the earth swallowed him. In that place, by Apollo's command, a frightening subterranean cult and oracle was dedicated to Zeus Trophonius. Another myth tells us that the Nymph Hyria, daughter of Apollo and Amphinomus, had a handsome son by the name of Cycnus, who, following an impossible love, leapt off a cliff and was metamorphosed into a swan. Believing her son dead, Hyria melted in her own tears and was transformed into a lake.[19] In Aetolia Greece, there is a small lake called Lysimakhia (Λυσιμαχία), 135 miles north-west of Athens.[20] In ancient times it was named Hydra Lysimacheia or Hyria. The lake is connected to the larger lake Trikhonis and to the longest Greek river Akheloos, in Aetolia and Acarnania, named after the ancient water-god Achelous (Ἀχελῷος).[21] He was a Greek mythical deity who was able to metamorphose into a man with a bull's head, into a snake, and into a man-headed bull, as in our Campanian coin symbol. In the fifth century, together with the sun god Apollo, his head appeared on the Greek silver coins of the Acarnanian League, representing the homonymous nearby river.

The Indian mythology relates that Gaṇeśa, the elephant-headed god of knowledge and good fortune, became "one-toothed" (*ekadanta*) losing a tusk during a confrontation with Paraśurāma.[22] In the same manner Achelous, fighting against Heracles, had his horn severed and became single-horned.[23] The mythical event was sculpted in the fifth century B.C. on a little terra cotta altar in the necropolis of Lucifero in Locri.[24] The horn was replaced with the cornucopia, the horn of plenty, that Zeus had given as a gift to the goat-goddess Amalthea, who produced milk and honey. As a symbol of fertility, abundance, and prosperity, she is shown with a ram's horns in a stater from Metapontum.[25] The worship of Achelous, as a fecundity god, extended throughout the Hellenic world and beyond. In the fifth century, many Greek cities of Magna Graecia placed his effigy on their coins. An example of this is a tetradrachma from Gela, 466 B.C., with a quadriga reverse and the forepart of Achelous obverse, personifying the river Gelas.[26] A stater from Metapontum portrays, on the reverse, Achelous as a man with a bull's head. This is one of the forms that the god took during his fight with Hercules. Here, the animal head on the human body indicates the destructive and irrational aspect of a tumultuous river in full spate, particularly in its first very impetuous stretch. But, out of those torrential waters comes abundance; thus, the legend on our coin reads "the prize of Achelous," (ΑΕΘΛΟΝ ΑΨΕΛΟΙΟ, *aethlon Apseloio*)[27] and an ear of grain is shown on the obverse. Some Neapolitan coins present the man-headed bull with an ear of grain and a cornucopia.[28] In the Etruscan art, effigies of Achelous, on gold pendants, on household utensils, or as ornamental figure at the center of wash-hand-basins,[29] prove that the veneration of that god had traveled among different populations

commissionò ai gemelli Trofonio ed Agamede, i famosi architetti del tempio delfico di Apollo, la costruzione di una tesoreria per Hyria - la capitale, da lui fondata in Beozia.[18] I costruttori completarono il lavoro e lasciarono un'entrata segreta, conosciuta solo da loro, attraverso la quale essi potevano rubare dal tesoro a loro piacere. Il re, avendo notato misteriosi "prelievi" dalla sua tesoreria, piazzò stategicamente delle trappole. Agamede cadde in una di quelle. Trofonio, per impedire qualsiasi incriminazione per sè stesso, tagliò la testa di suo fratello e scappò a Lebadia dove la terra l'inghiottì. In quel luogo, per decreto di Apollo, fu dedicato a Zeus Trofonio un terrificante culto sotterraneo ed un oracolo. Un altro mito narra che la ninfa Hyria, figlia di Apollo ed Amfinomo, aveva un figlio bellissimo di nome Cicno, il quale, rincorrendo un amore impossibile, si lanciò da una scogliera e fu trasformato in cigno. Credendo suo figlio morto, Hyria si sciolse nelle sue stesse lagrime e si trasformò in un lago.[19] In Etolia Grecia, v'è un piccolo lago chiamato Lisimachia (Λυσιμαχία), 218 chilometri nord-ovest di Atene.[20] In tempi antichi era chiamato Idra Lisimachea o Hyria. Il lago è connesso al lago più largo Trichonis ed all'Acheloo il più lungo fiume greco, in Etolia ed Acarnania, così chiamato in onore dell'antico dio acquatico Acheloo (Ἀχελῷος).[21] Egli era una mitica divinità greca che era capace di mutarsi in un uomo con la testa di toro, in un serpente ed in un toro androcefalo, così come nel simbolo delle nostre monete campane. Nel quinto secolo, insieme con il dio solare Apollo, la sua testa apparve sulle monete greche d'argento della Lega Acarnanica, raffigurante l'omonimo fiume locale.

La mitologia indiana riferisce che Gaṇeśa, il dio della conoscenza e buona fortuna dalla testa elefantina, divenne "mono-dente" (*ekadanta*) avendo perso una zanna durante un confronto con Paraśurāma.[22] Nello stesso modo Acheloo, combattendo contro Eracle, ebbe il suo corno spezzato e divenne mono-corno.[23] Il mitico evento fu scolpito nel quinto secolo a.C. in un piccolo altare di terracotta nella necropoli di Lucifero a Locri.[24] Il corno fu sostituito con la cornucopia, il corno dell'abbondanza, che Zeus aveva dato in dono alla dea-capra Amaltea, che produceva latte e miele. Come simbolo di fertilità, abbondanza e prosperità, ella appare con corna di capra in uno statere di Metaponto.[25] La venerazione di Acheloo, come simbolo di fertilità e come dio della fecondità, si estendeva attraverso il mondo ellenico ed oltre. Nel quinto secolo, molte città greche della Magna Grecia posero la sua effige sulle loro monete. Un esempio di ciò è una tetradramma di Gela, 466 a.C., con quadriga al rovescio e la parte anteriore di Acheloo al diritto, raffigurante il fiume Gela.[26] Uno statere di Metaponto riporta, al rovescio, Acheloo con corpo umano e testa di toro. Questa è una delle forme che il toro assunse durante il suo combattimento con Ercole. In questo caso, la testa di animale sul corpo umano indica l'aspetto distruttivo ed irrazionale di un fiume tumultuoso in piena, particolarmente nel suo primo impetuosissimo tratto. Ma, da quelle acque torrenziali deriva l'abbondanza; quindi, la dicitura sulla nostra moneta dichiara "il dono di Acheloo," (ΑΕΘΛΟΝ ΑΨΕΛΟΙΟ, *aethlon Apseloio*)[27] ed una spiga di grano è incisa al rovescio. Alcune monete napoletane riproducono il toro androcefalo con una spiga di grano ed una conucopia.[28] Nell'arte etrusca, le effigi di Acheloo, su pendenti d'oro, su utensili casalinghi, o come figura ornamentale al centro di un catino-lava-mani,[29] dimostrano che la venerazione di quel dio aveva viaggiato tra diversi popoli

E and gone beyond Greek shores. The echo of Achelous will endure. In the fifteenth century, when the statue of the river god Nile, with only human forms, was recovered, it was named "the Body of Naples" and displayed in Piazzetta Nilo. Again, in 1736, the effigy of the River God appeared on a Neapolitan 120 grana coin of Carlo III, King of Naples. [30] Finally, a bronze medal of Napoleon, shown right on the obverse in profile with the legend: Emperor and King (*NAPOLEON EMP. ET. ROI*), reproduced on the reverse Achelous right with flying Victory above and a legend in exergue commemorating his conquest of Naples in 1806 (*CONQUETE DE NAPLES MDCCCVI*).[31]

The presence of a human head on animals represents intelligence united with the particular physical qualities of the beast. Thus, in Egyptian mythological iconography, we find the soul-god Ba, "a bearded man-headed hawk, "representing the attribute of flight given to the soul. "The man-headed lion at Gizeh, *i.e.:* the Sphinx," [32] symbolizes the regal animal's strength transcended by human qualities. Ezekiel, [33] in his angelic vision, describes "four living creatures... they had the likeness of a man. And every one had four faces, and... four wings.... And the sole of their feet was like the sole of a calf's foot... they... had the face of a man,... a lion,... an ox... an eagle." Birds, like Sirens and Harpyiae, fish, like Tritons and Sirens, Fauns and Satyr goats, Centaur horses, like Chiron, Achilles's teacher, and also the bull-river Achelous, all add a certain human intelligence to their wild nature. In Greek mythology, the opposite is true for those figures that bear an animal head on a human body. They represent brutality, as in the case of the Minotaur, where man is controlled by animal instincts. In the mythic pantheon each animal occupies a station in life, by which it is set apart from the others in a hierarchical tiered world. Then, depending on the level occupied, when added to a human body or, in the case of metamorphosis in general, they express the quality and function of that particular station. The bull is described in the *Ŗg-Veda* as "the germ of life deposit." [34] One of the oldest known representations of the bearded, man-headed-bull was discovered in the Sumerian "King's Grave," dated around 2600 B.C., from the city of Ur in Iraq. There, on the first square of the Great Lyre's front panel a hero was depicted between two such bulls. [35] On Akkadian and post-Akkadian cylinder seals, 2334-2260 B.C., and on the Campanian coins, the symbol of the bearded, man-headed bull is associated with the sun god and fertility. [36] Some of those seals depict a man-headed-bull with its head turned toward a tree, a symbol of fertility, [37] and, as in the Greek myth, fighting with a hero. [38] From the Sumerian heritage, the Assyro-Babylonian mythology portrays many genii (*utukku*): the evil souls of the dead (*edimmu*), terrifying genii with human bodies and lion heads (*arallu*), and the good genii (*shedu* or *lamassu*), guardian spirits, like the winged, bearded, man-headed bulls placed at the doors and gateways of the Assyrian sacred palaces. [39] Majestic examples were found standing at the entrance of King Sargon II's palace, in 722 - 705 B.C., at Khorsabad. They were the messengers of the gods fighting the evil wandering souls of the dead, the terrifying genii who were carriers of discord and disease. The function of the good genii was not only to guard palaces, but to be always at the side of their protégés, especially in battle. These mythological figures were not to be confined to one religion. The presence in the Mesopotamian region, since 1370 B.C., of the Indo-European Aryans and the later predominance of the Persians,

I

ed era andata al di là dei litorali greci. L'eco di Acheloo persisterà. Nel quindicesimo secolo, quando la statua del dio fluviale Nilo, solo con forme umane, fu recuperata, fu chiamata "il corpo di Napoli" ed esposta nella Piazzetta Nilo. Ancora, nel 1736, l'effige del dio Fiume, apparve su di una moneta napoletana da 120 grana di Carlo III, re di Napoli.[30] Infine, una medaglia di bronzo di Napoleone, ritratto con profilo a destra sul diritto con la dicitura: Imperatore e Re (*NAPOLEON EMP. ET. ROI*), riproduce al rovescio Acheloo a destra con la Vittoria volante sopra e la dicitura in esergo commemorante la sua conquista di Napoli nel 1806 (*CONQUETE DE NAPLES MDCCCVI*).[31]

La presenza di una testa umana su di un animale rappresenta un'intelligenza unita con le particolari qualità fisiche della bestia. Quindi, nell'iconografia mitologica egiziana, ritoviamo il dio-anima Ba, "un falco con la testa di uomo barbuto," rappresentante l'attributo del volo conferito all'anima. "Il leone androcefalo a Gizeh, *ovvero* la Sfinge,"[32] simbolizza la forza regale dell'animale trascesa dalle qualità umane. Ezechiele,[33] nella sua visione angelica, descrive "quattro animali ... essi avevano sembianza umana, ed avevano ciascuno quattro facce e quattro ali ... E gli zoccoli dei loro piedi erano come gli zoccoli dei piedi d'un vitello ... essi... avevano aspetto d'uomo, aspetto di leone ... di bove ... d'aquila." Gli uccelli, come le sirene e le arpie, i pesci, come i tritoni e le sirene, fauni ed i satiri caproni, i cavalli centauri, come Chirone, il maestro di Achille, ed anche il toro-fiume Acheloo, tutti aggiungono una certa intelligenza umana alla loro natura selvaggia. Nella mitologia greca, il contrario è vero per quelle figure che hanno una testa di animale su di un corpo umano. Essi rappresentano la brutalità, come nel caso del Minotauro, lì dove l'uomo è controllato dagli istinti animaleschi. Nel mitico panteon ciascun animale occupa uno stato della vita, perciò esso è separato dagli altri nella scala gerarchica del mondo. Quindi, a secondo del livello occupato, quando sono uniti ad un coro umano, o nel caso di metamorfosi in genere, essi esprimono la qualità e la funzione di quella particolare stazione. Il toro è descritto nel Ṛg-veda come "il germe del deposito della vita."[34] Una delle più antiche rappresentazioni del toro androcefalo barbuto fu scoperta nella sumera "Tomba del Re," datata intorno al 2600 a.C., della città di Ur in Iraq. Lì, sul primo riquadro del pannello frontale della Grande Lira un eroe è dipinto tra due di questi tori.[35] Sui sigilli cilindrici accadici e post-accadici, 2334-2260 a.C., e sulle monete campane, il simbolo del toro-con-faccia-umana-barbuta è associato al dio solare ed alla fertilità.[36] Alcuni di quei sigilli raffigurano un toro androcefalo con la sua testa rivolta verso un albero, un simbolo di fertilità,[37] e, come nel mito greco, in lotta con un eroe.[38] Dall'eredità sumera, la mitologia assiro-babilonese ritrae molti geni (*utukku*): le anime cattive dei morti (*edimmu*), geni terrificanti con corpi umani e teste di leone (*arallu*), ed i geni benigni (*shedu* o *lamassu*), spiriti guardiani, come i tori alati androcefali con barba posti vicino alle porte ed agli ingressi dei luoghi sacri assiri.[39] Maestosi esemplari furono trovati all'ingresso del palazzo del re Sargon II, nel 722 - 705 a.C., a Korsabad. Essi erano i messageri degli dei in lotta con le cattive anime erranti dei morti, i terrificanti geni che erano vettori di discordia e malattia. La funzione dei geni benigni non era solo quella di fare la guardia ai palazzi, ma di essere sempre al fianco dei loro protetti, specialmente in battaglia. Queste figure mitologiche non sarebbero rimaste confinate ad una sola religione. La presenza nella regione mesopotamica, fin dal 1370 a.C., degli indo-europei Ariani e la successiva predominanza dei

E led to a syncretism of their religions with the Assyro-Babylonian one. Two colossal winged and bearded, man-headed bulls came to Persepolis, the sanctuary for the coronation and burial of the Achaemenid kings founded by Darius I, 520 B.C., "directly from the Assyrian tradition." They guarded "the east side of the gateway '*All Lands*.'" On each bull an inscription states, "I am Xerxes, the great King, King of Kings. . . . By Ahuramazda's favor I made this covered door All Lands. Much that is beautiful has been built in this Parsa which I and my father [Darius] . . . have built."[40]

The connection between the cult of the sun and the man-headed bull continued in the Campanian currency, where the bull was shown on the reverse of the sun god Apollo.[41] Teanum Sidicinum minted coins with, on the reverse, the same man-headed bull with a star or sun above it and on the obverse Hermes' head with a star.[42] Occasionally, on Neapolitan coins, a sun or a flash of lightning were placed above the bull[43] and Teanum Apulum, before 300 B.C., added a thunderbolt, the emblem of Zeus.[44] An identical detailed thunderbolt can be seen in a gold stater from Tarentum[45] and on the obverse of the selected Syracusan bronze (AE 13, 289-287 B.C.), with Athena on the reverse.[46] The symbol is similar in shape and concept to the Tibetan thunderbolt *rdo rje* or to the Sanskrit *vajra*.[47] Finally, on a Hyrian coin[48] the profile of a bird, with wings outstretched under the man-headed bull, is not, as it was interpreted, "a punning signature" for the engraver Phrygillos, whose name is similar to finch (φρυγίλος);[49] rather, it is an egret,[50] the equivalent of the Phoenix, "a symbol of solar revolutions ... associated with the city of Heliopolis... *the city of the sun* . . . the primordial *Land of the Sun*, the *Syria* of Homer."[51]

I

Persiani, produsse un sincretismo delle loro religioni con quella degli Assiro-Babilonesi. Due colossali tori androcefali barbuti ed alati pervennero a Persepoli, il santuario per la coronazione e la sepoltura dei re achemenidi fondato da Dario I, 520 a.C., "direttamente dalla tradizione assira." Essi facevano la guardia al "lato est dell'ingresso '*Tutte le Terre*.'" Su ciascun toro un'iscrizione dichiara, "Io sono Serse, il grande re, re dei re. . . . Per grazia di Auramazda ho costruito questa porta coperta Tutte le Terre. Tutto ciò che è magnifico è stato costruito in questa Parsa che io e mio padre [Dario] ... abbiamo costruito."[40]

La connessione tra il culto del sole ed il toro androcefalo continuò nella monetazione campana, dove il toro apparve sul rovescio del dio solare Apollo.[41] Teano Sidicino coniò monete con, al rovescio, lo stesso toro androcefalo con una stella o sole al di sopra ed al diritto la testa di Ermes con una stella.[42] Sulle monete napoletane, occasionalmente, un sole o un fulmine erano posti al disopra del toro[43] e Teano Apulo, prima del 300 a.C., aggiunse una saetta, l'emblema di Zeus.[44] Un'identica dettagliata saetta si può osservare su di uno statere d'oro di Taranto[45] e sul rovescio del bronzo (AE 13, 289-287 a.C.) siracusano scelto, con Atena sul diritto.[46] Il simbolo è simile in forma e concetto alla saetta tibetana *rdo rje* o al sanscrito *vajra*.[47] Infine, su di una moneta hyriana[48] il profilo di un uccello, con le ali spiegate sotto il toro androcefalo, non è, com'è stato interpretato, "una firma a mò di rebus" dell'intagliatore Frigillo, il cui nome è simile a fringuello (φρυγίλος);[49] invece, esso è un airone,[50] l'equivalente della Fenice, "un simbolo delle rivoluzioni solari ... associato con la città di Eliopolis... *la città del sole* . . . la primordiale *Terra del Sole*, la *Siria* di Omero."[51]

IV
THE ETYMOLOGICAL AND SACRED ASPECT OF HYRIA

Ὑρία (Hyria) is transliterated as *Uria*, *Yria*, and *Hy-ria*. The letters *Hy* appeared in the early Cumaean form *Hurietes* - HVPIETES. Furthermore, in the transliteration the group *Hy* is used to distinguish also the Greek vowel u (υ-Y) from the consonant y-Y. The legendary and mythical characteristics of the Campanian Hyria only come through the historical evidence present in the ethnic names of its coins. The name Hyria has been inferred from the various inscriptions as they appear on the currency. There, we find Greek forms, as the patronymic *Hurietes*, (HVPIETES) "Hyrian" and the adjectival *Yria-nos* (YPIA-NOΣ),[1] together with various Oscan and Campano-Etruscan renderings, as *Urina* (AHIƉY), all implying the word "coin," (νοῦμμος, *noummos*) thus, "Hyrian coin."[2] The etymology of its name may give us more insight. It appears that the Greek H-yria (YPIA, Ὑρία) is an archaic form of the same name that later, in Homeric time, was rendered as S-yria (Σ–YPIA, Σ-υρία f.). This last word derives from the Indo-European √*sāu-* or √*su-*, German *sonne*, English *sun*, and Sanskrit *s-rya* (f. *ā*), the "*sun*," meaning to be powerful (1√*sūr* or √*śūr*). From it we get *sūra*, warrior, hero, lion, boar, and *sūri*, sage, the name of the gods Bṛihas-pati and Kṛishṇa and of the planet Jupiter. It also stems from 2√*sr*, weak form of √*svar* or √*svṛi*, to shine. The Sun's wife (f. *sryā* or *samjñā*) is also named *ūrjānī*, √ *ūrj*, to be powerful, connected to √*vṛij*, to bend, and *ūrja*, power.[3] Adding the suffix *l* we get the Greek *helios* (ἥλιος), as in the word *helio*centric, with the loss of "*s*," regained in the Latin "*sol*," as in the word *sol*ar.[4] Also H-*uria* finds its derivation from (s)*ryā* or *sv-ṛi*, to shine, where "*sv*" becomes "*υ*,"[5] thus, transforming into ὑρία (f. uria). This dropped and regained "*s*," still found in the ethnic name *S-RIN*,[6] led numismatists and scholars, like Avellino,[7] Cavedoni and Millingen,[8] and also De Longpérier and Lenormant,[9] to postulate an identity between Hyria and the city-state of Surrentum (Συρεόν, Σύραιον, Συρρεντὸν),[10] present Sorrento. This identification was later recognized unlikely, since the coins did not antedate the name Surrentum itself.[11]

Nevertheless, both etymons, Hyria - Syria, were preserved, but the first one retained only its cryptic mythological echo, while the last one kept the original meaning. Homer,[12] in fact, speaks about the "island ... Syria" (no relation to the Middle Eastern country) located "at the turning stations of the sun ... a good land, rich in pasture, abundant in flocks, full of vineyards, rich in wheat. Hunger, he says, never comes among those people, or any other hateful sickness." Syria is the land of bounty, as Hyria is the city-state of Hyrieus' treasury. Surya-Hyria-Syria are connected to the Sun, as a symbol of power and fertility and a giver of life.[13] Syria was the name of the goddess of fecundity and generation. In Hierapolis-Bambyce, near the Euphrates river, she was also represented as a siren and named Atargatis,[14] a Greek version of 'Athar-'ateh from the Aramaic עתר-עתה, meaning to worship-now. She was known by the Greeks since 312 B.C. and later named the Syrian Goddess. Lucian[15] calls her the Assyrian Juno, due to a misinterpretation started by Herodotus,[16] who had said that the barbarian adjective "Assyrian" translated into Greek as "Syrian." In Imperial Rome she rivaled the major goddesses. In her temples, she was represented seated among lions and worshiped by eunuch priests.[17] The great Hittite sky god, like the one worshiped at Boghaz-Keui, Turkey, since 1290 B.C., appears adorned with horns and

IV
L'ASPETTO SACRO ED ETIMOLOGICO DI HYRIA

Ὑρία (Hyria) è traslitterata con *Uria*, *Yria* e *Hy-ria*. Le lettere *Hy* apparvero nell'antica forma cumana *Hu*rietes - H*V*PIETES. Inoltre, nella traslitterazione il gruppo *Hy* è usato anche per distinguere la vocale greca u (υ-Y) dalla consonante y-Y. Le leggendarie e mitiche caratteristiche della Hyria campana ci pervengono solo attraverso l'evidenza storica presente nei nomi etnici delle sue monete. Il nome Hyria è stato dedotto dalle varie iscrizioni così come esse appaiono sulla valuta. Ivi, troviamo forme greche, come il patronimico *Hurietes*, (H*V*PIETES) "Hyriana" e l'aggettivale *Yria-nos* (YPIA-NOΣ),[1] insieme a varie espressioni osche e campano-etrusche, come *Urina* (AИICTY), tutte sottintendendo la parola "moneta," (νοῦμμος, *noummos*) quindi, "moneta hyriana."[2] L'etimologia del suo nome può offrire maggiori chiarimenti. Risulta che il nome greco H-yria (YPIA, Ὑρία) è una forma arcaica dello stesso nome che in seguito, in tempi omerici, fu reso come S-yria (Σ-YPIA, Σ-υρία f.). Quest'ultimo nome deriva dall'indo-europeo √*sāu*- o √*su*-, tedesco *sonne*, inglese *sun*, e sanscrito *s-rya* (f. *ā*), il "sole," col significato di essere potente (1√*sūr* o √*śūr*). Da questo deriva *śūra*, guerriero, eroe, leone, cinghiale, e *sūri*, sapiente, il nome degli dèi Bṛihas-pati e Kṛishṇa e del pianeta Giove. Esso deriva anche dalla froma 2√*sr*, forma debole di √*svar* o √*svṛi*, risplendere. La consorte del Sole (f. *sryā* o *samjñā*) è anche chiamata *ūrjānī*, √*ūrj*, essere potente, connesso a √*vṛij*, piegare, ed *ūrja*, potere.[3] Aggiungendo il suffiso *l* si ottiene il greco *helios* (ἥλιος), come nel vocabolo *elio*centrico, con la perdita della "s," recuperata nel latino "*sol*," come nel vocabolo *sol*are.[4] Inoltre H-*uria* deriva da (s)*ryā* o *sv-ṛi*, risplendere, lì dove "sv" diventa "υ,"[5] quindi, strasformandosi in ὑρία (f. uria). Questa "s" persa e riacquistata, che si ritrova ancora nel nome etnico S-RIN,[6] fece postulare a numismatici e studiosi, come l'Avellino,[7] il Cavedoni ed il Millingen[8] ed anche De Longpérier e Lenormant,[9] un'identità tra Hyria e la città di Surrentum (Συρεόν, Σύραιον, Συρρεντὸν),[10] l'attuale Sorrento. Questa identità fu in seguito ritenuta improbabile, dal momento che le monete non erano precedenti al nome stesso di Surrentum.[11]

Comunque, ambedue gli ètimi, Hyria - Syria, furono conservati, ma il primo mantenne solo il suo nascosto eco mitologico, mentre l'ultimo mantenne il suo significato originale. Omero,[12] infatti, menziona l' "isola ... della Syria" (nessuna relazione alla regione medio-orientale) situata "ai punti di girata del sole ... una buona terra, ricca di pascoli, abbondante di greggi, piena di vigneti, ricca di grano. La fame, egli afferma, non è mai presente tra quelle popolazioni, nè altre odiose malattie." La Syria è la terra dell'abbondanza, così come Hyria è la città-stato del tesoro di Irieo. Surya-Hyria-Syria sono connesse al Sole, come simbolo di forza e fertilià e datore di vita.[13] Syria era il nome della dea della fecondità e della generazione. A Ierapoli-Bambice, vicino al fiume Eufrate, essa era anche rappresentata come una sirena[14] e chiamata Atargati, una versione greca di 'Athar-'atheh dall'aramaico עתר-עתה, col significato di adorazione-adesso. Essa era conosciuta fin dal 312 a.C. dai Greci ed in seguito chiamata la dea siriana. Luciano[15] la chiama la Giunone assira, a causa di un'erronea interpretazione iniziata da Erodoto,[16] il quale aveva detto che l'aggettivo barbaro "assira" si traduceva in greco con "siriana." Nella Roma imperiale essa rivaleggiava con le maggiori dee. Nei suoi templi era raffigurata seduta tra leoni ed era venerata

E standing on a bull while holding a trident or thunderbolt and facing his wife the Mother-goddess. This goddess can be associated with Syria or Atargatis, the goddess of fertility and life;[18] thus, she is associated with our Hyria. The sacred bull, on which her husband sits,[19] is his emblem, the symbol of fertility,[20] the royal manifestation connected to the sky, to the sun, and his bellowing is the thunder.[21] Two sets of coins, from the ancient city of Mallus, in Cilicia, Turkey, present two deities. On one coin there is a double-faced god, like Janus, with four wings; "beneath him is the forepart of a bull with a human head." The other, which bears the image of a goddess, "displays a conical stone, sometimes flanked by two bunches of grapes."[22] Similarly, in Neapolitan coins the man-headed bull is represented sometimes with grapes on vine leaves[23] or with a trident[24] or caduceus.[25] The same triangular object flanked by bunches of grapes can be seen on the reverse of a silver Greek stater from Caria, 420 B.C. The obverse portrays Nike running left, holding a wreath and a caduceus.[26] The cone or the triangle, portrayed here, is the male symbol of the Mother Goddess indicating, with the bunches of grapes, her powers of fertility. Corresponding conical phallic symbols are still worshiped in the Indian shrines of Śiva.[27] The pyramid or cone, in archaic iconography, represented, in its erect position, the male power, while the base that sustains it represented the female force without which it is impossible for the god to hold his power. The base and cone form an indivisible unity - male and female, symbols of fertility and generation. The same symbol was expressed by the single solid gold column consecrated to Hera Lakinia or Juno Lacinia in the temple on the Lacinium promontory of Croton. The shrine was a center of pilgrimage for all Italiotes,[28] the Greek inhabitants of Italy, so called to distinguished them from the Italics, the Indo-European peoples of Italy. The single gold column was free standing and not supporting anything, as it is described by Cicero. Quoting Coelius, Cicero states that Hannibal, having filed down the column to assay the metal and having found it to be pure gold, was determined to take it away. It could have been easily carried away because it was not part of the load-bearing structure of the sanctuary. But Juno herself came in his dreams and threatened him with blindness if he carried out his impious intention. Hannibal, realizing the sacredness of the object, not only did not remove it but had the image of a heifer[29] (*buculam*) made out of those gold filings and meaningfully placed it "on the top of the column"(*in summa columna*).[30] Obviously, placing the image on the top of the column meant that nothing was previously resting on it. Actually, from that moment on, the heifer would have reposed on it. Thus, we can conclude that, because it was free standing, the pillar had no structural purpose for the building, but had only a sacred symbolic purpose. The meaning of this symbol, by the years 104-9 A.D., was obscure confesses Tacitus in his *Histories*. Tacitus says that the goddess Paphian Venus in Cyprus did not have human form; thus, she was represented as a single cylindrical column larger at the base.[31] During solemn celebrations, customarily, the column was anointed with olive oil, similar to the Hindu milk and water offerings to the female-male symbol of the *yoni-liṅga*. That symbol was the emblem of gods as well as of a variety of goddesses of fertility that, under different names, were one in nature. A similar marble column, about 3.93 feet tall and six feet in circumference with the bas-reliefs of three heads,

da preti eunuchi.[17] Il grande dio celeste ittita, come quello adorato a Boghaz-Keui, Turchia, fin dal 1290 a.C., appare adornato con corna e posto su di un toro mentre mantiene un tridente o saetta ed è rivolto verso la sua consorte la Dea- Madre. Questa dea può essere associata con Syria o Atargati, la dea della fertilità e della vita;(18) pertanto, essa è associata con la nostra Hyria. Il toro sacro, su cui siede suo marito,(19) è il suo emblema, il simbolo della fertilità,[20] la regale manifestazione connessa al cielo, al sole, ed il suo muggito è il tuono.(21) Due gruppi di monete, dall'antica città di Mallo in Cilicia, Turchia, mostrano due divinità. Su di una moneta v'è un dio bifronte, come Giano, con quattro ali; "sotto di lui v'è la parte anteriore di un toro androcefalo." L'altra, che riproduce l'immagine di una dea, "mostra una pietra conica, a volte fiancheggiata da due grappoli d'uva."[22] Similmente, nelle monete neapoletane il toro androcefalo è raffigurato a volte con uva su foglie di viti[23] o con un tridente[24] o un cadduceo.[25] Lo stesso oggetto triangolare fiancheggiato da grappoli d'uva può essere osservato sul retro di uno statere greco d'argento di Caria, 420 a.C. Il diritto ritrae Nike che corre a sinistra, recante una corona ed un cadduceo.[26] Il cono o il triangolo, qui riprodotto, è il simbolo maschile della Dea Madre che indica, con i grappoli d'uva, il suo potere di fertilità. Corrispondenti simboli fallici conici sono attualmente ancora venerati nei templi indiani di Śiva.[27] La piramide o cono, nell'iconografia arcaica, rappresentava, nella sua posizione eretta, il potere maschile, mentre la base che lo sostiene rappresentava la forza femminile senza della quale è impossibile per il dio mantenere il suo potere. La base ed il cono formano un'unità indivisibile - maschile e femminile, simbolo di fertilità e generazione. Lo stesso simbolo era espresso dalla singola colonna d'oro massiccio consacrata ad Era Lakinia o Giunone Lacinia nel tempio sul promontorio Lacinio a Crotone. Il santuario era un centro di pellegrinaggio per tutti gli Italioti,[28] gli abitanti greci d'Italia, così chiamati per distinguerli dagli Italici, le popolazioni indo-europee d'Italia. La singola colonna d'oro si ergeva da sola e non aveva alcuna funzione di supporto, così come risulta dalla descrizione di Cicerone. Citando Celio, Cicerone afferma che Annibale, avendo limato la colonna per saggiarla ed avendo riscontrato che era di oro puro, era venuto alla determinazione di portarla via. Essa poteva facilmente essere trasportata perchè non faceva parte della struttura portante del santuario. Ma, la stessa Giunone gli venne in sogno e lo minacciò di cecità se egli avesse dato corso alle sue sacrileghe intenzioni. Annibale, conscio della sacralità dell'oggetto, non solo non la rimosse ma, con quelle limature d'oro, fece fare l'effige di una giovenca[29] (*buculam*) e significativamente la piazzò "sulla sommità della colonna"(*in summa columna*).[30] Ovviamente, porre l'immagine sulla colonna significa che niente poggiava su di essa precedentemente. In effetti, da quel momento in poi, la giovenca avrebbe riposato su di essa. Pertanto, poichè essa si ergeva liberamente, possiamo concludere che il pilastro non avesse scopi strutturali per il fabricato, ma aveva solo una sacra funzione simbolica. Il significato di questo simbolo, negli anni 104-9 d.C., era oscuro confessa Tacito nella sua *Storie*. Tacito riferisce che la dea Venere di Pafo a Cipro non aveva forma umana; pertanto, essa era raffigurata con una singola colonna cilindrica con la base più larga.[31] Durante le solenni celebrazioni, com'era consuetudine, la colonna era unta con olio d'oliva, simile alle offerte hindù di latte ed acqua al simbolo femminile-maschile dello *yoni-liṅga*. Quel simulacro era l'emblema tanto degli dèi quanto di una varietà di dee della fertilità che, sotto nomi differenti, erano tutti della stessa natura. Una simile colonna marmorea, 120 centimetri d'altezza e 183 centimetri di circonferenza circa con i bassorilievi di tre teste, una

one of a ram and two of bulls connected among them by a garland circling the column, was found in Nola and still stands in the courtyard of the city's town hall.[32] The garlanded column is a phallic symbol.[33] It reconnects with the most ancient religious tradition of the region, *i.e.* the worship of Achelous and of the Genius, the deity of generation and birth. Later, it was most likely identified with the Genius of Nola's Felix Augusta Colony itself ("*GENIO · COLONIAE*"),[34] which was venerated in the local temples. One of these temples, destroyed by the earthquake of 79 A.D., was rebuilt by the Emperor Titus and the reconstruction was recorded on a marble epigraph.[35] Small temples with the same phallic theme can be found depicted on various walls of Pompeii; one can be seen in Via dell'Abbondanza.[36] In Roman mythology, the Genius was at the same time a public and a private divinity that had an unlimited number of aspects. In his public aspect the Genius was protector and ancestor of groups of people, of their activities, and of their dwelling places. In his private aspect, the Genius was the protector god (*numen - nomen proprium dei*) of every man, from birth to death. His female counterpart was Juno, the conceiving power (*potestas concipiendi*), the protectress of every woman.[37] Genius was the spirit that shapes countries and, at the same time, the creative force that generates individuals.[38] His name derives from the Indo-European base *gen* and the Sanskrit *jan*, meaning to generate, to create, to be born. This is why he was named *genialis,* the one who presides over marriages and nuptial beds. In early times he was depicted as a coiled snake. Flowers and wine, accompanied by dances, were offered to him.[39] It resembled the Indian Kundalinī Shakti, the five-hooded serpent coiled around the procreative symbol of Brahmāṇda.[40] Festivities connected to that fertility emblem were eventually Christianized to honor Saint Paulinus, Pontius Meropius Anicius, bishop of Nola in 410 - 430 A.D.,[41] during the "*Festa dei Gigli*" (Festival of the Lilies) that is held on the last Sunday of June.[42] The "*Cero*,"[43] an eighteenth century rendering of an oversize candle, 4.98 feet tall and 11.81 inches in circumference,[44] opens the procession of the *Gigli*. It precedes the "*Giglio dell'Ortolano*" (Lily of the Farmer), a four-ton and 85 foot high wooden tower on a platform housing a brass band, followed by another seven similar *Gigli* and a boat (*barca*),[45] a female symbol. Each of the eight *Gigli* represents a specific corporation or workers' association: *i.e.* the farmer (*ortolano*), the grocer (*salumiere*), the innkeeper (*bettoliere*), the baker (*panettiere*), the butcher (*beccaio*), the shoemaker (*calzolaio*), the blacksmith (*fabbro*) and the tailor (*sarto*). The *Gigli*, decorated with papier-maché and topped by statues, are carried on the shoulders of 150 -200 faithful bearers. Nolan emigrants have, for the past century, held the same festival - with only one *Giglio* and the boat -[46] on the first Sunday of July at the Church of Our Lady of Mount Carmel and Saint Paulinus in Greenpoint, Brooklyn, NY, USA.

The sun god, worshiped at Emesa in Syria and the moon goddess, venerated at Byblus as Astarte and in Babylon as Ishtar, with the "star" Venus as her emblem, were all aspects of the same life giving divinity. The sacred prostitution, which was customarily practiced in the temples consecrated to those goddesses,[47] but not in the temples of Hera, was revered as the actual living expression of that religious iconography. These practices should not surprise us. The use of purely physiological functions was and is commonly employed for religious ceremonies. Today, the act of eating, the life's supporter, is engaged as a form of sacred ritual. In those days, the

di ariete e due di tori connessi con una ghirlanda che circonda la colonna, fu rinvenuta a Nola ed attualmente si trova nel cortile del municipio della città.[32] La colonna inghirlandata è un simbolo fallico.[33] Esso si ricongiunge alla più antica tradizione religiosa della regione, ovvero ai culti di Acheloo e del Genio, dio della generazione a della nascita. In seguito, esso fu molto probabilmente identificato col Genio della stessa Colonia Felix Augusta di Nola ("*GENIO · COLONIAE*"),[34] che era venerato nei templi locali. Uno di questi templi, distrutto dal terremoto del 79 d.C., fu ricostruito dall'imperatore Tito e la sua restaurazione fu registrata su di un'epigrafe marmorea.[35] Tempietti con lo stesso motivo fallico si trovano dipinti su vari muri di Pompei; uno di questi può essere notato a Pompei in Via dell'Abbondanza.[36]

Nella mitologia romana, il Genio era allo stesso tempo una divinità pubblica e privata che aveva un illimitato numero di aspetti. Nel suo aspetto pubblico il Genio era il protettore e l'antenato di un gruppo di persone, delle loro attività e delle loro case. Nel suo aspetto privato, il Genio era il dio protettore (*numen - nomen proprium dei*) di ogni uomo, dalla nascita alla morte. La sua controparte femminile era Giunone, il potere generativo (*potestas concipiendi*), la protettrice di ogni donna.[37] Genio era lo spirito che forma le nazioni e, allo stesso tempo, la forza creatrice che genera gli individui.[38] Il suo nome deriva dalla base indo-europea *gen* ed il sanscrito *jan*, col significato di generare, creare, nascere. Ecco perchè egli era chiamato *genialis*, colui che presiede ai matrimoni ed ai letti nuziali. Nei tempi più antichi egli era raffigurato come un serpente arrotolato. Gli venivano offerti fiori e vino, accompagnati da danze.[39] Rassomigliava all'indiano Kundalinī Shakti, il serpente dai cinque cappucci avvolto attorno all'effige procreativa di Brahmāṇḍa.[40] Festività connesse a quell'emblema di fertilità furono col tempo cristianizzate per onorare San Paolino, Ponzio Meropio Anicio vescovo di Nola nel 410 - 430 d.C.,[41] durante la "*Festa dei Gigli*" che si celebra l'ultima domenica di Giugno.[42] Il "*Cero*,"[43] una versione del diciottesimo secolo di una candela più grande del normale, dell'altezza di 152 centimetri e 30 centimetri di circonferenza,[44] apre la processione dei *Gigli*. Esso precede il "*Giglio dell'Ortolano*," una torre di legno di venti quintali e 25 metri d'altezza su di una piattaforma che ospita una fanfara, seguito da altri sette *Gigli* simili ed una *barca*,[45] simbolo femminile. Ciascuno degli otto *Gigli* rappresenta una specifica corporazione o associazione di lavoratori, ovvero l'*ortolano*, il *salumiere*, il *bettoliere*, il *panettiere*, il *beccaio*, il *calzolaio*, il *fabbro* ed il *sarto*. I *Gigli*, decorati con cartapesta e sormontati da statue, sono trasportati a spalla da 150 -200 fedeli portatori. Emigrati nolani, da oltre un secolo, continuano a celebrare la stessa festa - con un solo *Giglio* e la barca - [46] nella prima domenica di Luglio, presso la chiesa di Nostra Signora del Monte Carmelo e San Paolino a Greenpoint, Brooklyn, NY, USA.

Il dio del sole, adorato ad Emesa in Siria e la dea della luna, venerata a Bibli come Astarte ed in Babilonia come Ishtar, con la "stella" Venere quale emblema, erano tutti aspetti della stessa divinità datrice di vita. La sacra prostituzione, che era usualmente esercitata nei templi consacrati a quelle dee,[47] ma non nei templi di Era, era riverita come l'attuale espressione vivente di quella iconografia religiosa. Queste practiche non devono suscitare sorpresa. L'uso di funzioni puramente fisiologiche erano e sono comunemente impiegate nelle cerimonie religiose. Oggi, si usa l'atto del mangiare, sostenitore della vita, come una forma di rituale sacro. In quei tempi, la

E
reproductive function was perceived with the same innocent eyes with which the nourishing function is viewed today. The sacredness of the procreative act seemed, at the time, most appropriate for a metaphysical quest dealing with the mystery of life itself.

I
funzione riproduttrice era percepita con gli stessi occhi innocenti con cui oggi si guarda alla funzione nutritiva. La sacralità dell'atto creativo appariva, in quell'epoca, più appropiato per una ricerca metafisica che indagava intorno al mistero della vita stessa.

V
THE ITALIC SETTLERS

The Indo-European settlers founded the city-state of Nola in Campania. The name Nola derives from the Ausonian *No(u)ola*, meaning "new." In Oscan, it became *Núvla* from *Nou<e>la*. Greek renders it as Νῶλα (Nola), with the coin ethnic name of Νωλαῖος [Nolaios, rare Νώλιος (Nolios)] eventually, becoming *Nola, Nolanus* (rare *Nolensis* in Latin). The most ancient account of the city, dating around 500 B.C., comes from the Greek Historian Hecataeus of Miletus. He records, "Nola, city of the Ausones;"[1] thus, the city-state was probably founded during the eighth century B.C. by the Ausones. Their presence in the region was confirmed by Antiochus of Syracuse, one of the first historians of Italy, who, in the second half of the fifth century B.C., stated that the peninsula took its name after Italus, leader of the Ausones, later known as Italics.[2] During the second millennium B.C., the first wave of Indo-Europeans, the Latin-Ausones, invaded the Italian peninsula from the north. The Latins occupied the region south of the lower Tiber, between the sea and the Alban Mountains, known as Ancient Latium (*Latium Vetus*), and the Ausones stationed themselves in southern Latium. The name *Ausones* is connected to the term "southern-wind" (*aus-ter*), perhaps, to signify the "southern-Italics." The southern Italics, as pointed out by the grammarian Servius, were named Aurunci by the Latins, from Αυσονικοί (Ausonicoi) - *Auson(i)ci* - *Auronici* - *Auronci*.[3] Livy[4] and Pliny[5] erroneously differentiated between the Ausones, inhabitants of Cales, and the Aurunci, the founders of Sinuessa and Teanum Sidicinum. Livy and Pliny were misled by their mere political subdivision as Morgetes, Indo-European √*marg*- "mark, territory," Oenotrians, *ainō-d(h)roi* "the United Ones," Italics, and Opici. Aristotle[6] had correctly identified the Aurunci with the Opici. Thucydides recognized that this last group was the first to occupy Magna Graecia.[7] In fact, the Greeks called the Ausones farmers or "farm *op*-erators," referring to the harvest, *ompne* (ὄμπνη, from √ Sanskrit *apnas*, sacrificial act, and *ap*, work), and to the religious and sacred aspect of that work. The Greek named them *Opikoi* (Ὀπικοί) or *Oskoi* (Ὄσκοι); the Latins called them *Opsi, Obsci* or *Osci*, workers, in reference to the power (*ops*) and the rich (*opulentus*) productivity that comes from Earth, the goddess *Ops*. It is interesting to note that, until a few decades ago, the region around Capua, including Nola, was still officially named "Farming Land" (*Terra di Lavoro*).[8]

Originally, the Greeks named the Italian peninsula Hesperia and Ausonia. The natives called it Saturnia, in honor of Saturn. Dionysius of Halicarnassus, quoting the fifth century logographer Hellanicus of Lesbos, relates that Hercules, having killed Geryon - the Giant with three bodies - took off with his herd of red cattle. On his way home to Argos, while the hero was driving the herd through Italy, a calf escaped. Hercules, searching for the animal, followed it all the way to Sicily enquiring on its whereabouts. The local people, not understanding Greek, called the calf *vitulus*, meaning the young of an animal. "On account of the animal, Hercules named the whole land, that the calf had roamed over, V-itulia," hence "*Italia*."[9] The Latin etymology, *Vitulus*, from Ϝιταλός (Fitalos), was shared by other authors[10] such as Varro, who informs us that the ancients held cattle in high esteem and among them "the bull" was held "in the greatest esteem" (*bos . . . maxima . . . auctoritate*)[11] because it had named Italy. This

V
I COLONI ITALICI.

I coloni indo-europei fondarono la città-stato di Nola in Campania. Il nome Nola deriva dall'ausonio *No(u)ola*, col significato di "nuova." In osco, diventa *Núvla* da *Nou<e>la*. Il greco lo trasforma in Νῶλα (Nola), col nome etnico sulle monete di Νωλαῖος [Nolaios, raro Νώλιος (Nolios)] divenendo, in seguito, *Nola*, *Nolanus* (raro *Nolensis* in latino). La più antica notizia della città, datata intorno al 500 a.C., ci perviene dallo storico greco Ecateo di Mileto. Egli stabilisce, "Nola, città degli Ausoni,"[1] quindi la città-stato fu fondata probabilmente durante l'ottavo secolo a.C. dagli Ausoni. La loro presenza nella regione fu confermata da Antioco di Siracusa, uno dei primi storici d'Italia, che, nella seconda metà del quinto secolo a.C., affermò che la penisola prese nome da Italo, condottiero degli Ausoni, in seguito conosciuti come Italici.[2] Durante il secondo millennio a.C., la prima ondata di Indo-Europei, i Latini-Ausoni, invasero la penisola italiana dal nord. I Latini occuparono la regione a sud del basso Tevere, tra il mare e le montagne albane, conosciuta come Antico Lazio (*Latium Vetus*), e gli Ausoni si stanziarono nel Lazio meridionale. Il nome *Ausones* è connesso al termine "vento-del-sud"(*aus-ter*), forse, a significare gli "Italici-meridionali." Gli Italici del sud, come indicato dal grammatico Servio, furono chiamati, dai Latini, Aurunci, da Αὐσονικοί (Ausonicoi) - *Auson(i)ci* - *Auronici* - *Auronci*.[3] Livio[4] e Plinio[5] erroneamente differenziarono tra gli Ausoni, abitanti di Cales, e gli Aurunci, fondatori di Sinuessa e Teano Sidicino. Livio e Plinio furono forviati dalla semplice suddivisione politica in Morgeti, indo-europeo √*marg*- "marchio, territorio," Enotri, *ainō-d(h)roi* "gli Unificati," Itali ed Opici. Aristotele[6] aveva correttamente identificato gli Aurunci con gli Opici. Tucidite aveva riconosciuto che quest'ultimo gruppo fu il primo ad occupare la Magna Grecia.[7] Infatti, i Greci chiamarono gli Ausoni agricoltori ovvero "*op*-eratori di fattoria," riferendosi al raccolto, *ompne* (ὄμπνη, dalle √sanscrite *apnas*, atto sacrificale, ed *ap*, lavoro), e l'aspetto religioso e sacro di quel lavoro. I Greci li chiamarono *Opikoi* (Ὀπικοί) od *Oskoi* (Ὄσκοι); i Latini li chiamarono *Opsi*, *Obsci* or *Osci*, lavoratori, in riferimento al potere (*ops*) ed alla ricca (*opulentus*) produttività che deriva dalla Terra, la dea *Ops*. È interessante notare che fino a poche decadi or sono, la regione attorno a Capua, inclusa Nola, era ancora ufficialmente chiamata "*Terra di Lavoro*".[8]

Originariamente, i Greci chiamarono la penisola italiana Esperia ed Ausonia. Gli indigeni la chiamarono Saturnia, in onore di Saturno. Dionisio di Alicarnasso, citando il logografo del quinto secolo Ellanico di Lesbo, riferisce che Ercole, avendo ucciso Gerione - il gigante dai tre corpi - portò via la sua mandria di bestiame rosso. Sulla strada verso casa sua ad Argo, mentre l'eroe conduceva la mandria attraverso l'Italia, un vitello scappò. Ercole, alla ricerca dell'animale, lo seguì fino in Sicilia, chiedendo sue notizie. La gente locale, non comprendendo il greco, chiamava il vitello *vitulus*, intendendo un piccolo di un animale. "A causa dell'animale, Ercole chiamò l'intero paese, su cui il vitello aveva vagato, V-itulia," da cui "*Italia*."[9] L'etimologia latina, *Vitulus*, da Ϝιταλός (Fitalos), era condivisa da altri autori[10] come Varrone, il quale c'informa che gli antichi tenevano in gran conto le mandrie e tra di loro "il toro" era tenuto "in grandissima stima" (*bos...maxima.... auctoritate*)[11] perchè aveva dato il nome all'Italia. Questo

E high regard for the bull would explain the reason for the chase that led Hercules to conquer the peninsula. His popularity and influence were well diffused among the ancient inhabitants of Italy. They believed that the many towns and cities that bore his name, like Herculaneum in Campania, were testimony of his mythical presence in Italy.[12] In reality, the true etymology of the name Italy is to be found in the Italic word *Vĕtelo-s*, *Vĕtelia*, Oscan *Viteliú*, as we read on Samnite coins, meaning old, equivalent to the Latin *vetus*, ancient, and *vetulus*, somewhat old,[13] and corresponding to the English "*veteran.*" Nevertheless we have chosen to report the legend because in the fold of its myth lay interesting historical elements.

The ancient Vedic tradition of "the horse-sacrifice" in India has aspects in common with that myth of Hercules.[14] To perform it, kings proffered enormous sums on the Brāhman priests. As Hercules gained immortality after accomplishing all his tasks, so it was believed that he who made one hundred such sacrifices would have displaced from heaven the god Indra himself.[15] The "sacrifice" started with a consecration ceremony of the chosen stallion, which had to have a certain color and had to be a race winner.[16] Next, the horse was let loose to roam at will for the length of a year.[17] Wherever the horse went, it was followed by the king with the entire army. They perceived the random direction followed by the horse as an expression of a divine will. All the land covered had to be occupied and conquered either by voluntary or forceful submission of the local rulers. Disgrace was upon him who did not succeed in the task. At the end of the allotted time, great triumphs awaited the victorious king at his return home with the sacred horse.[18] Save for the difference of animals involved (bovines in the Greek account and equines in the Indian sacrifice) parallels with Hercules' account are clearly evident. Interestingly, some passages of the Ṛig-veda equate the sacrificial horse to a bull, describing it with "golden horns . . . spread apart."[19] This description may also be the relic of a pre-Vedic prayer, when the mentioned sacrifice was performed also with the help of a bull. Nevertheless, the Greek and Indian accounts show an ancient heritage that may have derived from their common ancestry, when these sacred traditions were understood as spiritual quests or were acted out and implemented during migratory conquests. This tradition was still present in the metaphysical views of the Nolan Osci during the second half of the fourth century B.C. In fact, in one of their tombs, dated 330 - 320 B.C., discovered in Nola at Via Crocifisso, we find depicted, on the northern wall, the front figure of a young warrior with a horned helmet, full suit of armor, and riding a red horse. On the southern side of the grave the same youth is portrayed in profile wearing a yellow mantle (*himátion*) and a crown of leaves as a sign of victory. Finally, this youthful person is represented, for the third time, on the eastern panel of the sepulcher, wearing again the leaf crown and the himation. However, this time he is walking holding the tail of a very dark red-brown horse mounted by a bearded man with two spears.[20] The act of holding the tail, portrayed also in the tomb of "*The Warrior's Return*" from Paestum, 350 - 325 B.C.,[21] shows that the horse, or the bearded man, is leading the way and the warrior follows. Here, the horse symbolizes a manifestation of death.[22] Thus the warrior is going toward what may be his final conquest of a metaphysical domain led by the horse of death. Two women are portrayed on the western wall of the crypt bringing the customary offerings

grande riguardo per il toro spiegherebbe il motivo dell'inseguimento che consentì ad Ercole di conquistare la penisola. La sua popolarità ed influenza erano molto diffuse tra gli antichi abitanti d'Italia. Essi ritenevano che i numerosi centri e città che recavano il suo nome, come Ercolano in Campania, erano testimonianza della sua mitica presenza in Italia.[12] In realtà, la vera etimologia del nome Italia deve ricercarsi nel termine italico *Vĕtelo-s*, *Vĕtelia*, osco *Viteliú*, così come si legge sulle monete sannite, intendendo vetusto, equivalente al latino *vetus*, antico, e *vetulus*, alquanto antico[13] e corrispondente all'italiano "*veterano*." Comunque abbiamo deciso di riportare la leggenda perchè nelle pieghe del suo mito si trovano elementi storici interessanti.

L'antica tradizione vedica del "sacrificio-del-cavallo" in India ha aspetti in comune con quel mito di Ercole.[14] Per adempierlo, i re elargivano enormi somme ai sacerdoti Brāhmani. Come Ercole ottenne l'immortalità dopo aver compiuto tutte le sue fatiche, così era credenza che colui il quale avesse eseguito cento di questi sacrifici avrebbe soppiantato lo stesso dio Indra dal cielo.[15] Il "sacrificio" iniziava con una cerimonia di consacrazione di uno stallone scelto, il quale doveva avere un particolare colore e doveva essere un campione da corsa.[16] Quindi, il cavallo era lasciato libero di vagare a volontà per la durata di un anno.[17] Ovunque il cavallo andava, era seguito dal re con l'intero esercito. Essi ritenevano che la direzione seguita a caso dal cavallo era l'espressione di una volontà divina. Tutto il territorio percorso doveva essere occupato e conquistato con la volontaria o forzata sottomissione dei governanti locali. Disgrazia sarebbe caduta su colui che non avesse avuto successo nell'impresa. Al termine del tempo consentito, grandi trionfi erano attribuiti al re vittorioso al suo ritorno a casa col cavallo sacro.[18] A parte la differenza dell'animale impiegato (bovino nel racconto greco ed equino nel sacrificio indiano) sono chiaramente evidenti i paralleli con la leggenda di Ercole. È interessante notare che alcuni passi del Ṛig-veda identificano il cavallo sacrificale ad un toro, descrivendolo con "corna d'oro . . . ben separate."[19] Questa descrizione può anche essere il residuo di una preghiera pre-vedica, quando il suddetto sacrificio era eseguito anche coll'intervento di un toro. Comunque, le notizie greche ed indiane mostrano un antico patrimonio che può essere derivato da loro comuni antenati, quando queste sacre tradizioni erano comprese come ricerche spirituali o erano eseguite ed attuate durante conquiste migratorie. Questa tradizione era ancora presente nelle concezioni metafisiche degli Osci di Nola durante la seconda metà del quarto secolo a.C. Infatti, in una delle loro tombe, datata 330 - 3020 a.C., scoperta a Nola in Via del Crocifisso, ritroviamo dipinta, sulla parete nord, la figura di prospetto di un giovane guerriero con elmetto ornato di corna, con una completa armatura e montante un cavallo rosso. Sul lato meridionale della tomba lo stesso giovane è dipinto di profilo indossante un mantello giallo (*himátion*) ed una corona di foglie in segno di vittoria. Infine, questo giovane è raffigurato, per la terza volta, sul pannello orientale del sepolcro, indossante ancora la corona di foglie e l'imàtio. Tuttavia, questa volta egli avanza mantenendo la coda di un cavallo scuro rosso-bruno montato da un uomo barbuto con due lance.[20] L'atto di mantenere la coda, raffigurato anche nella tomba del "*Ritorno del Guerriero*" di Paestum, 350 - 325 a.C.,[21] mostra che il cavallo, o l'uomo barbuto, apre il cammino ed il guerriero segue. Qui, il cavallo simbolizza una manifestazione della morte.[22] Quindi, il guerriero sta andando verso ciò che può essere la sua conquista finale di un dominio metafisico guidato dal cavallo della morte. Due donne sono dipinte sulla parete occidentale della cripta recanti le offerte

E
to the dead, two vessels (*skyphos*) shaped in the silhouette of a bull's face. One of these *skyphos*, painted a brown-red color with white decorations around the rim, was found near Nola in a third century B.C. tomb. The sepulcher belonged to another Oscan warrior wearing a bronze belt and flanked with a spear.[23] The practice of interpreting as divine will the random direction of an animal has examples in other religions and cultures as well. The book of Samuel highlights that the Philistines, "laid the ark of the Lord upon the cart," set "two milch kine" free to roam "and the kine took the straight way... And the cart came into the field of Joshua, at Beth-shemite, and stood there, where there was a great stone: and they clave the wood of the cart, and offered the kine a burnt offering unto the Lord."[24] Similarly, in Southeast Asia as late as 1383, in the Kingdom of Siam, a Buddha relic was placed on the back of a white elephant. The animal was set free to wander; it stopped on Doi Suthep and died. There, the temple of Wat Phra That was built to house the relic.[25]

Perhaps, the myth of Hercules relates to those very first invasions of Indo-Europeans in the Italian peninsula, when their deeds of conquest were deemed as sacred rites. In the archaic religion of Rome there was a "Roman *aśvamedha*" (horse-sacrifice).[26] On October 15, in fact, the "October Horse" (*Equus October*),[27] a war-horse (ἵππον πολεμιστήν),[28] was sacrificed in that city's Campus Martius. The similarity of these legends may refer to historical ancient migrations by land and sea[29] that remain in the myths, common to all Indo-Europeans, as shared relics of lost but not forgotten events.[30] Perhaps, Strabo echoes them, when he states that some Indians accompanied Hercules in Libya and that in India Zeus-Jupiter is worshiped.[31] In fact, the Indian god Indra shows parallels with Jupiter Pluvius. They both are revered as "the bull," lord of rain and war armed with thunderbolts. Furthermore, Hercules received a golden bowl from the Sun on which to cross the Ocean. Indra, "the leader of the Sun,"[32] has the same quality of the solar hero. As in the myth of Hercules, he killed the three headed brāhman Viśvarūpa and drove away the cows hidden by the demon Vala.[33]

During the first millennium B.C., a second wave of Indo-European migration took place in Italy. The Umbro-Sabellians came into the peninsula from the north. They followed the route along the Apennines, since the "lower grounds" were occupied by the Latin-Ausones.[34] They were distinguished into Umbrians and Sabini. These later ones, says Dionysius of Halicarnassus, took their name from the god Sabus (Σάβος).[35] Possibly, the name derives from the Sanskrit *sabhā* [equivalent to Dius Fidius (Πίστιος Δίς)][36] the god or genius of faith and social laws, also identified with Hercules. In the course of time the two groups divided. The Sabini moved south, giving origin to the Samnites and the Campanians and pushing the Ausonians further south. They settled in the regions later known as Campania, Magna Graecia, and Sicily. There, they were totally Hellenize by the incoming Greek settlers.[37] According to the history published around 7 B.C. by Dionysius of Halicarnassus, the Ausonian presence in Italy predates the Greek and Etruscan settlements. In fact, the ancient names, given by the Greeks to the Italian peninsula and to its western body of water, were respectively Ausonia and the Ausonian Sea. It was only after the Etruscan conquest that sea was named Tyrrhenian. Later, laments Dionysius, all the different

d'uso per i morti, due vasi (*skyphos*) modellati come la siluetta di una faccia di toro. Uno di questi *skyphos*, dipinto in colore rosso-bruno con decorazioni in bianco intorno all'orlo, fu ritrovato vicino Nola in una tomba del terzo secolo a.C. Il sepolcro apparteneva ad un altro guerriero osco indossante una cintura di bronzo e con una lancia al fianco.[23] La consuetudine secondo la quale si interpreta come volontà divina la direzione presa a caso da un animale trova esempi anche in altre religioni e culture. Il libro di Samuele illustra che i Filistei, collocata "l'arca del Signore sul carro," posero "due vacche allattanti" libere di vagare e "le vacche andarono diritte per la strada ... Il carro giunse al campo di Giosuè di Bet-Sèmes e si fermò laddove c'era una grossa pietra. Allora fecero a pezzi i legni del carro e offrirono le vacche in olocausto al Signore."[24] Similmente, nel sud-est asiatico non più tardi del 1383, nel regno di Siam, una reliquia del Buddha fu posta sulla groppa di un elefante bianco. L'animale fu lasciato libero di vagare, poi si fermò su Doi Suthep e spirò. Ivi, per ospitare la reliquia, fu costruito il tempio del Wat Phra That.[25]

Forse, il mito di Ercole si riferisce a quelle primissime invasioni di Indo-Europei nella penisola italiana, quando le loro gesta di conquista erano considerate come riti sacri. Nella religione arcaica di Roma v'era un "*aśvamedha*"(sacrificio-del-cavallo) romano."[26] Il 15 Ottobre, infatti, il "Cavallo d'Ottobre" (*Equus October*),[27] un cavallo-da-guerra (ἵππον πολεμιστήν),[28] era sacrificato nel Campo Marzio di quella città. La similitudine di queste leggende può riferirsi ad antiche migrazioni storiche per terra e mare[29] che rimangono nei miti comuni a tutti gli Indo-Europei, come condivisi relitti di eventi persi ma non dimenticati.[30] Forse Strabone li richeggia, quando dichiara che alcuni indiani accompagnarono Ercole in Libia e che in India essi venerano Zeus-Giove.[31] Infatti, il dio indiano Indra mostra paralleli con Giove Pluvio. Ambedue sono riveriti come "il toro," signore della pioggia e della guerra armato di saetta. Inoltre, Ercole ricevette dal Sole una coppa d'oro su cui attraversare l'Oceano. Indra, la guida del Sole,[32] possiede la stessa qualità dell'eroe solare. Come nel mito di Ercole, egli uccise Viśvarūpa il brāhmano dalle tre teste e portò via le vacche nascoste dal demone Vala.[33]

Durante il primo millennio a.C., una seconda ondata di Indo-Europei entrò in Italia. Gli Umbro-Sabelli entrarono nella penisola dal nord. Essi seguirono la rotta lungo gli Appennini, dal momento che "le terre basse" erano occupate dai Latini-Ausoni.[34] Essi si distinguevano in Umbri e Sabini. Questi ultimi, sostiene Dionisio d'Alicarnasso, ricevevano il loro nome dal dio Sabo (Σάβος).[35] Probabilmente, il loro nome deriva dal sanscrito *sabhā* [equivalente al Dius Fidius (Πίστιος Δίς)][36] il dio o genio della fede e delle leggi sociali, anche identificato con Ercole. Col passare del tempo i due gruppi si separarono. I Sabini andarono a sud, dando origine ai Sanniti ed ai Campani e spingendo gli Ausoni più a sud. Essi si stanziarono nelle regioni più tardi conosciute come Campania, Magna Grecia e Sicilia. Ivi, essi furono totalmente ellenizzati dai sopraggiunti coloni greci.[37] Secondo la storia pubblicata intorno al 7 a.C. da Dionisio di Alicarnasso, la presenza ausone in Italia precede la colonizzazione greca ed etrusca. Infatti, gli antichi nomi, dati dai Greci alla penisola italiana ed al suo bacino d'acqua occidentale, erano rispettivamente Ausonia e Mare Ausonio. Fu solo dopo la conquista Etrusca, che il mare fu chiamato Tirreno. In seguito, lamenta Dionisio, tutte le diverse nazioni italiane e le loro

E
Italian nations and their populations were erroneously named Tyrrhenians, meaning Etruscans, without regard for their earliest true ethnic origins.[38] The Etruscans also named the Adriatic Sea.[39] Across this sea other populations, most likely Indo-Europeans, came into Italy, such as the Messapii, who occupied Calabria, and the Iapyges, who settled in present Puglia. The Iapyges took the name of Apuli and Daunians in the northern part of Puglia.

I
popolazioni furono erroneamente chiamate tirrene, intendendo etrusche, senza riguardo alla loro più antica origine etnica.[38] Gli Etruschi diedero nome anche al Mare Adriatico.[39] Attraverso questo mare altre popolazioni, molto probabilmente indo-europee, vennero in Italia, così come i Messapii, che occuparono la Calabria, e gli Iapigi, che si stanziarono nell'attuale Puglia. Gli Iapigi assunsero il nome di Apuli e Dauni nel nord della Puglia.

VI
ETRUSCANS AND GREEKS

Polybius relates that the Etruscans had claimed possession of the Phlegraean plain near Capua and Nola.[1] Did these cities preexist the Etruscans' "claim" or were they founded by them? It is possible that Capua was originally Etruscan, though the name is Latin-Ausonian[2] and tradition has it founded by Romulus.[3] However, Nola has a different origin.

In the eighth century B.C. a highly civilized population settled in Etruria, the area that includes present Tuscany, part of Latium, and extends from the Tyrrhenian Sea to the rivers Arno and Tiber. They called themselves Ras, the Greeks named them Tyrrenoi or Tyrrhenians and the Romans named them Etruscans.[4] Herodotus says that they came from Lydia, in present day western Turkey. Their origin remains uncertain and their language, which is definitely neither Semitic nor Indo-European, is enigmatic. Upon their very first arrival they commanded respect and admiration. The ways and customs of their barbarian neighbors were changed by the Etruscans' art, gracefulness of living, and enjoyment of life. Their economy, industry, technology, and new agricultural techniques transformed the surrounding land.[5] As a strong sea-power, they established prosperous markets throughout the Mediterranean. In a few years, along with the trade of goods and commodities, also new ideas, cultures and religions arrived into Etruria from all over the Mediterranean basin. Through the Cumaeans, the Etruscans entered into contact with Greek culture and received their first lesson in the use of the alphabet.

During the eighth century, as the Etruscans were settling in central western Italy, the Greeks were colonizing its southern part. Their oldest certain possession was the island of Pithecussae (Πιθηκοῦσσα), present Ischia, in the bay of Naples;[6] it was believed to be the land of Kerkops, monkey-like volcanic demons. The island, which offered some gold deposits, was occupied by colonists from the two neighboring cities of Chalcis and Eretria, in Euboea, Greece. Shortly after that first settlement, around the year 750 B.C., the Chalcidians founded Cumae on the main land. But the amiable relationship among the two groups of Greek settlers did not last long. During the seventh century, a conflict between the two cities in their Motherland had repercussions in the colonies, it led to the expulsion of the Eretrians from Pithecussae. In the sixth century B.C., following a volcanic eruption, the island was evacuated again.[7] After Cumae, the Chalcidians founded, around 600 B.C., the nearby Nea-polis, the "new-city,"(Νεά–πολις) or, Parthenope,[8] the "old" part, Palae-polis (Παλαιά–πόλις),[9] of that city-state. In 529 B.C., they also founded Dicaearchea, the "city of justice." After Cumae, in the second half of the eighth century, the Greeks started the colonization of Sicily. There, around 734, the Corinthians founded the city-state of Syracuse.[10]

By 545 B.C., the Etruscans had established an alliance with the Carthaginians in northern Africa against the Phocaeans, Greek colonists who, with their base in Massalia - present day Marseilles, were their competitors along the sea trading routes. Ten years later the outnumbered Phocaean navy was destroyed by the allied forces in a naval battle.[11] The Greek colonists found refuge on the Italian coast, where they founded the colony of Elea, present day Velia. Confident in their

VI
GLI ETRUSCHI ED I GRECI

Polibio riferisce che gli Etruschi avevano vantato possesso della pianura flegrea vicino Capua e Nola.[1] Queste città preesistevano al "vanto" etrusco o erano state fondate da loro? È possibile che Capua fosse stata originariamente etrusca, anche se il nome è latino-Ausone,[2] e una tradizione afferma che era stata fondata da Romulo.[3] Tuttavia, Nola ha un'origine diversa.

Nell'ottavo secolo a.C. una popolazione altamente civilizzata si stanziò in Etruria, un'area che include la presente Toscana, parte del Lazio e si estende dal Mar Tirrenio ai fiumi Arno e Tevere. Essi si chiamavano Ras, i Greci li chiamarono Turrenoi o Tirreni ed i Romani li chiamarono Etruschi.[4] Erodoto afferma che essi vennero dalla Lidia, nell'attuale Turchia occidentale. La loro origine rimane incerta e la loro lingua, che non è certamente nè semitica nè indo-europea, è enigmatica. Appena arrivati essi imposero rispetto ed ammirazione. I modi ed i costumi dei loro barbari vicini furono cambiati dall'arte etrusca, dall'eleganza della loro vita e dalla loro gioia di vivere. La loro economia, industria, tecnologia, e nuove tecniche agricole trasformarono la regione circostante.[5] Essendo una potenza marinara imponente, essi stabilirono prosperi mercati da un capo all'altro del Mediterraneo. In pochi anni, insieme al commercio di beni e di merci, anche nuove idee, culture e religioni arrivarono in Etruria da tutto il bacino mediterraneo. Tramite i Cumani, gli Etruschi entrarono in contatto con la cultura greca e ricevettero la loro prima lezione nell'uso dell'alfabeto.

Durante l'ottavo secolo, mentre gli Etruschi si stabilivano nell'Italia centro occidentale, i Greci colonizzavano la parte meridionale. Il loro possedimento sicuramente più antico fu l'isola di Pitecussa (Πιθηκοῦσσα), l'attuale Ischia, nella baia di Napoli;[6] si riteneva che essa fosse la terra dei Cercopi, demoni vulcanici simili a scimmie. L'isola, che offriva alcuni depositi d'oro, fu occupata dai coloni di due città vicine Calcide ed Eretria, in Eubea, Grecia. Poco dopo il primo insediamento, intorno all'anno 750 a.C., i Calcidesi fondarono Cuma sulla penisola. Ma le amichevoli relazioni tra i due gruppi dei coloni greci non durò a lungo. Durante il settimo secolo, un conflitto tra le due città nella loro madre patria ebbe ripercussioni nelle colonie, ciò condusse all'espulsione degli Eretriesi da Pitecussa. Nel sesto secolo a.C., in seguito ad un'eruzione vulcanica, l'isola fu nuovamente evacuata.[7] Dopo Cuma, i Calcidesi fondarono, intorno al 600 a.C., la vicina Nea-polis, la "città-nuova,"(Νεά–πολις) o Partenope,[8] la "vecchia" parte, Palae-polis (Παλαιά–πόλις),[9] di quella città-stato. Nel 529 a.C., essi fondarono anche Dicearchia, la "città di giustizia." Dopo Cuma, nella seconda metà dell'ottavo secolo, i Greci iniziarono la colonizzazione della Sicilia. Lì, intorno al 734, i Corinzii fondarono la città-stato di Siracusa.[10]

Entro il 545 a.C., gli Etruschi avevano stabilito un'alleanza con i Cartaginesi nel nord Africa contro i Focesi, coloni greci che, con la loro base a Massalia - l'attuale Marsiglia, erano loro competitori sulle rotte commerciali marittime. Dieci anni più tardi la flotta focese, inferiore in numero, fu distrutta dalle forze alleate in una battaglia navale.[11] I coloni greci trovarono rifugio sulla costa italiana, dove fondarono la colonia di Elea, l'attuale Velia. Sicuri nella loro

E undisputed power, the Etruscans, around 600 B.C., started pushing south and established themselves in the city of Volturnum, later to be named Capua. By the second half of the sixth century they had also subjugated the Ausonian Nola.

The Etruscan involvement and conquests in Campania were so radical that they led Velleius Paterculus to agree, but with different dates, with Marcus Cato, the Censor (234-149 B.C.), "who says that Capua was founded by the Etruscans together with Nola."[12] Etruria reached and controlled the sea of the Bay of Naples together with Pompeii and Herculaneum. In the year 524 B.C., the Etruscans of Capua had gathered an incredible coalition with the help of the Aurunci, the Umbrians, and many other populations from Campania, including the Daunians from the district of Nola. With this strong army (Dionysius, in a fit of exaggeration, speaks of 500,000 foot-soldiers and 18,000 cavalrymen)[13] they pressed at the gates of Cumae. The city-state, thanks to its very powerful fortifications and to the leadership of the tyrant Aristodemus - nicknamed Malacus (the Sumptuous) - withstood the invasion with only 4,500 men and 600 horses. Later, in 505 B.C., in the battle of Aricia, Aristodemus, allied with the Latins, again defeated the Etruscans.[14] A second battle at Cumae took place in 474 B.C. Ambassadors from Cumae had asked Hieron, the tyrant of Syracuse, for his help against the Etruscans, "at that time," considered "rulers of the sea" (θαλαττοκρατούντων). The tyrant "sent a great number of triremes" who joined "with the natives of that land" (μετὰ τῶν ἐγχωρίων). Thus, "they subdued the Etruscans and liberated the Cumaean from their phobias."[15] The city-state of Cumae, federated with Sicily and Campania, was able, for the third time, to crush the Etruscan "aggression" (ὕβριν) and silence its "war cry" (τ'ἀλαλατὸς). During that war, the Syracusan navy was instrumental in securing a victory and cast the Etruscans "into the sea" (ἐν πόντῳ).[16] To celebrate this great conquest Hieron offered the Etruscan spoils at Olympia. A dedication on a bronze helmet read "Hieron, son of Deinomenes and the Syracusans, [offer] to Zeus the Etruscan spoils won at Cumae."[17] Around this time, or shortly thereafter, Neapolis issued its early coins displaying Nike, in the form of a flying Victory, crowning Achelous, who personified Sebetus the river of Neapolis.[18] It is very plausible that the Neapolitans, having participated in that war, wanted to commemorate the victory. Furthermore, the Syracusan coinage had greatly influenced the Neapolitan mint, during this period.[19] Syracuse had modified the economy and its Attic standard of coinage had been "adopted throughout the West."[20] Renowned was the beautiful big Syracusan decadrachma 'Demareteia,' struck in honor of Gelon, Hieron's brother, for his victory over the Carthaginians at Himera in 480 B.C.[21] On its obverse is Arethusa while, on the reverse, the horses of a chariot are being crowned by the flying Victory. In similar fashion, the Neapolitan didrachma shows Arethusa or a nymph, on the obverse, and Achelous crowned by Nike above, on the reverse.

After these events, the Etruscan supremacy in Campania was at its end. Syracuse defeated the Etruscan pirates, conquered Corsica, and Aethalia, the present day island of Elba, raided the Etrurian coast, and controlled the Tyrrhenian Sea until 453 B.C.[22] The Syracusans established a base in Pithecussae, and confirmed their influence over the Neapolitans.[23] From that Pithecussaean base they may have been

I

supremazia incontrastata, gli Etruschi, intorno al 600 a.C., incominciarono a premere verso il sud e si stabilirono nella città di Volturno, in seguito chiamata Capua. Entro la seconda metà del sesto secolo, essi sottomisero anche la Nola ausone.

La conquista etrusca ed il loro coinvolgimento in Campania furono talmene radicali che indussero Velleio Patercolo a concordare, ma con date diverse, con Marco Catone, il censore (234-149 a.C.), "il quale dice che Capua fu fondata dagli Etruschi insieme con Nola."[12] L'Etruria raggiunse e controllò il mare della baia di Napoli unitamente a Pompei ed Ercolano. Nell'anno 524 a.C., gli Etruschi di Capua avevano radunato un'incredibile coalizione con l'aiuto degli Aurunci, gli Umbri e molte altre popolazioni dalla Campania, inclusi i Dauni dal distretto di Nola. Con questo forte esercito (Dionisio, esagerando, riporta circa 500,000 fanti e 18,000 cavalieri)[13] essi premevano alle porte di Cuma. La città-stato, grazie alle sue potentissime fortificazioni ed al comando del tiranno Aristodemo - soprannominato Malaco (il Sontuoso) - fece fronte all'invasione con solo 4,500 uomini e 600 cavalli. In seguito, nel 505 a.C., nella battaglia di Aricia, Aristodemo, alleato con i Latini, sconfisse nuovamente gli Etruschi.[14] Una seconda battaglia a Cuma ebbe luogo nel 474 a.C. Ambasciatori da Cuma avevano chiesto a Gerone, il tiranno di Siracusa, il suo aiuto contro gli Etruschi, "in quel tempo," ritenuti "signori del mare" (θαλαττοκρατούντων). Il tiranno "mandò un gran numero di triremi" che si unirono "con gli indigeni di quella terra" (μετὰ τῶν ἐγχωρίων). Pertanto, "essi soggiogarono gli Etruschi e liberarono i Cumani dalle loro paure."[15] La città-stato di Cuma, federata con la Sicilia e la Campania, fu capace, per la terza volta, di annientare "l'aggressione" (ὕβριν) etrusca e tacitare il loro "grido di guerra"(τ'ἀλαλατὸς). Durante quella guerra, la flotta siracusana contribuì ad assicurare la vittoria ed a buttare "a mare" (ἐν πόντῳ) gli Etruschi.[16] Per commemorare questa grande conquista, Gerone offrì le spoglie etrusche ad Olimpia. Una dedica su di un elmetto di bronzo leggeva "Gerone, figlio di Dinomene ed i Siracusani, [offrono] a Zeus le spoglie etrusche sconfitte a Cuma."[17] In questo tempo, o poco dopo, Neapolis emise una delle sue prime monete che mette in mostra Nike, nell'aspetto di una Vittoria volante, che corona Acheloo, personificante Sebeto il fiume di Neapolis.[18] È molto probabile che i Napoletani, avendo partecipato a quella guerra, volessero commemorarne la vittoria. Inoltre, la monetazione siracusana aveva influenzato grandemente la zecca Napoletana, durante questo periodo.[19] Siracusa aveva modificato l'economia ed il suo standard attico della monetazione era stato "adottato in tutto l'occidente."[20] Era rinomata la bellissima grossa decadramma siracusana 'Demareteia,' coniata in onore di Gelone, il fratello di Gerone, per la sua vittoria sui Cartaginesi ad Imera nel 480 a.C.[21] Sul suo diritto v'è Aretusa mentre, sul retro, i cavalli di una biga vengono coronati dalla Vittoria volante. Nello stesso modo, la didramma napoletana mostra Aretusa o una ninfa, al diritto, ed Acheloo coronato da Nike dall'alto, al rovescio.

Dopo questi eventi, la supremazia etrusca in Campania era alla fine. Siracusa sconfisse i pirati etruschi, conquistò Corsica ed Aethalia, l'attuale isola d'Elba, invase le coste dell'Etruria e controllò il Mar Tirreno fino al 453 a.C.[22] I Siracusani stabilirono una base a Pitecussa ed affermarono la loro influenza sui Napoletani.[23] Da quella base pitecussana essi potrebbero aver

E instrumental in re-colonizing the "new" (νεά) city-state of Neapolis, adjoining to the "old" (παλαιά) one, Parthenope-Palaepolis.[24] However, the Syracusan garrison, because of an earthquake, was forced to evacuate the island[25] and the Neapolitans, in turn, took possession of the base.

For the next years the Greek cities were to enjoy an undisputed cultural dominance in the region. A Greek Renaissance took place. Names of mathematicians, like Pythagoras (572-497), who lived at Croton and Metapontum, of philosophers, like Parmenides (c. 495) and Zeno (490-430) in Elea, Empedocles (495-435) in Agrigentum, Gorgias (c. 480) in Leontini, of historians and orators like Herodotus (484-425) and Lysias (440-380), who resided in Thurii, are still today milestones of knowledge and culture. Plato (427-347) himself visited Syracuse three times. The cities of Magna Graecia and Syracuse influenced the Campanian cities artistically and economically, as reflected by their coins.[26] However, the wars between the Greek cities, characteristic of the Motherland, continued also in Magna Graecia. Sybaris, in 510 B.C., had been destroyed by the city-state of Croton. The Sybarites fled north to Poseidonia, present day Paestum in Campania, a colony they had previously founded around the year 600 B.C.[27] Subsequently, the Crotonian control over the area, once held by Sybaris, ended in 446, when the Athenians founded there the new city-state of Thurii.

Timaeus[28] tells us that the Athenian general Diotimus visited Neapolis around 450 B.C.[29] On that occasion he made sacrifices to the siren Parthenope and instituted commemorative games in her honor. Strabo[30] states that Neapolis, during the years 430 and 427 B.C.,[31] now free from the Syracusan interference, was re-colonized by the Athenians. The Athenian influence on Neapolis is made evident by the presence of Athena on the obverse of the Parthenopean coins. During the Peloponnesian War, Athens continued its imperialistic advances by sending two expeditions against Syracuse which was allied with Sparta. In both cases the Sicilian city-state, under the leadership of Hermocrates, came out victorious. The first expedition ended, in 425 B.C., with Syracuse making an advantageous peace with the Athenians. During the second expedition, in 415 to 413 B.C., Syracuse defeated the Athenians, vanquished their navy, and massacred their army.[32] In this war, eight hundred Campanian mercenaries were employed by the Chalcidians of Sicily to help the Athenians wage battle against Syracuse. Campania had proven to be a good source of mercenary troops and they were regularly recruited by Carthage[33] and by Syracuse.[34] Eventually, most of these mercenary soldiers settled in Sicily.[35] Nevertheless, the artistic and cultural influences of Athens continued to hold sway over Campania when its political and military presence was gone.

The undisputed supremacy of Syracuse peaked under the tyrant Dionysius I (406 - 368 B.C.) who, by 380 B.C., had defeated the Carthaginians and secured an empire that included most of the Sicilian island and a great part of Magna Graecia on the main land. In 389 B.C., Dionysius I had subjugated a league headed by Croton and allied with the cities of Thurii, Pandosia, near Consentia,[36] and their outposts Caulonia and Poseidonia - present day Paestum. The unfortunate league had been formed, in 393 B.C., to resist the expansion of

I

contribuito alla ricolonizzazione della "nuova" (νεά) città-stato di Neapolis, attigua alla "vecchia" (παλαιά) città, Partenope-Palepoli.[24] La guarnigione siracusana, però, a causa di un terremoto, fu costretta ad evacuare l'isola[25] ed i Napoletani, a loro volta, presero possesso della base.

Negli anni successivi le città greche mantennero un dominio culturale incontrastato sulla regione. Ebbe luogo un rinascimento greco. I nomi dei matematici, come Pitagora (572-497), che visse a Crotone ed a Metaponto, dei filosofi, come Parmenide (*c.* 495) e Zenone (490-430) ad Elea, Empedocle (495-435) ad Agrigento, Gorgia (*c.* 480) a Leontini, degli storici e degli oratori come Erodoto (484-425) e Lysias (440-380), che risiedettero a Turio, sono ancora oggi pietre miliari del sapere e della cultura. Platone (427-347) stesso visitò Siracusa tre volte. Le città della Magna Grecia e Siracusa influenzarono artisticamente ed economicamente le città campane, così come è riflesso dalla loro monetazione.[26] Ma le guerre tra le città greche, caratteristiche della madre patria, continuarono anche nella Magna Grecia. Sibari, nel 510 a.C., fu distrutta dalla città-stato di Crotone. I Sibariti fuggirono al nord a Poseidonia, l'attuale Paestum in Campania, una colonia che essi avevano precedentemente fondata intorno all'anno 600 a.C.[27] Successivamente, il controllo crotonese della regione, una volta detenuto da Sibari, finì nel 446, quando gli Ateniesi fondarono la nuova città-stato di Turio.

Timeo[28] c'informa che il generale ateniese Diotimo visitò Neapolis intorno al 450 a.C.[29] In quell'occasione egli fece sacrifici alla sirena Partenope ed istituì giochi commemorativi in suo onore. Strabone[30] afferma che Neapolis, durante gli anni 430 e 427 a.C.,[31] libera dall'ingerenza siracusana, fu ricolonizzata dagli Ateniesi. L'influenza ateniese su Neapolis è evidente dalla presenza di Atena sul diritto delle monete partenopee. Durante la guerra peloponnesiaca, Atene continuò la sua espansione imperialistica con due spedizioni contro Siracusa che era alleata con Sparta. In ambedue i casi la città-stato siciliana, sotto la guida di Ermocrate, risultò vittoriosa. La prima spedizione ebbe termine, nel 425 a.C., con una pace con gli Ateniesi vantaggiosa per Siracusa. Durante la seconda spedizione, dal 415 al 413 a.C., Siracusa sconfisse gli Ateniesi, distrusse la loro flotta e massacrò il loro esercito.[32] In questa guerra, ottocento mercenari campani furono impiegati dai calcidesi della Sicilia per aiutare gli Ateniesi nella guerra contro Siracusa. La Campania aveva dato prova di essere una buona fonte di truppe mercenarie ed esse erano regolarmente reclutate da Cartagine[33] e da Siracusa.[34] Alla fine, la maggioranza di questi mercenari si stabilì in Sicilia.[35] Tuttavia, l'influenza artistica e culturale di Atene sulla Campania rimase salda anche quando la sua presenza politica e militare era passata.

L'incontrastata supremazia di Siracusa raggiunse l'apice sotto il tiranno Dionisio I (406 - 368 a.C.) che, entro il 380 a.C., aveva sconfitto i Cartaginesi e si era impadronito di un impero che includeva la maggior parte dell'isola siciliana ed una gran parte della Magna Grecia sul continente. Nel 389 a.C., Dionisio I aveva sottomesso una lega comandata da Crotone ed alleata con le città di Turio, Pandosia, vicino a Cosenza,[36] ed i loro avanposti Caulonia e Poseidonia - l'attuale Paestum. La sfortunata lega era stata formata, nel 393 a.C., per opporsi all'espansione di

E
Dionysius I from the south and of his Lucanian allies,[37] a Sabellian population, pressing from the north. That coalition (συμμαχίαν) established by the Italiotes, Greek inhabitants of mainland Italy (τὴν Ἰταλίαν κατοικοῦντες Ἕλληνες), was presided over by a Council (συνέδριον). The assembly had to provide for all the necessities related to its defense against Dionysius I and his allies the Lucanians, their neighboring enemies.[38] The agreement (συνθήκαις) of the cities stated that, in the event that one of them was under attack, all the others were to give aid. Any general who refused to lead his army to bring help was to be sentenced to death.[39] To commemorate the league, coins were minted[40] that displayed on the obverse the head of Hera Lakinia. The Crotoniates promoted the use of her image on their coins.[41] In fact, during the Lucanian expansion, at the beginning of the fourth century, the sanctuary of Hera, on the Lacinium promontory of Croton, was a powerful symbol of unity for the Italiotes of the Ionian coast.[42] The mint of Thurii produced similar coins. Of these, only one die, now housed in the Copenhagen Cabinet, is known to us.[43] Also, Pandosia[44] and Poseidonia minted coins with the image of Hera on the obverse.

Wanting to annex the Italiotes, in 390 B.C., the tyrant Dionysius I set out from Syracuse with a fleet of fifty ships to attack Rhegium, the first bastion of the mainland. Immediately, Croton dispatched a navy of sixty ships. The united forces of the Rhegians and the Crotoniates, taking advantage of a heavy storm, forced Dionysius I back to Syracuse with a loss of seven ships and one thousand and five hundred men.[45] Meanwhile, under Lucanian attack, the city-state of Thurii called upon its allies but did not wait for their help. With fourteen thousand troops and one thousand cavalry, the Thurians charged the Lucanians. After an initial victory, they pursued the enemy until they fell in a Lucanian ambush. The entire Lucanian army, thirty thousand men and four thousand cavalry strong, inflicted a heavy defeat on the Thurians.[46] Some of them attempted an escape by sea, but were picked up by the Syracusan fleet cruising off the coast under the command of Leptines, Dionysius I's brother. The admiral gained some political weight with the Italiotes by negotiating a peace treaty between them and the Lucanians. This treaty angered Dionysius I who, considering it a challenge to his authority in Magna Graecia, lifted his brother from the command.[47] Leptines was exiled and found hospitality among the Thurians.[48]

The following year, Dionysius I, with forty warships, twenty thousand troops and three hundred vessels full of supplies, sailed against Croton - the most populated of the allied cities and sheltering the largest number of Syracusan exiles. The Crotoniates gave the command of their army to Heloris, one of these expatriates,[49] who led the troops to a ruinous defeat.[50] Then, the Syracusan tyrant turned against Rhegium demanding heavy ransoms in return for their freedom. Next, he conquered Caulonia, leveled the city to the ground, transplanted its citizens, and delivered the territory to the Locrians.[51]

Certainly, it was to celebrate Dionysius I's victories, around the year 389 that Euainetos was commissioned to engrave a beautiful decadrachma weighing 41.06 grams. The coin displays, on the reverse, Artemis-Arethusa left among four dolphins. On the obverse it shows panoply below the exergue ground-line and above a galloping quadriga driven left by a charioteer receiving a crown from Nike flying over.[52] Perhaps, the coin

I
Dionisio I dal sud e dei suoi alleati lucani,[37] una popolazione sabellica, che premevano dal nord. Quella coalizione (συμμαχίαν) formata dagli Italioti, gli abitanti greci dell'Italia continentale (τὴν Ἰταλίαν κατοικοῦντες Ἕλληνες), era presieduta da un consiglio (συνέδριον). L'assemblea doveva provvedere a tutte le necessià per la sua difesa contro Dionisio ed i suoi alleati Lucani, loro limitrofi nemici.[38] L'accordo (συνθήκαις) delle città stabiliva che, nel caso che una di loro fosse attaccata, tutte le altre dovevano portare aiuto. Qualsiasi generale che si fosse rifiutato di condurre il suo esercito in soccorso doveva essere condannato a morte.[39] Per commemorare la lega, furono coniate monete[40] che mostravano al diritto la testa di Era Lakinia. I Crotonesi promossero l'impiego della sua immagine sulle loro monete.[41] Infatti, durante l'espansione lucana all'inizio del quarto secolo, il santuario di Era, sul promontorio Lacinio a Crotone, era un possente simbolo d'unità per gli Italioti della costa ionica.[42] La zecca di Turio produsse monete simili. Di queste, ci è noto un solo conio, ora conservato nel Gabinetto di Copenhagen.[43] Anche Pandosia[44] e Poseidonia coniarono monete con l'immagine di Era sul diritto.

Volendo annettere gli Italioti, nel 390 a.C., il tiranno Dionisio I partì da Siracusa con una flotta di cinquanta navi per attaccare Reggio, il primo bastione del continente. Immediatamente, Crotone inviò una flotta di sessanta navi. Le forze unificate dei Reggiani e dei Crotonesi, avvantaggiandosi di una forte tempesta, costrinsero Dionisio I a far ritorno a Siracusa con una perdita di sette navi e millecinquecento uomini.[45] Nel frattempo, sotto attacco lucano, la città-stato di Turio convocò i suoi alleati ma non aspettò il loro aiuto. Con quattordicimila fanti e mille cavalieri, gli abitanti di Turio attaccarono i Lucani. Dopo una vittoria iniziale, inseguirono il nemico finchè caddero in un'imboscata lucana. L'intero esercito lucano, composto di trentamila uomini e quattromila cavalieri, inflisse una pesante sconfitta agli abitanti di Turio.[46] Alcuni di loro tentarono di scappare per via mare, ma furono raccolti dalla flotta siracusana che incrociava lungo la costa sotto il comando di Leptine, il fratello di Dionisio I. L'ammiraglio ottenne un certo peso politico presso gli Italioti negoziando un trattato di pace tra loro ed i Lucani. Questo trattato irritò Dionisio I che, considerandolo un'interferenza alla sua autorità in Magna Grecia, sollevò suo fratello dal comando.[47] Leptine fu esiliato e trovò ospitalità presso gli abitanti di Turio.[48]

L'anno successivo, Dionisio I, con quaranta navi da guerra, ventimila soldati e trecento vascelli pieni di vettovaglie, salpò contro Crotone - la più popolata delle città alleate che dava asilo al più gran numero di esuli siracusani. I Crotonesi affidarono il comando del loro esercito ad Elorio, uno di questi fuoruscti,[49] il quale condusse le truppe ad una rovinosa sconfitta.[50] Il tiranno siracusano si rivolse quindi contro Reggio esigendo un pesante riscatto in cambio della loro libertà. Dopo, conquistò Caulonia, rase al suolo la città, trapiantò i suoi cittadini e consegnò il territorio agli abitanti di Locri.[51]

Fu certamente per celebrare le vittorie di Dionisio I, intorno all'anno 389, che fu commissionata ad Euainetos l'incisione di una bellissima decadramma dal peso di 41,06 grammi. La moneta mostra, sul retro, Artemide-Aretusa a sinistra tra quattro delfini. Sul diritto essa rivela una panoplia al disotto della linea di base dell'esergo con sopra una quadriga al galoppo guidata a sinistra da un auriga che riceve una corona da Nike che vola in alto.[52] Forse, la moneta

E was commemorating the honor of the golden crowns (χρυσοῖς στεφάνοις) that Dionysius I had received from his conquered enemies, as a tribute for the magnanimity he displayed toward the captives.[53] Also the Neapolitans, numerous among Dionysius I's army, must have felt their own glory in the wake of those victorious wars. In fact, the Neapolitan coins of this period, like the one found at Frasso, display again Achelous crowned by Victory.[54]

commemorava l'onore delle corone d'oro (χρυσοῖς στεφάνοις) che Dionsio I aveva ricevuto dai suoi stessi nemici vinti, quale tributo per la magnanimità che egli aveva dimostrato verso i prigionieri.[53] Anche i Napoletani, numerosi nell'esercito di Dionisio I, dovevano aver fatta propria la gloria di quelle guerre vittoriose. Infatti, le monete napoletane di questo periodo, come quella trovata a Frasso, mostrano nuovamente Acheloo coronato dalla Vittoria.[54]

VII
THE SAMNITES

We know, through Strabo, that the Sabini defeated the Umbrians after they had vowed to the god Mars, in return for victory, all that was produced during that year, including their newly born babies. Once they came of age, to fulfill the vow, the Sabini "sent them away as colonists and a bull led the way."[1] When the bull stopped in the land of the ancient Opici, taking it to be a sign from Mars, the young Sabini conquered that region. Again, this is the same tradition connected with the story of Hercules' calf and with the Indian horse-sacrifice. These new settlers took the name of *Safinim*, as we can read on one of their rare coins.[2] The name, from the stem *safnio*, may be connected with the Indo-European $\sqrt{sah}$, to conquer. From it comes the Sanskrit *sahya*, meaning powerful, also the name of a mountainous district, and *sabhā*, meaning congregation, council, or social party; it maybe connected to Sabus, the Sabin god. The local toponim of Saviano, a town 1 mile west of Nola, finds its roots in "*Saba - Sabius - Sabianus*."[3] The Greeks rendered the name of the Samnites as *Saynītai* (Σαυνῖται) and the Latins called them *Samnites*, thus naming the whole mountainous region Samnium. From those mountains the Samnites started the conquest of Campania, after which they took the name of Campanians. In 424 B.C., the Samnites-Campanians swept into the Etruscan city of Volturnum and renamed it Capua.

Livy[4] tells us that an ancient Samnite ceremony was practiced before the surprise attack on that city. Throughout all of Samnium there was a call to arms and a levy was conducted. All men of military age had to report to their generals. No one was exempt. Deserters and absentees were to be immediately sentenced to death in the name of Jupiter. The best of the Samnite youth were gathered in a mountainous encampment where eagles nested. In the middle of that camp, a square area, each side 200 feet long, was fenced in with fascines and battlements and was covered by linen tents. At the center of the tent, there were altars draped and covered with slaughtered bodies of victims. All around those sacrificial tables, priests, armed (*armati sacerdotes*)[5] with drawn gladii, held a fierce, silent, vigil guard. Into that mysterious, frightening, and dark atmosphere, used to create a sense of religious, mystical awe, the young valiant recruits were summoned, one by one, for the secret ritual. A very old man, reading from an ancient linen scroll, conducted the initiation ceremony. There, before the sacred altars, the novice was to take the most dreadful of all oaths. He invoked upon himself, his house, and his family a terrible curse if he did not show heroism in battle and did not kill those who exhibited cowardice. Anyone refusing to take the terrible vow was immediately beheaded at the feet of the altars and left as a reminder for the others to come. It was sure that during a battle, regardless of how frightened one may have been, no one would have forgotten the damnation invoked upon himself, ultimately fearing the malediction more than war itself. That curse, having been sealed in the after-world by the blood from the severed heads of their comrades-in-arm, was perceived as having reached the gods. The troops were named the "Linen Legion" (*legio linteata*),[6] in reference to the tent under which that ceremony took place.

VII
I SANNITI

Sappiamo, tramite Strabone, che i Sabini sconfissero gli Umbri dopo aver fatto voto di consacrare al dio Marte, in cambio della vittoria, tutti i prodotti di quell'anno, inclusi i loro neonati. Appena essi raggiunsero la maggiore età, per mantener fede al voto, i Sabini "li spedirono come coloni ed un toro fece loro da guida."[1] Quando il toro si fermò nella terra degli antichi Opici, ritenendolo un segno di Marte, i giovani conquistarono quella regione. Questa è, nuovamente, la stessa tradizione connessa con la storia del vitello di Ercole e col sacrificio-del-cavallo indiano. Questi nuovi coloni presero il nome di *Safinim*, così come si può leggere su una delle loro rare monete.[2] Il nome, dal tema *safnio*, può essere connesso all'indo-europeo $\sqrt{sah}$, conquistare. Da cui deriva il sanscrito *sahya*, col significato di potente, anche il nome di un distretto montagnoso, e *sabhā*, col significato di congregazione, councilio, o partito sociale, forse connesso con Sabo, il dio sabino. Il locale toponimo di Saviano, un paese 1.6 chilometri ad ovest di Nola, ha le sue radici in "*Saba - Sabius - Sabianus*."[3] I Greci tradussero il nome dei Sanniti con *Saynītai* (Σαυνῖται) ed i Latini li chiamarono *Samnites*, quindi dando il nome di Sannio all'intera regione montuosa. Da quelle montagne i Sanniti iniziarono la conquista della Campania, da cui presero il nome di Campani. Nel 424 a.C., i Sanniti-Campani occuparono la città etrusca di Volturno e le diedero il nuovo nome di Capua.

Livio[4] ci riferisce che un'antica cerimonia sannita fu celebrata prima dell'attacco a sorpresa su quella città. Tutto il Sannio fu chiamato alle armi e fu indetta un reclutamento. Tutti gli uomini in età di leva dovevano presentarsi dai loro generali. Nessuno era esentato. I disertori ed i renitenti dovevano essere immediatamente giustiziati in nome di Giove. Il fior fiore della gioventù sannita venne radunata in un accampamento montano, dove le aquile nidificavano. Nel mezzo del campo, un'area squadrata, ciascun lato lungo 61 metri, era recintata con fascine e parapetti merlati ed era coperta con tende di tela. Al centro della tenda, vi erano altari, drappeggiati e coperti con i corpi macellati delle vittime. Tutt'intorno a quelle tavole sacrificali, sacerdoti, armati (*armati sacerdotes*)[5] con gladii sguainati, facevano una fiera e vigile guardia silenziosa. In quella paurosa e tenebrosa atmosfera misteriosa, creata per suscitare un senso religioso di timoroso e mistico stupore, le giovani e prodi reclute erano convocate, una alla volta, al rituale segreto. Un uomo molto vecchio celebrava la cerimonia d'iniziazione, leggendo da un antico rotolo di lino. Lì, davanti ai sacri altari, la recluta doveva prestare il più orrendo di tutti i giuramenti. Egli doveva invocare su di sè, sulla sua casa e sulla sua famiglia una terribile maledizione se egli non avesse mostrato eroismo in battaglia e non avesse ucciso coloro che avessero esibito codardia. Come ammonimento per gli altri che dovevano venire, chiunque si fosse rifiutato di formulare il tremendo voto veniva immediatamente decapitato e lasciato ai piedi degli altari. Era certo che durante una battaglia, indipendentemente da quanto si potesse essere spaventati, nessuno avrebbe dimenticato la dannazione invocata su di sè, temendo così la maledizione più della guerra stessa. Era convinzione che quel malaugurio avesse raggiunto gli dei, essendo stato sigillato nell'al di là dal sangue delle teste decapitate dei loro camerati in armi. Le truppe erano poi chiamate "legione linteata" (*legio linteata*),[6] in riferimento alla tenda sotto cui quella cerimonia era stata condotta.

E
Each one of the cadets, who graduated from that sacred initiation, received, as special insignias, beautiful arms and crested galeas. These weapons are portrayed in the tombs with the scenes of "*The Warrior's Return*" from Paestum[7] and from Nola.[8] Although these events refer to 293 B.C., during the Third Samnite War, they, nevertheless, describe what took place shortly before 424 B.C. In fact, Ovius Paccius required "this sacred ritual on the basis of an ancient religious observance of the Samnites, which their ancestors had once required, when they had adopted the secret deliberation to take away Capua from the Etruscans."[9]

After the fall of the Etruscan stronghold, one by one the Campanian cities fell under Samnite control. First to capitulate, in 421 B.C., was the Greek city of Cumae.[10] Its inhabitants took refuge in Neapolis, the only city, together with Elea, not to fall under Samnite yoke.[11] Then, Dicaearchea was taken, followed by ancient Morea, renamed Abella, and the nearby Nola, along with Pompeii and Herculaneum. New cities, like Nuceria Alfaterna, were founded. The Samnites, in their impressive conquest that stretched through most of lower Italy did not follow any logical or strategic plan. Unlike the Romans in the north, who were expanding in a ripple effect while concurrently consolidating their borders and their central government, the Samnites were weighted down by their own expansion. They were unable to create a central control in an anarchical federation of tribes that never achieved unity.

By the end of the fifth century B.C., four populations with different languages were to play a major role in Campania. In order of time, they were the ancient Opici, the Greeks, the Etruscans, and the conquering Samnites. The fusion of the Opici and the Samnites gave rise to the new inhabitants of the region, known as Osci. The Etruscans had enjoyed a lavishness of living so renowned, even abroad, that it attracted the great leader Hannibal. Above all, the Greeks had shown that, though vanquished, they could still conquer the conquerors with their language, art, culture, and economy. In religion, the ancient barbarian gods had been identified with the Olympic ones. In art, the vase production of Nola is a testimony of that Greek revival.[12] The old funerary decorations of the Italic races, with little artistic merit, were now reaching appreciable aesthetic levels. A fresco in a fourth century tomb of Cumae[13] "suggests what the art which was now developing in the ethnical group of the Oscan races in Campania might... have achieved." The fresco represents a typical wealthy "Osco-Samnite lady . . . an initiate into the Dionysiac Mysteries that were as prevalent at Cumae as in Pompeii and other Campanian cities."[14] The Samnites of Campania were in fact Hellenize. Their barbaric ways were somehow transformed by the civilization of Magna Graecia. They distinguished themselves from their wild brothers, who were still living on the rough mountains of Samnium and were unaffected by the Greek civilization. These last ones, from their mountainous region, launched continuous and feared attacks down on the Campanian plain.[15] Somehow these incessant warfare penetrations injected new Samnite strength into the Campanian population. The Samnite invasions regenerated the Campanians' blood which had been otherwise watered down by the *luxury of the civilized* Greek world. The Campanians of Capua and the Sidicini of Teanum, terrorized by their own mountain countrymen, preferred instead to submit themselves, in 343 B.C., to the protection of Rome.

I
Ciascuno dei cadetti che aveva superato quella sacra iniziazione, riceveva, come speciale insegna distintiva, armi bellissime ed una galea con cimiero. Tali armi sono ritratte nelle tombe del *"Ritorno del Guerriero"* a Paestum7 ed a Nola.[8] Anche se questi eventi si riferiscono al 293 a.C., durante la terza Guerra Sannitica, tuttavia, essi descrivono ciò che avvenne poco prima del 424 a.C. Infatti, Ovio Paccio impose "questo sacro rituale basandosi su di un'antica usanza religiosa sannita, imposta dai loro antenati quando essi avevano deliberato segretamente di sottrarre Capua agli Etruschi."[9]

Dopo la caduta del caposaldo etrusco, una alla volta le città campane caddero sotto il controllo sannita. La prima a capitolare, nel 421 a.C., fu la città greca di Cuma.[10] I suoi abitanti si rifuggiarono a Neapolis, l'unica città, insieme ad Elea, che non cadde sotto il giogo sannita.[11] Poi, fu presa Dicearchia, seguita dall'antica Morea, chiamata ora Abella, e la vicina Nola, insieme a Pompei ed Ercolano. Furono fondate nuove città, come Nocera Alfaterna. I Sanniti, durante la loro sorprendente conquista che si estese attraverso la maggior parte dell'Italia meridionale, non seguirono alcun piano logico o strategico. A differenza dei Romani a nord, che, mentre si espandevano a macchia d'olio, allo stesso tempo consolidavano le loro frontiere ed il loro governo centrale, i Sanniti furono bloccati dal peso della loro stessa espansione. Essi non furono capaci di creare un controllo centrale in una federazione anarchica di tribù che non ottenne mai l'unità.

Entro la fine del quinto secolo a.C., quattro popolazioni con differenti linguaggi ebbero un ruolo molto importante in Campania. Esse erano, in ordine di tempo, gli antichi Opici, i Greci, gli Etruschi ed i conquistatori Sanniti. La fusione degli Opici e dei Sanniti diede luogo ai nuovi abitanti della regione, conosciuti come Osci. Gli Etruschi avevano un gusto per la prodigalità del vivere così rinomato, anche all'estero, che attrasse il grande condottiero Annibale. Soprattutto, i Greci avevano dimostrato che, anche se sconfitti, essi potevano ancora conquistare i conquistatori con la loro lingua, arte, cultura ed economia. In religione, gli antichi dèi barbari erano stati identificati con quelli olimpici. In arte, la produzione del vasellame a Nola è una testimonianza di quel rinascimento greco.[12] Le antiche decorazioni funerarie della razza italica, con poco merito artistico, adesso raggiungevano livelli estetici apprezzabili. Un affresco in una tomba cumana del quarto secolo[13] "fa comprendere ciò che l'arte che si stava allora sviluppando tra il gruppo etnico della razza osca in Campania avrebbe potuto ... ottenere." L'affresco raffigura una tipica ricca "signora osco-sannita . . . un'iniziata ai misteri dionisiaci che erano predominanti tanto a Cuma che a Pompei e le altre città campane."[14] I Sanniti della Campania erano difatto ellenizzati. I loro modi barbari erano stati in qualche modo trasformati dalla civilizzazione della Magna Grecia. Essi si differenziavano dai loro feroci fratelli, che vivevano ancora nelle aspre montagne del Sannio e non erano stati influenzati dalla civiltà greca. Quest'ultimi, dalle loro regioni montuose essi lanciavano temuti attacchi continui sulla pianura campana.[15] In un certo qual modo queste incessanti penetrazioni belliche iniettarono nuova forza sannita nella popolazione campana. Le invasioni sannite rigenerarono il sangue dei Campani che era stato annacquato *dal lusso del civilizzato* mondo greco. I Campani di Capua ed i Sidicini di Teano, terrorizzati dai loro stessi compatrioti montanari, preferirono invece mettersi, nel 343 a.C., sotto la protezione di Roma. I

E

The Romans, who descended from Latin stock but shared Sabellian ancestry with the Samnites,[16] immediately accepted from the Capuans and Sidicins the new territorial expansion. This event must have led to the First Samnite War. It is difficult to ascertain in detail what really occurred, because the Roman annals are full of contradictions on this conflict. According to Livy, the Romans, under the leadership of the consuls T. Manlius Torquatus and P. Decius Mus, defeated, in the year 341 B.C., the joint forces of the Latins and Samnites-Campanians at the battle "near the foot of Mount Vesuvius, where the road leads to Veseris."[17] However, the hostilities ended in 340 B.C. with an agreement by which Rome controlled Capua, while Teanum was left to the Samnites, who may have perceived this treaty as their personal victory. For the moment, a settlement was reached with Rome, but new turmoil was brewing out from the south. Lucanians and Messapians had defeated the Spartan King Archidamo, who had brought aid to the Greeks of Tarentum. Succor came to them, in 332 B.C., through Alexander the Molossian, king of Epirus, the brother of Olympias - Alexander The Great's mother. Upon his arrival he was able to form a coalition of Greek cities and exiles from the Lucanian confederation. With this combined force he conquered many Lucanian cities. After repeated victories, Alexander crushed a Samnite-Lucanian alliance near Paestum, thus gaining control of the area from the Adriatic to the Tyrrhenian Sea. His plan was to join forces with the Romans for a final Samnite overthrow, but he was killed near Pandosia by a Lucanian expatriate.[18]

I
Romani, che erano discendenti dalla stirpe Latina, ma condividevano antenati sabellici con i Sanniti,[16] immediatamente accettarono dai Capuani e dai Sidicini la nuova espansione territoriale. Questo evento deve aver condotto alla Prima Guerra Sannitica. È difficile accertare in dettaglio ciò che avvenne realmente, perchè gli annali romani sono pieni di contraddizioni per quanto riguarda questo conflitto. Secondo Livio, i Romani, sotto la guida dei consoli T. Manlio Torquato e P. Decio Mure, sconfissero, nell'anno 341 a.C., le forze unificate dei Latini e Sanniti-Campani nella battaglia "vicino alle falde del Monte Vesuvio, dove la strada conduce a Veseris."[17] Tuttavia, le ostilità terminarono nel 340 a.C. con un accordo secondo il quale Roma avrebbe controllato Capua, mentre Teano veniva lasciata ai Sanniti, i quali potevano aver interpretato questo trattato come segno della loro vittoria. Per il momento un accordo era stato raggiunto con Roma, ma nuovi eventi turbolenti si stavano formando nel sud. I Lucani ed i Messapii avevano sconfitto il re spartano Archidamo, che aveva portato aiuto ai Greci di Taranto. Essi furono soccorsi, nel 332 a.C., da Alessandro il molosso, re dell'Epiro, il fratello di Olimpia, la madre di Alessandro Magno. Al suo arrivo egli fu in grado di formare una coalizione tra le città greche e gli esuli della confederazione lucana. Con queste forze unificate egli conquistò molte città lucane. Dopo ripetute vittorie, Alessandro distrusse un'alleanza sannita-lucana vicino a Paestum, assicurandosi così il controllo dell'area dall'Adriatico al mar Tirreno. Il suo piano era quello di unificare le forze con i Romani per sconfiggere totalmente i Sanniti, ma fu ucciso da un fuoruscito lucano vicino a Pandosia.[18]

VIII
NOLA, THE NEW-HYRIA

The search for Hyria has taken us far from Nola, but has shed new light on the clear Greek aspect of its name and its oriental heritage. There is no doubt that Hyria existed. However, there must have been two Hyrias. The oldest was on Greek soil, as testified by the literary accounts, but of uncertain whereabouts. The second was in Campania, as proven by the numerous coins. The name, clearly imprinted on the coins, testifies that it was a city-state and not simply a mint. It was a city-state of which we have lost all traces, except for the coins. Why it is not mentioned elsewhere? Was it an insignificant city of no importance? This cannot be the case. Only cities of a certain economic and political weight, like Neapolis and others, were capable of having their own mints and Hyria was the largest producer of coins, with Neapolis and Cumae, in all of Campania. How can it be possible that such an important city disappeared into oblivion? Might it have been an important city of unknown whereabouts? In that case, we should have had some literary accounts. Only if the city merged with another one, could its absence from recorded literature be explained. The new city, in fact, would have erased the traces of the old one. Which one was the new city of Hyria? The coins of Hyria and those of Nola can give us a clue; they are the only Campanian coins that present numerous striking numismatic similarities.[1] Therefore, the most likely candidate for such a merger seems to have been the city of Nola.

Nola, we have seen, means "new" and that puts it in relation with an "old" preexisting city which could have been Hyria. The obvious question which follows is: who founded Hyria? Silius Italicus, consul in 68 A.D., states that Nola was, as Cumae and Neapolis, a Greek colony from Chalcis,[2] the city near the Homeric Hyria and Aulis, across the narrow strait of the Euboean Gulf.[3] Justinus, the Roman historian of the third century A.D., says that "the Falisci and the peoples of Nola and Abella are clearly colonists from Chalcis."[4] These statements were given when Nola was the only important city in the region and Hyria was long forgotten. Thus, the Chalcidic foundation may have been that of Hyria, of which Silius and Justinus had no knowledge except for the echo of its origin, now referred to Nola. Perhaps the founders were a small number of Eretrians, expelled by the Chalcidians from the island of Pithecussae. They may, also, have been Cumaeans in search of farm land, since agriculture was a way of life and the reason for colonization. Together the Eretrians and Chalcidians-Cumaeans together could have established, during the second half of the eighth century B.C., the city-state of Hyria inland, on the strategic hill overlooking the plain north-east of Mount Vesuvius. This thesis seems very plausible, given the unquestionable Greek origin of the city's name.[5] On the earliest coins, in fact, the ethnic name appeared in the Cumaean Greek alphabet of the sixth century B.C. - HVPIETES A S V (*Hyrietes a s x*)[6] - while the Oscan one was adopted only later. Some time after the foundation of Hyria, hellenized Ausones-Opici, according to Hecataeus of Miletus, established a city-state on the Campanian plain. In their territorial expansion they built the city so close to the old Hyria that it had to be distinguished as "New Hyria:" *i.e.* Nola Hyria. The fact that they settled

VIII
NOLA, LA NUOVA-HYRIA

La ricerca di Hyria ci ha portato lontano da Nola, ma ha diffuso nuova luce sul chiaro aspetto greco del suo nome e la sua eredità orientale. Non v'è dubbio che Hyria sia esistita. Tuttavia, dovono esserci state due Hyrie. La più antica si trovava su suolo greco, così come è testimoniato dalle fonti letterarie, ma di incerta ubicazione. La seconda era in Campania, com'è rivelato dalle numerose monete. Il nome, chiaramente impresso sulle monete, testimonia che era una città-stato e non una semplice zecca. Era una città-stato di cui abiamo perso ogni traccia, eccetto per le monete. Perchè essa non è menzionata altrove? Forse, perchè era una città insignificante e di nessuna importanza? Questo non è il caso. Solo città con un certo peso economico e politico, come Neapolis ed altre, erano capaci di avere la loro zecca ed Hyria era la maggiore produttrice di monete, insieme con Neapolis e Cuma, di tutta la Campania. Come'è possibile che una città così importante sia scomparsa nell'oblio? Potrebbe essere stata un'importante città di cui non si conosce la località? In quel caso, avremmo dovuto avere qualche testimonianza letteraria. Solo se la città fu assorbita da un'altra, potrebbe essere spiegata la sua assenza dalle fonti letterarie. La nuova città, infatti, avrebbe cancellato le tracce di quella antica. Qual'era la nuova città di Hyria? Le monete di Hyria e quelle di Nola possono darci un indizio, esse sono le sole monete campane che presentano numerose sorprendenti similitudini numismatiche.[1] Pertanto, la candidata più probabile per questa unione sembra sia stata la città di Nola.

Nola, abbiamo visto, significa "nuova" e questo la mette in relazione con una"vecchia" preesistente città che potrebbe essere Hyria. La domanda ovvia che ne consegue è: chi ha fondato Hyria? Silio Italico, console nel 68 d.C., afferma che Nola fu, come Cuma e Neapolis, una colonia greca di Calcide,[2] la città vicino alla Hyria omerica ed Aulide, dall'altro lato dell'angusto stretto del golfo euboico.[3] Giustino, lo storico romano del terzo secolo d.C., afferma che "i Falisci e le genti di Nola ed Abella son chiaramente coloni da Calcide."[4] Queste affermazioni furono fatte quando Nola era la più importante città della regione ed Hyria era stata dimenticata da lungo tempo. Pertanto, la fondazione calcidica potrebbe essere stata quella di Hyria, di cui Silio e Giustino non avevano conoscenza eccetto per l'eco della sua origine, ora riferita a Nola. Forse i fondatori erano stati un piccolo numero di Eretriesi, cacciati dai Calcidesi dall'isola di Pitecussa. Potrebbero essere stati anche Cumani in cerca di terreno coltivabile, dal momento che l'agricoltura era un modo di vita ed il motivo della colonizzazione. Ambedue Eretriesi e Calcidesi-Cumani potrebbero aver unitamente fondata, durante la seconda metà dell'ottavo secolo a.C., la città-stato di Hyria nell'entroterra, sulla strategica collina prospiciente la pianura a nord-est del monte Vesuvio. Questa tesi sembra molto plausibile, data l'indubitabile origine greca del nome della città.[5] Sulle primissime monete, infatti, la dicitura apparve con i caratteri dell'alfabeto greco cumano del sesto secolo a.C. - HVPIETES A S V (*Hyrietes a s x*)[6] mentre quelli oschi furono adottati solo più tardi. Qualche tempo dopo la fondazione di Hyria, Ausoni-Opici ellenizzati, secondo Ecateo di Mileto, fondarono una città-stato nella pianura campana. In seguito alla loro espansione territoriale essi costruirono la città così vicino all'antica Hyria che dovette essere distinta come "Nuova Hyria:" ovvero Nola Hyria. Il fatto che essi si insediarono

E
on the open and exposed plains, avoiding the easily fortifiable higher grounds, is strong evidence that the hills were already occupied and that the newcomers were powerful and numerous.

NOLA in the plain - HYRIA (CICALA) on the hill

Usually, Greek colonists chose a site that had arable and fertile land, that would allow them to be self-supporting, and, at the same time, offered a natural point that could be easily defended. In fact, the fortress of Palaepolis, the ancient city of Naples, was built on the higher grounds (*summa urbis*)[7] of the promontory of Pizzofalcone. Cicala, in the immediate vicinity of present Nola, was a hill that offered the natural protections which the new settlers were looking for. In fact, throughout the centuries, that hill proved to be an excellent stronghold for the Nolans who, periodically, took refuge from invaders among the fortifications built on it.[8] The area near present Nola offered a beautiful (*bel*) site (*sito*) that mesmerized the early Greek settlers. From the high grounds (737 feet from sea level) of the rounded and solitary cone hill of Cicala, one can view, from the eastern side, the hill of Visciano with an amphitheater of mountains behind it and, from the west, "the golden Campania,"[9] a vast sea of vegetation waving in the delightful air and extending to distant Mount Somma, Vesuvius' north-eastern face. The wine produced by the vineyards on those slopes was sweet, generous, and fit for the gods. According to Ambrogio Leone (1457-1525), the name Cicala derived from the Greek *Gê* (Γῆ) site and *calé* (καλή) beautiful.[10] The sacred city-state of Hyria may have been founded there on Cicala. The hill was immediately deemed sacred and temples were built and dedicated to the Greek divinities. Thus, when the Ausones arrived, they found the elevation fortified and were compelled to establish their "new" (*Nouola*) city-state, Nola, on the plain. The name could have been "*Nouola*-New-*Hyria*," then simply shortened into Nola, the more familiar Oscan name. In the ancient Greek world the oldest cities were built on hills. In time, those cities expanded in the plain below and the old settlements became the acropolis of the new developments. The city of Nola thrived in the shadow of the older city.[11] Undoubtedly, they were

I

nell'aperta pianura non protetta, evitando le alture facilmente fortificabili, è chiara evidenza che le colline erano già occupate e che i nuovi venuti erano forti e numerosi.

NOLA nella pianura - HYRIA (CICALA) sulla collina

Usualmente, i coloni greci sceglievano una località che aveva terreno arabile e fertile, il che avrebbe consentito loro di essere auto sufficienti, e, allo stesso tempo, offriva un luogo naturale che poteva essere difeso facilmente. Infatti, la fortezza di Palepolis, l'antica città di Napoli, fu costruita sulla parte più alta (*summa urbis*)[7] del promontorio di Pizzofalcone. Cicala, nell'immediata vicinanza dell'attuale Nola, era una collina che offriva le protezioni naturali ricercate dai nuovi coloni. Infatti, durante i secoli, quella collina ha dato prova di essere un'eccellente roccaforte per i Nolani che, periodicamente, trovavano rifugio dagli invasori tra le fortificazioni costruite su di essa.[8] L'area vicino all'attuale Nola offriva un *bel sito* che incantò i primi coloni greci. Dall'altura (225 metri sul livello del mare) della dolce e solitaria collina di Cicala, si può vedere, sul lato orientale, la collina di Visciano con dietro un anfiteatro di montagne e, ad occidente, "la Campania dorata,"[9] un vasto mare di vegetazione ondeggiante nella piacevole brezza e stendndosi fino al lontano Monte Somma, la faccia nord-orientale del Vesuvio. Il vino prodotto dai vigneti su quei pendii era amabile, generoso ed adatto per gli dei. Secondo Ambrogio Leone (1457-1525), il nome Cicala deriva dal greco *Gê* (Γῆ) sito e *calé* (καλή) bello.[10] La sacra città-stato di Hyria potrebbe essere stata fondata lì su Cicala. La collina fu immediatamente giudicata sacra e furono costruiti templi dedicati alle divinità greche. Cosicchè, quando arrivarono gli Ausoni, essi trovarono l'elevazione fortificata e furono costretti a stabilire la loro "nuova" (*Nouola*) città-stato, Nola, nella pianura. Il nome potrebbe essere stato "*Nouola-Nuova-Hyria*," poi semplicemente abbreviato con Nola, il più noto nome osco. Nell'antico mondo greco le più vetuste città erano costruite sulle colline. Col passare del tempo, quelle città si estesero nella pianura sottostante ed i vecchi insediamenti divenivano le acropoli dei nuovi rioni. La città di Nola fiorì all'ombra della città più antica.[11] Senza dubbio, esse erano

E bound by very tight commercial ties. In fact, as we will analyze later with more detail, they shared the same dies and used similar forms for the names on their coins. Perhaps, the two cities shared the same citizenship (*civitas*).[12] Nevertheless, they had separate administrations, since each identified its currency with the distinct name of each city. There is just one problem, while Nola is known since the sixth century, through Hecataeus, the only "news" of Hyria comes to us later, from the fifth century, through its coins. This would seem to negate the possibility of its preexisting Greek origin, since Nola was already inhabited when Hyria appears to have been minting. The presence of a new city did not necessarily imply the absence or the end of the old one. This was the case of "Ancient"- *Palae*-polis. That city was mentioned and was still in existence well after the foundation of her twin "New"- *Nea*-polis, on the shore.

The city of Hyria, from its very beginning, must have had, as its name indicates, a sacred destination and a hieratic position. Mindful of the Great Mother, who came to them from the Asian shores of Phrygia, and grateful for the abundance that the Goddess bestowed on those blessed fields, the Greeks founded a city-state consecrated to her. Today, the "Madonna of Abundance" is still venerated in the Church of Marzano di Nola.[13] Perhaps, on the site of a preexisting cult of the Mother Goddess, before she was to be known as the Syrian Goddess, echoed in the toponim Sirico (in the town of Saviano), *Syricus* from *Syria - Syrus*, a locality one mile west of Nola,[14] the city was founded and named after her, *Syria-Hyria*. Localities and cities were chosen and built with these types of sacred destinations in mind. It was customary for colonies to send representatives to Delphi to consult the oracle of Apollo or Zeus at Dodona, before founding a new city. The divine response would have secured the sacred quality of the new city[15] by consecrating it to a specific divinity for protection and veneration. Thus, Cumae, the seat of the renowned Sibyl's oracle, venerated the Great Goddesses[16] and in her honor displayed on the reverse of the didrachmas a mussel shell with a grain-ear above as a fertility symbol; the obverse showed a female head with a diadem.[17] Ancient Neapolis, the Rhodian Parthenope, the most sacred and oldest name of Palaepolis-Neapolis, venerated a siren. Myth has it that Parthenope, the Siren daughter of Achelous, had died on those shores, heartbroken by Ulysses' insensibility to her fascinating song. There, on her tomb, a shrine was dedicated and, since 425 B.C., a sacred contest with music and gymnastics was held yearly in her honor. Today, the name Parthenope indicates the city of Naples where every year, outside the tunnel mentioned by Strabo,[18] a musical contest is held during the feast of "*Piedigrotta*"(at the feet of the cave). Traces of those ancient games can be observed today during the processions of the "*fujenti*" (runners) and "*vattienti*" (flagellants). The celebrations were previously held at the church of the "Annunziata," built on the site of the ancient Neapolitan Gymnasium; today they take place at the Sanctuary of the "Madonna dell'Arco,"[19] about six miles east of Naples.

Nola extends westward into the plain from the slopes of the small hill of Cicala, early site of the temples of the ancient Italian goddess of birth, the Mother Goddess (*Mater Matuta*), and of Juno. She corresponds to Hera portrayed on the Hyrian coins. Eventually, Juno's cult

I

legate da strettissimi legami commerciali. Infatti, come esamineremo più dettagliatamente in seguito, esse condivisero gli stessi coni ed usarono forme simili per i nomi sulle loro monete. Forse, le due città condivisero la stessa cittadinanza (*civitas*).[12] Esse, però, avevano amministrazioni separate, dal momento che ciscuna identificava la sua valuta con il rispettivo nome delle città. V'è solo un problema, mentre Nola è nota fin dal sesto secolo, attraverso Ecateo, l'unica "notizia" di Hyria ci perviene più tardi, dal quinto secolo, attravero le sue monete. Ciò sembrerebbe negare la possibilità della sua preesistente origine greca, dal momento che Nola era già abitata quando Hyria iniziava a coniare monete. La presenza di una nuova città non implicava necessariamente l'assenza o la fine della vecchia. Questo fu il caso della "Antica"-*Palae*-polis. La città, sull'attuale promontorio di Pizzofalcone, veniva descritta ed era ancora in esistenza molto tempo dopo la fondazione della sua gemella "Nuova"-*Nea*-polis, sul litorale.

La città di Hyria, fin dalla sua origine, deve aver avuto, come indica il suo nome, una sacra destinazione ed una posizione ieratica. Memori della Grande Madre, che pervenne loro dai lidi asiatici della Frigia, e grati per l'abbondanza che la Dea elargì su quei campi benedetti, i Greci fondarono una città-stato consacrata a lei. Oggi, la "Madonna dell'Abbondanza" è ancora venerata nella chiesa di Marzano di Nola.[13] Forse, nel luogo di un preesistente culto della Madre Dea, prima che essa fosse identificata come la Dea Siriana, riecheggiata nel toponimo Sirico, (nella ctadina di Saviano), *Syricus* da *Syria - Syrus*, una localià un chilometro e mezzo ad ovest di Nola,[14] la città fu fondata e fu chiamata come lei, *Syria-Hyria*. Le località e le città erano scelte e costruite tenendo presente questi tipi di sacre destinazioni. Era consuetudine per le colonie mandare rappresentanti a Delfi a consultare l'oracolo di Apollo o Zeus a Dodona, prima di fondare una città. Il responso divino avrebbe assicurato il carattere sacro della nuova città[15] consacrandola ad una specifica divinità per protezione e venerazione. Così, Cuma, la dimora del rinomato oracolo della Sibilla, venerava la Grande Dea[16] ed in suo onore mostrava sul rovescio delle didramme una conchiglia di mitilo con una spiga di grano sopra come simbolo di fertilità; al diritto presentava una testa muliebre con diadema.[17] L'antica Neapolis, la Partenope rodiese, il più sacro e il più antico nome di Palaepolis-Neapolis, venerava una sirena. Secondo il mito Partenope, la sirena figlia di Acheloo, morì su quelle spiagge, il suo cuore era stato spezzato dall'insensibilità di Ulisse al suo canto fascinatore. Lì, sulla sua tomba, fu dedicato un santuario e, fin dal 425 a.C., una sacra competizione con musica ed esercizi ginnici si celebrava annualmente in suo onore. Oggi, il nome Partenope indica la città di Napoli dove ogni anno, fuori del tunnel menzionato da Strabone,[18] si tiene una competizione musicale durante la festa di "*Piedigrotta.*" Tracce di quegli antichi giochi possono essere osservati oggi durante la processione dei "*fujenti*" (corridori) e dei "*vattienti*" (flagellanti). Le celebrazioni erano precedentemente tenute nella chiesa dell'"Annunziata," costruita sul luogo dell'antico Ginnasio napoletano; oggi sono celebrate nel santuario della "Madonna dell'Arco,"[19] a circa dieci chilometri ad est di Napoli.

Nola s'estende nella pianura verso occidente dai versanti della piccola collina di Cicala, il vetusto sito dei templi dell'antica dea italiana della generazione, la Madre Dea (*Mater Matuta*), e di Giunone. Essa corrisponde ad Era riprodotta sulle monete hyriane. Infine, il culto di Giunone si

E evolved into that of Saint Lucia. Today, the summit of Cicala's hill boasts the ruins of a medieval castle, built around 758 A.D., which prevented any archeological excavation in search of Hyria.[20] Perhaps, "the concentric ramparts" of the castle "have erased, at least on the surface, older vestiges."[21] In the church of that castle, on December 13, the Capuchin Fathers of Nola celebrate the feast of Santa Lucia (St. Lucy), the bearer of light. In the same church, on the following day, the feast of Sant'Aniello, protector of childbirth, is observed. The celebrations are occasion for widespread pilgrimages. Among many churches present on Cicala, the church dedicated to the worship of Saint Lucia was deemed the most important one. For a long time the fortress itself was named "Castle of Santa Lucia."[22] Saint Lucia is venerated throughout the entire region, from the hill of Roccarainola to Pago del Vallo di Lauro,[23] an area covering approximately six square miles. This is the same area where *Juno Lūcīna*, the goddess of light and childbirth associated with Diana,[24] was once celebrated. In San Paolo Belsito, at the south-eastern base of Cicala, in the month of August the yearly feast of the "*Madonna Addolorata*"[25] is celebrated. Throughout the whole night preceding the feast, until the first daylight, in the streets of that town serenades are sung "to Diana" (*a' Diana*) - perhaps a corruption of the Latin "*ad diem*," till daybreak. Nevertheless, in Neapolitan dialect the term *Diana* means the "star" of the "planet Venus."[26] From a Manuscript of the Territorial Boundaries of Nola, dated 1639,[27] we learn that the area of the hill was called "*Auriana*," today commonly called "*O'reale*."[28] Perhaps, (A)uri(a)na echoes *Urina* of the coins' legend. A more conclusive toponym, *LAURINIENSES*, was found at Marzano di Nola, about one mile south-east of Cicala, on an inscription of a Roman altar of the first century A.D., now housed in Naples.[29] The engraving declares that the temple, consecrated to the Emperor Augustus, had been restored. The shrine had been built by Tiberius who, "departed for Campania, ostensibly to consecrate a temple to ... Augustus near Nola."[30] Actually, "the house at Nola where he passed away was dedicated to him as a precinct."[31] Perhaps, the temple is the one recently discovered in the church of Maria SS Assunta in Pernosano di Pago,[32] near the beautiful Roman Villa on the slopes overlooking Pernosano.[33] Nevertheless, the restoration was possible thanks to the offerings given by devout *Laurinians*. From that name, we can infer that the Laurinians inhabited the *pagus* - borough Laurinia. *Pagus* (πάγος), meaning "rock, hill" in Greek, was a Roman urban subdivision, a borough or a village.[34] Nola was subdivided into many districts, *Pagus Agrifanus*,[35] *Apollinaris*,[36] *Capriculanus, Lanita, Myttianus*,[37] and *Laurinia*. A remnant of that village is the toponym of the present town of *Pago* del Vallo di Lauro, two miles south-east of Cicala. There, until a few years ago, in the church of Santa Maria di Costantinopoli, beside Saint Lucia was venerated San Sossio the Savior, whose name is, perhaps, a corruption of Juno Sos*pita*, from *soter* (σωτήρ) savior. His statue, now in the gymnasium of the School "Media Statale Nicola Pecorelli," was carried on the mountains during the chestnut harvest. The name of the Nolan borough Laurinia could derive from a corruption of *NoLA-URIA*, Nola-Hyria or *ilLA-URIA*, that glorious Hyria. Hence, its inhabitants became *La-urinienses*, Laurinians.[38] The entire tenement of that district started from Cicala, extended from the valley to the mountain's slopes and reached Pago and the present town of Lauro.[39] This last name derives, according to one legend, from the laurel branches offered to Hercules upon his arrival as a conqueror of that region.[40]

I evolse in quello di Santa Lucia. Oggi, la vetta della collina di Cicala vanta le rovine di un castello medioevale, costruito intorno al 758 d.C., il che ha impedito ogni scavo archeologico in cerca di Hyria.[20] Forse, "i bastioni concentrici" del castello "hanno cancellato, almeno in superficie, vestigie più antiche."[21] Nella chiesa di quel castello, il 13 Dicembre, i Padri Cappuccini di Nola celebrano la feasta di Santa Lucia, la portatrice di luce. Il giorno successivo, nella stessa chiesa, si osserva la festa di Sant'Aniello, protettore del parto. Le celebrazioni sono un'occasione per estesi pellegrinaggi. Tra le molte chiese presenti a Cicala, la chiesa dedicata alla venerazione di Santa Lucia era ritenuta la più importante. Per lungo tempo la fortezza stessa fu chiamata "Castello di Santa Lucia."[22] Santa Lucia è venerata in tutta la regione, dalla collina di Roccarainola a Pago del Vallo di Lauro,[23] una superficie approssimativa di dieci chilometri quadrati. Questa è la stessa zona dove un tempo veniva venerata *Giunone Lūcīna*, la dea della luce e del parto connessa con Diana.[24] A San Paolo Belsito, alla base sud orientale di Cicala, nel mese di Agosto si celebra l'annuale festa della "*Madonna Addolorata.*"[25] Durante tutta la notte precedente la festa, fino alle prime luci del giorno, nelle strade di quel paese sono cantate le serenate "*a' Diana*" - forse una corruzione del latino "*ad diem,*" fino all'alba. Tuttavia, nel dialetto napoletano il termine *Diana* significa la "stella"del "pianeta Venere."[26] Da un manoscritto dei confini territoriali di Nola, datato 1639,[27] apprendiamo che la zona della collina era chiamata "*Auriana,*" oggi comunemente chiamata "*O'reale.*"[28] Forse, (A)*uri(a)na* echeggia *Urina* della dicitura delle monete. Un più conclusivo toponimo, *LAURINIENSES*, fu rinvenuto a Marzano di Nola, circa due chilometri a sud est di Cicala, in un'epigrafe su di un altare romano del primo secolo d.C., che adesso si trova a Napoli.[29] L'iscrizione dichiara che il tempio, dedicato all'imperatore Augusto, era stato restaurato. Il santuario era stato costruito da Tiberio il quale, "partì per la Campania, con il pretesto di consacrare un tempio ad ... Augusto vicino Nola."[30] In effetti, "la casa a Nola dove egli morì fu dedicata a lui come un sacro recinto."[31] Forse il tempio è quello recentemente scoperto nella chiesa di Maria SS Assunta in Pernosano di Pago,[32] vicino alla bella villa romana sui pendii prospicienti Pernosano.[33] In ogni modo, il restauro fu possibile grazie alle offerte fatte dai devoti *Laurinensi*. Da quel nome, possiamo dedurre che i Laurinensi abitavano nel *pagus* - rione Laurinia. *Pagus* (πάγος), che in greco significa "roccia, collina," era una suddivisione urbana romana, un borgo o un villaggio.[34] Nola era suddivisa in molti distretti, *Pagus Agrifanus*,[35] *Apollinaris*,[36] *Capriculanus, Lanita, Myttianus*,[37] and *Laurinia*. Un residuo di quel villaggio è il toponomo dell'attuale paesino di *Pago* del Vallo di Lauro, tre chilometri sud-est di Cicala. Lì, fino a pochi anni fa, nella chiesa di Santa Maria di Costantinopoli, oltre a Santa Lucia era venerato San Sossio il Salvatore, il cui nome, forse, è una corruzione di Giunone Sos*pita*, da *soter* (σωτήρ) salvatore. La sua statua, attualmente nella palestra della scuola "Media Statale Nicola Pecorelli," era portata sulle montagne durante la raccolta delle castagne. Il nome del borgo nolano Laurinia potrebbe derivare da una corruzzine di *NoLA-URIA*, Nola-Hyria o *ilLA-URIA*, quella gloriosa Hyria. Quindi, i suoi abitanti divennero *La-urinienses*, Laurinensi.[38] L'intero tenimento di quel borgo cominciava da Cicala, si estendeva dalla valle ai pendii montani e raggiungeva Pago e l'attuale cittadina di Lauro.[39] Il nome di quest'ultima deriva, secondo una leggenda, dai rami di lauro offerti ad Ercole al suo arrivo come conquistatore di quella regione.[40]

IX
HYRIA'S MINT

At the beginning of the sixth century the Etruscans subdued Campania. Nola was conquered and became totally Etruscan, as indicated by the vase inscriptions found in the area.[1] Its immersion in that culture was so radical that it led historians, as we have seen, to believe it was founded by the Etruscans themselves. During that time, Hyria may not have shared the same pro-Etruscan sentiments of Nola, especially during the first war of Capua against Cumae. Later, in 405-400, after the Samnites, sweeping down like an avalanche from the Apennines, had subjugated the Campanian plain, Hyria, following the Neapolitan example, became one of the first important Greco-Oscan cities to begin minting. Some considerations may have led to this decision. First, the Hyrian Greeks may have been closer to the tradition of Magna Graecia, which considered minting a sacred art. In fact, minting was invented in the first half of the seventh century B.C.[12] in mainland Greece by Pheidon, king of Argos, who made a votive offering of his numismatic collection to the state goddess Hera at the Argive Heraeum.[2] This sacred aspect of coinage endured until Roman time, when the temple, where coins were minted, was dedicated to Juno Moneta, "the Admonisher."[3] Second, the revered name of Hyria was very meaningful to the old and new inhabitants of Hyria-Nola, *i.e.,* Greeks, Opici, Etruscans and, finally, the Samnite conquerors. Hyria, connected to the goddess Atargatis, had come to represent the patroness, the guardian and the "Fortune of the City," just as she had been conceived by the Greeks and borrowed from the oriental legacy of the Syrian Mother Goddess.[5] Both, Hyria and the man-headed bull found on the coins signified fertility and abundance. That name and that symbol and their meanings were similar to the original traditions of each of those different ethnic populations. They found in those familiar gods a common ground of identity, which remained alive for the future generations of Nola. Actually, it was the reencounter of the same traditions and of the same symbols that were now reunited, after having traveled, during different times and through different routes, with the Indo-Europeans Ausones and Sabini from the north and with the Indo-European Greeks from the south. Moreover, the Samnites must have recognized, in the symbol of Achelous - personifying the river Clanius - their own heritage of the sacred bull, which led them to that land of bounty. Common among the Samnites (*in Samnitibus*) were toponyms referring to bovines. Livy[6] mentions a public land (a*ger publicus*) owned (*qui fuerat*) by the Taurasini (*Taurasinorum*), from *taurus*, bull, which, in 180 B.C., had become Roman (*populi Romani erat*). Mountain villages between Nola and Lauro have similar derivations: Bosagro, *bos-ager*, ox-field, Moschiano, *moschos* (μόσχος), calf, and Taurano, *taurus*, meaning bull.[7] Furthermore, the bull represented the entire population, as it can be deduced from a coin minted during the Social War, whereas the Sabellian bull is "goring the Roman wolf."[8]

Nola's coins appeared between the years 380 and 350 B.C. Immediately, the alphabet of their ethnic names betrays the Hellenic influence and Nola's strong emulation of the Greek ways.[9] It was pointed out, comparing the coins of Hyria and Nola, their legends and identical monograms, that the currency belonged to one city or neighboring ones within the same state. This similarity led some scholars to identify the two cities, thus citing Nola as the "new" name of the "old" Hyria. The concordance of the ethnic names, "[ΝΩΛΑΙΟΣ-ΥΡΙΑΝΟΣ], [ΝΩΛΑΙ-ΥΡΙΝΑΙ],

IX
LA ZECCA DI HYRIA

All'inizio del sesto secolo gli Etruschi avevano sottomesso la Campania. Nola fu conquistata e divenne totalmente etrusca, così come testimoniano le iscrizioni sui vasi ritrovati nella zona.[1] La sua immersione in quella cultura fu così radicale che indusse i suoi storici, come abbiamo visto, a credere che essa fosse stata fondata dagli Etruschi stessi. Durante quel tempo, Hyria potrebbe non aver condiviso gli stessi sentimenti filo-etruschi di Nola, specialmente durante la prima guerra di Capua contro Cuma. In seguito, nel 405-400, dopo che i Sanniti, scendendo dagli Apennini a mò di valanga, avevano soggiogato la pianura campana, Hyria, seguendo l'esempio napoletano, divenne una delle prime importanti città greco-osche a battere moneta. Alcune considerazioni possono aver indotto a questa decisione. In primo luogo, i Greci hyriani possono essersi sentiti più vicini alla tradizione della Magna Grecia, che considerava la coniazione come un'arte sacra. Infatti, la coniazione fu ideata nella prima metà del settimo secolo a.C.[2] nella Grecia continentale da Fidone, re di Argo, il quale offrì all'Ereo Argivo la sua collezione numismatica come voto ad Era, la dea dello stato.[3] Quest'aspetto sacro della monetazione durò fino ad epoca romana, quando il tempio, dove venivano coniate le monete, era dedicato a Giunone Moneta, "l'Ammonitrice."[4] Secondariamente, il riverito nome di Hyria era molto significativo per i vecchi e nuovi abitanti di Hyria-Nola, ovvero, i Greci, gli Opici, gli Etruschi ed, infine, i conquistatori sanniti. Hyria, connessa alla dea Atargati, rappresentava la protettrice, la guardiana e la "Fortuna della Città," proprio come essa era stata concepita dai Greci e mutuata dalla tradizione orientale della Madre Dea Siriana.[5] Ambedue, Hyria ed il toro androcefalo, rinvenuti sulle monete hanno il significato di fertilità ed abbondanza. Quel nome e quel simbolo ed i loro significati erano simili alle tradizioni originali di ciascuno di quelle differenti popolazini etniche. Esse avevano ritrovato in quelle divinità familiari una base comune d'identità, che rimase viva per le future generazioni di Nola. In realtà, era il rincontro delle stesse tradizioni e degli stessi simboli che erano ora riuniti, dopo aver viaggiato, durante tempi diversi ed attraverso rotte differenti, con gli indo-europei Ausoni e Sabini dal nord e con gli indo-europei Greci dal sud. Inoltre, i Sanniti devono aver riconosciuto, nel simbolo di Acheloo - personificazione del fiume Clanio - la loro stessa eredità del toro sacro, che li guidò a quella terra dell'abbondanza. Erano comuni presso i Sanniti (*in Samnitibus*) toponimi riferentesi a bovini. Livio[6] menziona una terra pubblica (*ager publicus*) posseduta (*qui fuerat*) dai Taurasini (*Taurasinorum*), da *taurus*, ovvero toro, che, nel 180 a.C., erano diventati romani (*populi Romani erat*). Villaggi montani tra Nola e Lauro hanno simili derivazioni: Bosagro, *bos-ager*, bue-campo, Moschiano, *moschos* (μόσχος), vitello, e Taurano, *taurus*, toro.[7] Infine, il toro rappresentava l'intera popolazione, come può essere dedotto da una moneta coniata durante la Guerra Sociale, su cui il toro sabellico sta "incornando il lupo romano."[8] Le monete di Nola apparvero tra gli anni 380 e 350 a.C. Immediatamente, l'alfabeto dei loro nomi etnici tradisce l'influenza ellenica e la decisa emulazione nolana dei costumi greci.[9] È stato fatto rilevare, paragonando le monete di Hyria e Nola, le loro diciture ed identici monogrammi, che la valuta apparteneva ad una sola città o a città limitrofe di uno stesso stato. Questa similarità ha indotto alcuni studiosi ad identificare le due città, facendo, così, di Nola il "nuovo" nome della "vecchia" Hyria. Le concordanze dei nomi etnici, "[ΝΩΛΑΙΟΣ-ΥΡΙΑΝΟΣ], [ΝΩΛΑΙ-ΥΡΙΝΑΙ],

E
[NΩΛA-YPINA], [NΩIAΛOΣ¹⁰- YDIANOΣ¹¹]" (*NOLAIOS-YRIANOS*), (*NOLAI -YRINAI*), (*NOLA-YRINA*), (*NOIALOS-YRIANOS*), and the monogram, ΛE (*LE*), present on both kind of coins lead us to the same city, or to two neighboring ones.[12] It is evident that the Nolan ethnic must have been written having the Hyrian one as an example.

Hyria and Nola must have used the same mint. In fact, it has been clearly demonstrated that they shared dies, sometimes used first by Hyria[13] and then by Nola[14] and other times alternately.[15] This "could only have occurred if the production of the two series was being carried out not only concurrently but also in the same place."[16] Because of this alternate use of the same dies, it has been suggested that Neapolis may have been the only mint for Campania. Save for the alternate-die-transfers, all other die-sharing proves only that they were produced by the same artist, but not necessarily in the same mint. Since the distance between Neapolis and Nola could have been covered in a few hours by horse, he may have traveled between mints to render his services. The traveling may have also involved the physical transportation of a die from one mint to the other. This may not have been seen as an illegitimate act, intended to diminish the sovereignty of a minting city. The die-share engaged only that side of the coin which bore no ethnic name. In fact, save for overstrikes, that is striking the name of a new city-state over another preexisting one,[17] we rarely find, among these coins, the use of shared reverses. The reason may be that this is the side bearing the ethnic name, the sovereign identity of the city-state itself. While this alternate-die-transfer has been demonstrated between Hyria-Nola and Neapolis-Nola,[18] there is no proof that Hyria and Neapolis shared the same dies alternately. It is possible and logical that they may have had two separate mints both serving the whole of Campania. Why would a city-state want to intrust its silver to another, if it could have brought the metal directly within its walls? We have seen that Nola, consequently also Hyria, had that capability.

Nola used, first and more often, the mint of Hyria. There they shared dies also alternately. The same die was used first by Hyria, then by Nola and finally by Hyria again. Later, in Neapolis by 370 B.C., for some unknown reason, Nola utilized the same dies,[19] once again alternately,[20] in the mint of that city.[21] The fact that Nola shared dies alternately with Hyria and Neapolis proves that it did not initially have its own mint. There had been close ties between Hyria and Neapolis, proven by all the similarities and the same monograms present on their coins. However, it seems that the friendly relationship came to a halt. Hyria's mint was competing with Neapolis. It was striking different sets of coins, with different ethnic names, for Nola and neighboring towns. Allifae utilized a reverse similar to a Hyrian one,[22] and Hyria's obverse[23] was used twice by Fenserni,[24] another lost city of the region. The city, also called Fenseris or Senseris,[25] ZENΣEP (*SENSER*), 8ENZEDNAM (*FENSERNAM*), was identified, by some scholars,[26] as the city of Veseris[27] with its homonymous river near the Vesuvius. The transformation of the Oscan 8 (*f-s*) of *F*enseris in the Latin *V* of *V*eseris can be explained[28] by the words *fhefhaked* (in "the golden bracelet of Praeneste")[29] and *fhekadamoe* (in a Boeotian inscription).[30] Those two words show "how the Latins came to employ the Greek sign corresponding to a *v* for

I

[NΩΛA-YPINA], [NΩIAΛOΣ¹⁰- YDIANOΣ¹¹]" (*NOLAIOS-YRIANOS*), (*NOLAI -YRINAI*), (*NOLA-YRINA*), (*NOIALOS-YRIANOS*), ed il monogramma, ΛE (*LE*), presente su ambedue i tipi di monete ci fanno ritenere che sia la stessa città, o due città confinanti.[12] È evidente che la dicitura nolana doveva essere stata scritta avendo quella di Hyria come esempio.

Hyria e Nola devono aver usato la stessa zecca. Infatti, è stato chiaramente dimostrato che essi hanno condiviso coni, alcune volte usato prima da Hyria[13] e poi da Nola[14] ed altre volte alternativamente.[15] Questo "può essere avvenuto solo se la produzione delle due serie avveniva non solo allo stesso tempo ma anche nello stesso luogo."[16] A causa di quest'uso alternato dei coni stessi, è stato suggerito che Neapolis potrebbe essere stata l'unica zecca della Campania. A parte i trasferimenti-alternati di coni, tutte le altre condivisioni di coni attestano solo che erano stati prodotti dallo stesso artista, ma non necessariamente nella stessa zecca. Dal momento che la distanza tra Neapolis e Nola poteva essere coperta in poche ore a cavallo, egli poteva aver fatto la spola tra le due zecche onde prestare i propri servigi. La spola poteva anche implicare l'effettivo trasporto di un conio da una zecca all'altra. Questo non era necessariamente visto come un atto illegittimo, che intendeva diminuire la sovranità di una città battente moneta. La condivisione-di-coni interessava solo quel lato della moneta che non recava il nome etnico. Infatti, salvo per i riconi, ovvero l'imprimere il nome di una nuova città-stato sopra un altro nome preesistente,[17] troviamo raramente, tra queste monete, l'uso condiviso di rovesci. Il motivo potrebbe essere stato che questo è il lato che reca il nome etnico, l'identità sovrana della stessa città-stato. Mentre questo trasferimento-alternato-di-coni è stato dimostrato tra Hyria-Nola e Neapolis-Nola,[18] non vi sono prove che Hyria e Neapolis abbiano condiviso gli stessi coni alternativamente. È possibile e logico che esse possano aver avuto due zecche separate ambedue fornendo l'intera Campania. Perchè una città-stato avrebbe voluto affidare il suo argento ad un'altra, se era in condizione di portare il metallo direttamente entro le proprie mura? Abbiamo visto che Nola, e pertanto anche Hyria, aveva questa capacità. Nola usò per prima e per lo più la zecca di Hyria. Lì esse condivisero i coni anche alternativamente. Lo stesso conio era usato prima da Hyria, poi da Nola ed infine nuovamente da Hyria. In seguito, a Neapolis entro il 370 a.C., per qualche ignoto motivo, Nola utilizzò gli stessi coni,[19] di nuovo alternativamente,[20] nella zecca di quella città.[21] Il fatto che Nola avesse condiviso coni alternativamente con Hyria e Neapolis prova che inizialmente non aveva una propria zecca. V'erano stati stretti legami tra Hyria e Neapolis, ne danno prova tutte le numerose similitudini e gli stessi monogrammi presenti sulle loro monete. Tuttavia, sembra che quelle cordiali relazioni ebbero termine. La zecca di Hyria era in competizione con Neapolis. Essa batteva differenti serie di monete, con differenti nomi etnici, per Nola e paesi vicini. Alife utilizzò un rovescio hyriano,[22] e due volte il conio frontale di Hyria[23] fu usato da Fenserni,[24] un'altra città scomparsa della regione. La città, chiamata anche Fenseris o Senseris,[25] *ZENΣEP* (SENSER), *8ENZEDNAM* (FENSERNAM), fu identificata, da alcuni studiosi,[26] con la città di Veseris[27] col suo omonimo fiume vicino al Vesuvio. La trasformazione della 8 (*f* - *s*) osca di *Fenseris* nella *V* latina di *Veseris* può essere spiegata[28] con i termini *fhefhaked* (nel "braccialetto d'oro di Preneste")[29] e *fhekadamoe* (in una iscrizione beota).[30] Queste due parole dimostrano "come i Latini utilizzassero il segno greco corrispondente ad una *v* in luogo della *f* così differente nel suono ... ed un'aspirata *v* può

E

the *f* quite different in sound . . . and an aspirated *v* might certainly approximate in sound the Latin *f*"[31] and vice versa. "*Vèseri*" was the name of the river Sarno, named "*Dragone* . . . under the Vesuvius" (*sotto il Vesuvio*),[32] near Castellammare, Torre Annunziata, Bosco, and Palma Campania.[33] The city had been mentioned by Livy as the site of a battle during the First Samnite War.[34] If Fenseris was near Hyria, it was probably located north-east of the Vesuvius on the hills between Liveri and Pernosano (*Phensernum - Pirnusianum*),[35] or in the area now occupied by the town of Palma Campania, a territory inhabited since 2400 and 1750 B.C.[36] The coins of this city-state show, on the obverse, Hera's head. On the reverse, Bellerophon, riding the winged horse Pegasus, spears Chimaera - the fire-breathing monster with a lion's head, a goat's body, and a dragon's hindquarters. Perhaps, the monster's defeat meant to be an auspicious symbol against the menace of the nearby towering fire-erupting volcano.[37]

Some coins of Hyria[38] and Fenseris[39] share the same die of far away Thurii and show a striking similarity to the ones from Poseidonia, Croton and Pandosia. These coins share the frontal head of Hera on the obverse. The presence of that goddess on the coins of Hyria and Fenseris, besides expressing a religious sentiment, may have been a political act supporting or commemorating the League of Croton, Pandosia, and Thurii against Dionysius I, in 389 B.C.[40] We must remember that, in the past, Thurii had also influenced Neapolis with the choice of the Athenian types[41] as well as a series of facing female heads coupled with a walking bull.[42] However, this last series, for its diversity of die stiles, types, and destination, cannot be linked with the mentioned league; rather it is linked with the similar series of Phistelia,[43] a Campanian city of unknown location and history.

On the reverse, the coins of Hyria and Nola are coupled with a man-headed bull. There are basically two types of man-headed bulls on the Campanian coins, one standing alone and one being crowned by Victory. Most of the time, the coupled obverse for this last type, is the head of a Nymph or of Parthenope. More properly, by the style of the hair, it is similar to Nike herself as seen in the coins of Terina. Obviously, the man-headed bull crowned by Victory, on the reverse, commemorates a victory connected to war and not to agonistic games in honor of Parthenope, as it was suggested.[44] The flying Nike, crowning a charioteer above a war panoply, on the splendid Syracusan decadrachma of Euainetos symbolizes Dionysius I's victories. In the same manner, Nike, capping the Greco-Oscan bull, expresses the same triumph. We find, in the fifth century B.C., Nike depicted with red figures on many Attic vases from Nola.[45] The symbol of Victory crowning a charioteer for a war achievement and not a simple Olympic-like accomplishment continued on Roman Republican coins from 222 to 138 B.C.[46]

Besides Neapolis, Cumae, and Nola, the victorious man-headed bull was portrayed on the coins produced in an area, from Teanum Sidicinum to Suessa Aurunca and to Compulteria at the Campanian borders on the river Vulturnus, that had very little relation with the Siren Parthenope or her games.[47] In any case, this reverse commemorated a victory of some kind, which must have taken place before 380 B.C. The

certamente avvicinarsi come suono alla *f* latina"[31] e viceversa. *"Vèseri"* era il nome del fiume Sarno, chiamato "Dragone . . . sotto il Vesuvio,"[32] vicino a Castellammare, Torre Annunziata, Bosco e Palma Campania.[33] La città era stata menzionata da Livio come il luogo di una battaglia durante la Prima Guerra Sannitica.[34] Se Fenseris era vicino ad Hyria, probabilmente era situata a nord-est del Vesuvio sulle colline tra Liveri e Pernosano (*Phensernum - Pirnusianum*),[35] o nell'area attualmente occupata dalla cittadina di Palma Campania, un territorio abitato fin dal 2400 e 1750 a.C.[36] Le monete di questa città-stato mostrano, sul diritto, una testa di Era. Al rovescio, Bellerofonte, montante il cavallo alato Pegaso, trafigge con la lancia Chimera - un mostro sputa-fuoco con la testa di un leone, il corpo di un caprone e la coda di un drago. Forse, la sconfitta del mostro voleva essere un simbolo protettivo contro la minaccia del vicino torreggiante vulcano eruttante-fuoco.[37]

Alcune monete di Hyria[38] e Fenseris[39] condividono lo stesso conio della lontana Turio e mostrano una straordinaria somiglianza con quelle di Poseidonia, Crotone e Pandosia. Queste monete hanno al diritto la testa di Era di prospetto. La presenza di quella dea sulle monete di Hyria e Fenseris, oltre ad esprimere un sentimento religioso, può essere stato un atto politico a sostegno o per commemorare la lega di Crotone, Pandosia e Turio contro Dionisio I, nel 389 a.C.[40] Dobbiamo tener presente che, nel passato, Turio aveva anche influenzato Neapolis con la scelta dei tipi di Atena[41] come pure con una serie di teste femminili di prospetto abbinate con un toro ambulante.[42] Comunque, quest'ultima serie, per la sua diversità di stili di coni, tipi ed intenti, non può essere connessa con la summenzionata lega; essa invece è connessa con la simile serie di Phistelia,[43] una città campana di ignota ubicazione e storia.

Sul rovescio, le monete di Hyria e Nola sono abbinate ad un toro androcefalo. Vi sono fondamentalmente due tipi di tori androcefali sulle monete campane, uno che è solo ed uno che viene coronato dalla Vittoria. Il più delle volte, il diritto abbinato con quest'ultimo tipo è la testa di una Ninfa o Partenope. Più propriamente, dallo stile dei capelli, essa è simile alla stessa Nike così come si osserva sulle monete di Terina. Ovviamente, il toro androcefalo coronato da Niche, sul rovescio, commemora una vittoria connessa con una guerra e non con giochi agonistici in onore di Partenope, così com'è stato suggerito.[44] La Nike volante, che corona un auriga su di una panoplia da guerra, nella splendida decadramma siracusana di Euainetos simboleggia le vittorie di Dionisio I. Allo stesso modo, Nike, che corona il toro greco-osco, esprime un simile trionfo. Ritroviamo, durante il quinto secolo a.C., Nike dipinta con figure rosse su molti vasi attici di Nola.[45] Il simbolo della Vittoria che corona un auriga per una conquista bellica e non per una semplice realizzazione agonistica continuò con le monete romane repubblicane dal 222 al 138 a.C.[46]

Oltre Neapolis, Cuma e Nola, il toro androcefalo vittorioso era ritratto su monete prodotte in un'area, da Teano Sidicino a Sessa Aurunca ed a Compulteria ai confini campani sul fiume Volturno, che aveva poca attinenza con la sirena Partenope o i suoi giochi.[47] Comunque, questo rovescio commemorava una qualche vittoria, che doveva aver avuto luogo prima del 380 a.C. Il

E bull crowned by Victory appeared, for the first time, on a Neapolitan stater, contemporary to the Syracusan victory over the Etruscans in 474 B.C. Subsequently, a new victory must have been meaningful for many Campanian cities, giving renewed meaning to their coin's reverse. Many showed a crowned bull on their currency. Hyria did not participate with them. In fact it does not have that type of reverse on its coins. Nevertheless, there are a few coins, attributed by some scholars to Hyria[48] and others to Phistelia,[49] that show Hera coupled with the victorious bull without the ethnic name.[50] Even if the coins were at all produced by Hyria, which is difficult to prove, the omission of the name would still confirm its abstention from the victory. Another coin, without a clear indication of the name [ΓΛ ΥΚΙ ΩΙ (GL UKI OI)], is perhaps a late overstrike attributed to Neapolis,[51] but most likely to Nola after Hyria had ceased minting. The conquests of Dionysius I, Tyrant of Syracuse, allied with the Lucanians by the year 380 B.C., had changed the political configuration of southern Italy. The absence of a victorious bull on Hyria's coins may indicate that it did not share that same victory with Neapolis. Perhaps, Hyria sided against Neapolis, which would also account for their mutual overstrikes.[52] Thus, in the Frasso Telesino hoard, dating not later than 380 B.C., we find, with coins of Hyria, those of Neapolis with the crowned bull and a Neapolitan overstrike on the reverse of a coin of Caulonia[53] (bull walking left, ethnic *NEOPOLI -- TAS*, *AR*. 7.41). Neapolis overstruck, before 380 B.C., also on the reverse of staters of Thurii[54] (bull walking left, *AR*.7.53), Croton[55] [bull walking left, *AR*.7.59, ethnic *NEOPOLIT -- ZƎ* (NEOPOLITES)], and Poseidonia[56] (bull walking right and squid below, *AR*. 7.00, ethnic *NEOP -- O*, and obverse, head of Nymph).[57] All these cities were members of the league opposing Dionysius I in 389 B.C. Perhaps, the egret-Phoenix under the bull on coins from Turii[58] and from Hyria,[59] may have been a symbol of regeneration for those cities and that league. Hyria overstruck on Neapolitan staters,[60] and the action was reciprocated by Neapolis overstriking on Hyrian staters.[61] One of these overstrikes[62] was carried out on a type similar to a coin of the Frasso Telesino Hoard.[63]

We must consider why a mint would have wanted to overstrike. Silver overstrikes in Magna Graecia are very rare. There could have been four reasons for such an economic action.[64] First, the overstrikes may have been used as a warlike act, as in the case of Catana against Syracuse in 461- 413 B.C. Second, they may have been implemented when a city-state had stopped minting, like the Neapolitan overstrikes over Cales, Teanum, and Aesernia during the first Punic War in 250 B.C. Third, they could have been produced based on a mutual agreement, such as the one that was established in the fourth century between Syracuse, the other Sicilian cities, and Magna Graecia. Finally, they could have been simple economic means of exchange regulation. Now, as for Hyria and Neapolis, neither of the last two cases could have been. Since they both overstruck each other's coins, it would have been a needless economic "wash." Therefore, we are left with the first two cases, an act of war or the end of the Hyrian mint. This last one should be discarded because, while the Neapolitan overstrikes can be justified by the termination of the Hyrian mint, the Hyrian overstrikes cannot be justified because Neapolis continued minting. Thus, the only explanation is that the overstrikes were done as reciprocal acts of hostility. The outcome of this hostility was not favorable

Il toro coronato dalla Vittoria apparve, per la prima volta, su di uno statere napoletano, contemporaneo alla vittoria siracusana sugli Etruschi nel 474 a.C. Successivamente, una nuova vittoria deve aver avuto importanza per molte città campane, conferendo un rinnovato significato al rovescio delle loro monete. Molte ostentavano un toro coronato sulla loro valuta. Hyria non partecipò con loro. Infatti, non ha quel tipo di rovescio sulle sue monete. Vi sono, tuttavia, delle monete, attribuite da alcuni ricercatori ad Hyria[48] ed altri a Fistelia,[49] che presentano Era abbinata al toro vittorioso senza il nome etnico.[50] Anche se le monete fossero state prodotte da Hyria, il che è difficile provare, l'omissione del nome confermerebbe ancora la sua astensione dalla vittoria. Un'altra moneta, senza una chiara indicazione nel nome [ΓΛ ΥΚΙ ΩΙ (GL UKI OI)], è forse un tardo riconio attribuito a Neapolis,[51] ma più probabilmente a Nola dopo che Hyria aveva smesso di coniare. La conquista di Dionisio I, tiranni di Siracusa, alleato con i Lucani entro l'anno 380 a.C., aveva cambiato la configurazione politica dell'Italia meridionale. L'assenza di un toro vittorioso sulle monete di Hyria potrebbe indicare che essa non condivise quella stessa vittoria con Neapolis. Forse, Hyria parteggiò contro Neapolis, il che spiegherebbe anche il motivo dei loro reciproci riconi.[52] Pertanto, nel ripostiglio di Frasso Telesino, datato non più tardi del 380 a.C., troviamo, unite alle monete di Hyria, quelle di Neapolis col toro coronato ed un riconio napoletano sul rovescio di una moneta di Caulonia[53] (toro ambulante a sinistra, etnico *NEOPOLI -- TAS*, *AR.* 7,41). Neapolis riconiò, prima del 380 a.C., anche il rovescio di stateri di Turio[54] (toro ambulante a sinistra, *AR.*7,53), di Crotone[55] [toro ambulante a sinistra, *AR.*7,59, etnico *NEOPOLIT -- ZƎ* (NEOPOLITES)], e di Poseidonia[56] (toro ambulante a destra e sotto una seppia, *AR.* 7,00, etnico *NEOP -- O*, e rovescio, testa di Ninfa a destra).[57] Tutte queste città erano membri della lega che si opponeva a Dionisio I nel 389 a.C. Forse, l'airone-Fenice sotto il toro nelle monete di Turio[58] e di Hyria,[59] potrebbe essere stato un simbolo di rigenerazione per quelle città e quella lega. Hyria riconiò stateri napoletani,[60] e l'azione fu contraccambiata da Neapolis riconiando stateri di Hyria.[61] Uno di questi riconi[62] fu eseguito su di un tipo simile ad una moneta del ripostiglio di Frasso Telesino.[63]

Bisogna considerare perchè una zecca avrebbe voluto produrre riconi. I riconi d'argento nella Magna Grecia sono molto rari. Vi potevano essere stati quattro motivi per questo tipo di azione economica.[64] Come prima ipotesi, i riconi potevano essere usati come un atto di guerra, come nel caso di Catania contro Siracusa nel 461- 413 a.C. Secondo, potevano essere impiegati quando una città-stato aveva smesso di battere moneta, come i riconi napoletani di Cales, Teano ed Isernia nel 250 a.C., durante la prima Guerra Punica. Terzo, essi potevano essere prodotti per comune accordo, come quello che fu stabilito nel quarto secolo tra Siracusa, le altre città siciliane e la Magna Grecia. Infine, potevano essere semplici mezzi economici per il regolamento dei cambi. Orbene, per quanto riguarda Hyria e Neapolis, non potevano essere nessuno degli ultimi due casi. Dal momento che ambedue riconiarono le monete dell'altra, sarebbe stato un'inutile "pareggio" economico. Pertanto, ci rimangono i primi due casi: un atto di guerra o la fine della zecca hyriana. Quest'ultimo deve essere scartato perchè, anche se i riconi napoletani possono essere giustificati dalla chiusura della zecca di Hyria, i riconi hyriani non possono essere giustificati in quanto Neapolis continuò a battere moneta. Pertanto, l'unica spiegazione è che i riconi erano eseguiti come reciproco atto di ostilità. L'esito di questa ostilità fu sfavorevole per

E
to Hyria and this would justify the absence of "Victory" on its coins. It is interesting to point out that the joint issues of Nola-Hyria were coupled always with the walking bull on the reverse, while the Nola-Neapolis ones were coupled with the bull crowned by Victory. It should also be noted that one of the overstrikes was perpetrated by Neapolis over a didrachma of the Hyrian series[65] showing, on the obverse, the head of Hera - symbol of the league that opposed Dionysius I.[66] Hyria, in turn, overstruck a Neapolitan stater.[67] In both cases those acts of hostility appear to have a certain ritual quality to them, as if by defacing the coin the enemy was magically overcome.

Hyria e ciò giustificherebbe l'assenza della "Vittoria" dalle sue monete. È interessante far rilevare che le emissioni congiunte di Nola-Hyria erano sempre abbinate sul rovescio al toro ambulante, mentre quelle di Nola-Neapolis erano abbinate al toro coronato dalla Vittoria. È da notare anche che uno dei riconi fu perpetrato da Neapolis su di una didramma della serie hyriana[65] che riproduce, sul diritto, la testa di Era - simbolo della lega che si oppose a Dionisio I.[66] Hyria, di ritorno, riconiò uno statere napoletano.[67] In ambedue i casi quegli atti di ostilità sembrano avere una certa qualità di rituale, come se sfigurando la moneta il nemico veniva sopraffatto magicamente.

X
NOLA'S SUPREMACY

Nola's sphere of influence reached the borders of Neapolis. Its territory extended from the river port of Pompeii, possibly also including Fenserni, to the hills of the pre-Apennines, including Hyria. The Nolans were "very fond of the Greeks" and the bordering (ὁμόρων) Neapolitans.[1] We know, from the descriptions of the events at the beginning of the Second Samnite War, of their relationship with Palaepolis-Neapolis, the other two Campanian twin cities. The Romans, again at odds with the Samnites, had extended their influence from Capua to Cumae and, from there, were looking to expand over Neapolis and the islands of its bay. Thus, in 327 B.C. when Palaepolis was threatened by a Roman siege, it received the help of "two thousand troops from Nola and four thousand Samnites, who had been admitted in Palaepolis more on account of the Nolans' pressure than the Greeks' will."[2] The Nolan *help* provided to Palaepolis was viewed by the Romans as an act of aggression against their interests in the region. After all negotiations with the Samnite failed, the Roman consul Quintus Publilius Philo, positioned between Neapolis and Palaepolis, placed the city under siege, while his colleague, Lucius Cornelius Lentulus, entered with the remaining army into Samnium. The Neapolitan Greeks, preferred to be under Roman rule rather than be allied with the hated Samnites and Nolans, who were terrorizing the city, behaving like invading conquerors, treating the Palaepolitans like prisoners and molesting their wives and daughters. The Neapolitans, having lost hope of receiving real help from their fellow Greeks of Tarentum, decided that the "least of all evils" (*levissimum malorum*) was to surrender to Rome. Besides, thanks to the negotiation of Charilaus, one of the two Neapolitan leaders, the Romans were granting them what they did not enjoy from the Nolans, an alliance with equality of rights.[3] In 326 B.C., the Greeks surrendered and, with a stratagem, distracted the Samnites. Nymphius, the other Neapolitan leader, convinced the Samnite commander to invade the coastal area of Rome, since its army, being engaged in the war, had left Rome unprotected. To accomplish this plan, all the Samnite troops were to leave their weapons in order to haul, silently and unobserved, under cover of the night, the ships down from the old citadel to the shore. While the Samnites were carrying out these orders, the Greek conspirators opened the doors to three thousand Romans, who immediately occupied the highest part of the city. From that advantageous position, the Roman soldiers sent out cries of victory that broke the silence of the night. The Nolans, who were still in the lower part of the city, realizing that resistance would have been futile, fled ruinously toward Nola, on the opposite side, dragging their weapons with great clangor. All the Samnites, who were unarmed on the beach, were locked out of the city and had to return home branded by the shame and disgrace of having lost their weapons to the enemy. After this event, the Greeks merged Palaepolis into Neapolis, where the seat of their "supreme authority" (*summa rei*) was transferred.[4] The Nolans must have felt that the Neapolitans had "betrayed" them during that night of the Roman takeover.

Perhaps a similar fusion took place between the administrations of Hyria and Nola. Hyria rediscovered its Greek roots during the last years of the Athenian presence in Campania. Free from Etruscan jurisdiction, the city-state of Hyria was able to affirm its sovereignty minting coins which displayed the head of Athena and Greek characters. Later, the Athenian defeat and

X
LA SUPREMAZIA DI NOLA

La sfera d'influenza di Nola raggiungeva i confini di Neapolis. Il suo territorio si estendeva dal porto fluviale di Pompei, forse anche includendo Fenserni, fino alle colline del pre-Apennino, incluso Hyria. I Nolani erano "legati da grande amicizia con i Greci" e con i vicini (ὁμόρων) Napoletani.[1] Sappiamo, dalla descrizione degli eventi all'inizio della Seconda Guerra Sannitica, della loro relazione con Palepolis-Neapolis, le altre due città gemelle della Campania. I Romani, nuovamente ai ferri corti con i Sanniti, avevano esteso la loro influenza da Capua a Cuma e, da lì, cercavano d'espandersi verso Neapolis e le isole della sua baia. Così, quando nel 327 a.C. Palepolis fu sotto la minaccia di un assedio romano, ricevette aiuto da "duemila soldati da Nola e quattromila Sanniti, ammessi a Palepoli più a causa dell'insistenza dei Nolani che per volontà dei Greci."[2] L'*aiuto* offerto a Palepoli fu giudicato dai Romani come un atto d'aggressione contro i loro interessi nella regione. Dopo che tutti i negoziati con i Sanniti fallirono, il console romano Quinto Publilio Filone, acquartierato tra Neapolis e Palepolis, pose la città in stato d'assedio, mentre il suo collega, Lucio Cornelio Lentulo, col rimanente esercito entrò nel Sannio. I Greci-Napoletani preferivano essere soggetti all'autorità romana che essere alleati con gli odiati Sanniti e Nolani, i quali terrorizzavano la città, si comportavano come conquistatori invasori, trattando i Palepolitani come prigionieri e molestando le loro mogli e figlie. I Napoletani, avendo persa la speranza di ricevere vero aiuto dai loro compagni greci di Taranto, decisero che "il minore dei mali" (*levissimum malorum*) era quello di arrendersi a Roma. Inoltre, grazie ai negoziati di Charilao, uno delle due autorità neapoletane, i Romani concedevano loro ciò che essi non ricevevano dai Nolani, un'alleanza con eguaglianza di diritti.[3] Nel 326 a.C., i Greci si arresero e, con uno stratagemma, distrassero i Sanniti. Ninfio, l'altra autorità napoletana, convinse il comandante sannita d'invadere l'area costiera di Roma, dal momento che il suo esercito, essendo ingaggiato nella guerra, aveva lasciato Roma senza protezione. Per attuare questo piano, tutte le truppe sannite dovevano lasciare le loro armi per trasportare, silenziosamente e di nascosto, col favore della notte, le navi dalla vecchia cittadella alla spiaggia. Mentre i Sanniti stavano eseguendo questi ordini, i cospiratori greci aprirono le porte a tremila Romani, i quali immediatamente occuparono la parte più alta della città. Da quella posizione vantaggiosa, i Romani lanciarono grida di vittoria che ruppero il silenzio della notte. I Nolani, che stavano ancora nella parte bassa della città, constatando l'inutilità di una resistenza, scapparono rovinosamente verso Nola, sul lato opposto, trascinando le loro armi con grande clangore. Tutti i Sanniti, che erano disarmati sulla spiaggia, erano stati chiusi fuori della città e dovettero ritornare a casa col marchio della vergogna e disonore per aver perso le loro armi davanti al nemico. Dopo questi eventi, i Greci unificarono Palepolis a Neapolis, dove fu trasferito il seggio della loro "suprema autorità" (*summa rei*).[4] I Nolani dovevano essersi sentiti "traditi" dai Napoletani in quella notte in cui i Romani presero possesso della città.

Forse una simile fusione ebbe luogo tra le amministrazioni di Hyria e Nola. Hyria aveva riscoperto la sua origine greca durante gli ultimi anni della presenza ateniese in Campania. Liberi dalla giurisdizione etrusca, la città-stato di Hyria fu capace di affermare la sua sovranità coniando monete che mostravano la testa di Atena e lettere greche. In seguito, la sconfitta ateniese e

E the Syracusan interference in Campania drove Hyria into the Samnite sphere of influence.[5] Subsequently, Hyria decided to stop using the Greek alphabet and adopted Oscan letterings on its coins. By this time, two different ethnic groups lived in Nola and Hyria - the Osci, an Opici-Samnite fusion, and the Greeks. Surely, the Greeks had been in Nola from the foundation of Hyria until the beginning of the Roman Empire. Many Nolan inscriptions document the Greek presence with long lists of Hellenic names, such as *Attalus, Dionysius, Baguaro, Diocles, Doxa, Epaphro, Heraclio, Odysseus, Orfitus* and *Phaenis*.[6] However, unlike Hyria and Nola, Palaepolis and Neapolis had been able to maintain their own identity in spite of a "Greek mixed with Campanian"[7] leadership. The model for the Greeks who lived in Oscan environment was the Neapolitan independence. That independence was highlighted also by the various forms of ethnic name on its coins - ΝΕΟΠΟΛΙΤΗΣ (NEOPO*L*IT*E*S), ΝΕΟΠΟΛΙΤΕϚ (NEOPO*L*ITE*S*), or ΝΕΟΠΟΛΙΤΗΣ (NEOPOLIT*E*S) and others which included "under the name of citizens the manumitted slaves, . . . designated as Free-New-Citizens" (νεοπολίτης).[8] Perhaps that freedom and autonomy were also symbolized, on the Neapolitan bronze coins,[9] by a Phrygian helmet depicted above the man-headed bull.

Nola had been a political ally of Neapolis. Both cities minted coins with Greek names and with bulls crowned in commemoration of victories of some kind. Neapolis and many Samnite cities had vested interests in Dionysius I's war. First, there were military interests, since Neapolitans and many Samnites sided with the Lucanians, allies of Syracuse. Second, there were economic interests, because the Sicilian city-state was employing Campanian mercenaries, particularly Neapolitans. Surely, most Campanians, Neapolitans and Nolans included, must have considered the mercenary employment by Syracuse a great source of income. In fact, that trade lasted at least until 356 B.C.; one of the mercenaries of Dionysius II, tyrant of Syracuse (368 - 343 B.C.), was "general Nypsius the Neapolitan, a man of great valor and knowledge of leadership."[10] Thus, the Nolans and Neapolitans, must have viewed the victories of the tyrant Dionysius I as their own. Hyria opposed the interference of Dionysius I. Perhaps, among those eight hundred Cammpanian mercenaries employed by the Chalcidians of Sicily to help the Athenians against Syracuse in 415 to 413 B.C., as reported by Thucydides,[11] there were also Hyrian troops. After the defeat of the league of Croton, Hyria gradually lost control of its sovereignty, of its mint and, above all, lost its identity. Given these premises, surely there would have been resistance and tensions among the two ethnic groups present in Hyria and Nola. This conflict was to be the beginning of the end for Hyria. Either an internal political event or conflict, or an external pressure from the Samnites or from the Romans must have led to Hyria's unification with Nola and its consequent total disappearance.[12] The fact is that, by the year 340 B.C., at the end of the first Samnite War, Hyria stopped minting. This was the final public act of Hyria and its independent administration. We can only infer the real cause of its end. With the annexation of Hyria, and possibly of Fenserni-Veseris, Nola administered the former Hyrian mint. Perhaps, its last issues, those with a Nymph on the obverse and the ones attributed to Hyria showing the crowned bull with no ethnic, were struck by the administration of Nola.[13] The very favorable conditions (*foedus*

I

l'interferenza siracusana in Campania spinsero Hiria nella sfera d'influenza sannita.(5) Successivamente, Hyria decise di non usare l'alfabeto greco ed adottò le lettere osche sulle sue monete. In quel tempo, due diversi gruppi etnici vivevano a Nola ed a Hyria - gli Osci, una fusione di Opici e Sanniti, ed i Greci. Senza dubbio, i Greci erano stati a Nola dalla fondazione di Hyria fino all'inizio dell'impero romano. Molte epigrafi documentano la presenza greca con una lunga lista di nomi ellenici, come *Attalus, Dionysius, Baguaro, Diocles, Doxa, Epaphro, Heraclio, Odysseus, Orfitus* e *Phaenis*.(6) Comunque, a differenza di Hyria e Nola, Palepoli e Neapolis erano stati capaci di conservare la loro identità nonostante una leadership "mista greco-campana."[7] Il modello per i Greci che vivevano in un ambiente osco era l'indipendenza napoletana. Quella indipendenza era evidenziata anche dalle varie forme del nome nella dicitura delle sulle sue monete - ΝΕΟΠΟLITHΣ (NEOPO*LIT*ES), ΝΕΟΠΟΛITEϚ (NEOPO*LIT*ES), o ΝΕΟΠΟΛITHΣ (NEOPO*LIT*ES) ed altre che includevano "nel termine cittadini gli schiavi manomessi, . . . designati come Nuovi-Cittadini-Liberi" (νεοπολίτης).[8] Forse quella libertà ed autonomia erano anche simboleggiate, sulle monete di bronzo neapoletane,[9] da un elmetto frigio con inciso sopra il toro androcefalo.

Nola era stata un'alleata politica di Neapolis. Le due città coniarono monete con nomi greci e con i tori coronati in commemorazione di qualche vittoria. Neapolis e molte città sannite avevano interessi acquisiti nella guerra di Dionisio I. In primo luogo, vi erano interessi militari, dal momento che i Napoletani e molti Sanniti parteggiarono con i Lucani, alleati di Siracusa. In secondo luogo, vi erano interessi economici, perchè la città-stato siciliana impiegava mercenari campani e napoletani in particolare. È certo che la maggioranza dei Campani, Napoletani e Nolani inclusi, doveva aver considerato l'impiego di mercenari, da parte di Siracusa, una grande fonte d'introito. Infatti, quell'occupazione durò almeno fino al 356 a.C.; uno dei mercenari di Dionisio II, tiranno di Siracusa (368 - 343 a.C.), fu "il generale Nipsio il napoletano, un uomo di grande valore ed esperienza nel comando."[10] Pertanto, i Nolani ed i Napoletani, dovevano aver considerato le vittorie del tiranno Dionisio I come proprie. Hyria si oppose all'interferenza di Dionysius I. Forse, tra quegli ottocento mercenari campani assoldati dai Calcidesi della Sicilia per aiutare gli Ateniesi contro Siracusa nel 415 - 413 a.C., così come riportato da Tucidite,[11] vi erano anche truppe hyriane. Dopo la sconfitta della lega di Crotone, Hyria gradualmente perse il controllo della sua sovranità, della sua zecca e, più di tutto, perse la sua identità. Dati questi presupposti, certamente vi sarebbero state resistenze e tensioni tra i due gruppi etnici presenti ad Hyria ed a Nola. Questo conflitto doveva diventare l'inizio della fine per Hyria. Forse un evento politico interno o un conflitto, o una pressione esterna dei Sanniti o dei Romani deve aver condotto all'unificazione di Hyria con Nola e la sua conseguente scomparsa.[12] Fatto è che, per l'anno 340 a.C., alla fine della prima Guerra Sannitica, Hyria aveva smesso di battere moneta. Questo fu l'atto pubblico finale di Hyria e della sua amministrazione indipendente. Possiamo solo arguire quale fu la vera causa della sua fine. Coll'annesione di Hyria e, possibilmente, di Fenserni-Veseris, Nola amministrò la precedente zecca hyriana. Forse, le sue ultime emissioni, quelle con una Ninfa sul diritto e quelle attribuite a Hyria raffigurante un toro coronato senza dicitura, furono coniate dall'amministrzione di Nola.[13] Le favorevolissime condizioni (*foedus*

E *neapolitanum*)[14] offered by Rome to the Parthenopean city-state had also been accepted by other Campanian cities. Cumae and Capua received citizenship, but without voting rights (*civitas sine suffragio*).[15] Not long afterwards, following the example of those cities, Nola, Pompeii, and Herculaneum declared to be either neutral or in favor of Rome.[16] Enemy towns, however, including Allifae,[17] were occupied by the Roman army in 326 B.C. Nola's mint now operated on behalf of other Samnite cities as well it minted coins for Allifae[18] after the Roman conquest. In fact, although they have the same die showing Athena on the obverse, Nola couples it on the reverse with a crowned bull and Allifae with the bull without Victory.[19] The very low weight of both of these last coins signifies that the activity of the Nolan mint, between the end of the fourth and the beginning of the third century B.C., was also reaching its epilogue.

neapolitanum)[14] offerte da Roma alla città-stato partenopea erano state accettate dalle altre città campane. Cuma e Capua ricevettero la cittadinanza, ma senza diritto al voto (*civitas sine suffragio*).[15] Poco dopo, seguendo l'esempio di quelle città, Nola, Pompei ed Ercolano dichiararono di essere o neutrali o favorevoli a Roma.[16] Le città nemiche, tuttavia, incluso Alife,[17] furono occupate dall'esercito romano nel 326 a.C. La zecca di Nola operava per altre città sannite; così come coniò monete per Alife[18] dopo la conquista romana. Infatti, anche se esse hanno lo stesso conio raffigurante Atena al diritto, Nola l'abbina sul rovescio al toro coronato ed Alife al toro senza la Vittoria.[19] Il peso molto basso di ambedue queste ultime monete indicano che l'attività della zecca nolana, tra la fine del quarto e l'inizio del terzo secolo a.C., stava raggiungendo anche il suo epilogo.

XI
THE SECOND SAMNITE WAR

The Roman takeover of Neapolis, in 326 B.C., signaled the beginning of the Second Samnite War. The Romans had established another favorable alliance with the Lucanians. In turn, the Lucanians, while keeping in check their Tarentine natural foes, were secured from entering into a coalition with the Samnites, against whom the Romans were now free to concentrate their attention.[1] During the following years, Roman troops penetrated deep into Samnite territory, eventually joining forces with the allied Apulians on the other side of the peninsula.[2] This alliance proved to be fatal. A number of Samnite spies, disguised as local shepherds, infiltrated the Roman encampment at Calatia, not far from Capua, in 321 B.C. They were to spread the false news that the Samnites were about to take Luceria, the key city for the control of Apulia. Convinced of the authenticity of that information, the Roman consuls Titus Veturianus Calvinus and Spurius Postumius did not hesitate and moved the camp. To bring aid to the allied city, believed to be in an immediate peril, they chose the fastest route, but it was also the most dangerous one. The route passed through the Caudine Forks, which were treacherous mountain gorges. The whole Roman army entered the first eery and narrow abyss. It led to a meadow surrounded by thickly wooded and uninterrupted high mountains. The only exit from that valley was a second ravine, which was narrower than the first one and now obstructed by boulders and felled trees. The troops turned in haste to gain exit from where they had entered, but it too had been blocked by the Samnites with heavy debris. The Romans were trapped and the entire Samnite army appeared all around the top of those enclosing mountains. The Romans were now at their mercy.[3] They realized that an all-out sally would have meant saving their honor, but it would have left Rome without an army.[4] The Samnites, for their part, wanted to make peace, but also wanted to inflict a scorching defeat. Thus, peace was made by a guarantee. The Roman consuls and all the officers were the guarantors. The troops abandoned all their weapons and left behind six hundred hostages as seal of the agreement.[5] However, the Samnites, conceivably mindful of the shame they had gone through during the siege of Neapolis, decided that, before leaving, the entire Roman army had to pass ignominiously under the yoke. Starting with the consuls, one by one all the half naked Romans had to bend before the entire Samnite army, passing under a yoke.[6] Then, they were sent back to Rome branded with that disgrace. The Roman senate did not ratify the Caudine Peace agreement[7] on the basis that the consuls did not have a proper mandate from the people.[8] The Senate sent the consuls back to the Samnites and left the hostages to their fate. The Samnites magnanimously spared them[9] and renewed the war, this time conquering Luceria. The Samnite occupation of the city was short. The Romans reconstituted their army and liberated the city in 319 B.C.[10]

Meanwhile, on the western front, the Samnites were advancing in Campania. They had managed to reestablish an alliance with Nola, in 316 B.C.,[11] and, together with the Ausones, were fomenting an insurrection in Capua. There, the Romans defeated the Samnites and chased the retreating army all the way to their capital; Bovianum.[12] Campania was abandoned and left to the mercy of the conquerors. The Romans immediately turned their attention toward Nola. The

XI
LA SECONDA GUERRA SANNITICA

La presa romana di Neapolis, nel 326 a.C., segnò l'inizio della Seconda Guerra Sannitica. I Romani avevano assicurato una favorevole alleanza con i Lucani. In cambio, i Lucani, mentre tenevano a bada i loro naturali nemici tarantini, garantivano di non concludere un'alleanza con i Sanniti, contro i quali i Romani erano adesso liberi di concentrare la loro attenzione.[1] Durante gli anni successivi, le truppe romane penetrarono nel cuore del territorio sannita, al fine di unire le loro forze con gli alleati Apuli, dall'altro lato della penisola.[2] Quest'alleanza si dimostrò fatale. Alcune spie sannite, mascherate da locali pastori, si infiltrarono nell'accampamento romano a Calazia, non lontano da Capua, nel 321 a.C. Essi dovevano spargere la falsa notizia che i Sanniti stavano per prendere Luceria, la città chiave per il controllo dell'Apulia. Convinti dell'autenticità di quell'informazione, i consoli romani Tito Veturiano Calvino e Spurio Postumio senza esitare tolsero l'accampamento. Per portare aiuto alla città alleata, che credevano fosse in immediato pericolo, essi scelsero la via più breve, ma che era anche la più pericolosa. Il percorso passava attraverso le Forche Caudine, che erano rischiose gole di montagna. L'intero esercito romano entrò nell'orrido e stretto abisso. Esso conduceva in un prato circondato da una catena di montagne alte con folte foreste. L'unica via d'uscita da quella valle era un secondo burrone, che era più stretto del primo ed era ostruito da macigni e da alberi abbattuti. In fretta le truppe tornarono indietro per riguadagnare l'uscita da cui erano entrati, ma anche questa era stata bloccata dai Sanniti con pesanti detriti. I Romani erano intrappolalati e l'intero esercito sannita apparve tutto intorno sulle cime di quel recinto di montagne. I Romani erano ora alla loro mercè.[3] Essi comprendevano benissimo che una sortita generale avrebbe significato salvare il loro onore, ma avrebbe lasciato Roma senza un esercito.[4] I Sanniti, dal canto loro, volevano far la pace, ma anche volevano infliggere una scottante sconfitta. Pertanto, la pace fu fatta con una garanzia. I consoli romani e tutti i loro ufficiali sarebbero stati i garanti. Le truppe abbandonarono tutte le loro armi e lasciarono dietro seicento ostaggi come pegno dell'accordo.[5] Tuttavia, i Sanniti, presumibilmente memori della vergogna che essi avevano dovuto subire durante l'assedio di Neapolis, decisero che, prima di andarsene, l'intero esercito romano sarebbe dovuto passare ignominiosamente sotto il giogo. Cominciando con i consoli, uno alla volta tutti i Romani seminudi dovettero inchinarsi davanti all'intero esercito sannita, passando sotto un giogo.[6] Successivamente, essi furono rimandati a Roma col marchio di quell'infamia. Il senato romano non ratificò l'accordo di pace caudino[7] sostenendo che i consoli non avevano un preciso mandato dal popolo.[8] Il senato rispedì i consoli ai Sanniti e lasciò gli ostaggi alla loro sorte. I Sanniti magnanimamente li risparmiarono[9] e ripristinarono la guerra, questa volta conquistando Luceria. L'occupazione sannita della città fu di breve durata. I Romani ricostituirono il loro esercito e liberarono la città nel 319 a.C.[10]

Nel frattempo, sul fronte occidentale, i Sanniti stavano avanzando in Campania. Essi erano riusciti a ristabilire un'alleanza con Nola, nel 316 a.C.,[11] e, insieme agli Ausoni, stavano fomentando una insurrezione a Capua. Lì, i Romani sconfissero i Sanniti ed inseguirono l'esercito che si ritirava fino alla capitale, Boviano.[12] La Campania fu abbandonata e lasciata alla mercede dei conquistatori. I Romani immediatamente volsero la loro attenzione a Nola. Il

E consuls, Lucius Papirius Cursor and Gaius Junius Bubulcus, in 313 B.C., appointed Gaius Poetelius army dictator. He, or the consul Bubulcus himself, marched against Nola and its Samnite population. The farmland in the plain surrounding the city was densely populated and, upon his arrival, all the inhabitants took refuge within the city's walls. From the top of the tall circular ramparts marked with frequent towers,[13] dumbfounded and unable to intervene, the people looked at the smoke rising from their farms which had been burned and looted by the Romans. Shortly afterwards Nola surrendered and the honor of the victory was ascribed to Poetelius[14] or Quintus Fabius. The winner sold the spoils and "divided much of that farmland among his troops."[15] Alongside the preexisting populations of Nola, a new ethnic group was added, the Romans.

Long and friendly relation followed between Rome and Nola. Thus, in the year 215 B.C., when Hanno, the delegate of Hannibal, was trying to entice the Nolan towards the Carthaginian side, the Nolan senator Herennius Bassus dismissed him saying that, "up to that time, for many years, between the people of the Romans and of the Nolans there had been friendship and neither one had regretted it."[16] The following year, faithful to their Roman allies, the Nolans put up a heroic stand against Hannibal. The defeat of Hannibal, by the sword of the Roman consul, Marcus Claudius Marcellus, was commemorated in an inscription now in the Seminary of Nola.[17] Perhaps, some of the last coins minted by the mint of Nola, that continued during the Roman Republic, were the 15 coins, of the 16 known specimens, found in the Marcianise hoard.[18] The coins, victoriates AR 3.62 grams, probably commissioned by Rome in 211-208 B.C., show a retrograde crude \/\ (N), which may stand for "Nola." On the obverse there is a laureate head of Jupiter right with the retrograde \/\ below. On the reverse Victory stands right erecting and crowning a trophy, perhaps commemorating Marcellus' victory over Hannibal. In exergue appears the name *rOMA*.[19]

Nola was well renowned among the Romans. Cato says that "at... Nola... should be bought... oil mills ... pails, oil-urns, water-pitchers, wine-urns, [and] other copper vessels."[20] In 80 B.C., at the end of the Social War, the Republic of the Nolans (*Res Publica Nolanorum*) lost its independence to Sulla, who settled the first Nolan Colony. The region was considered a prime investment real estate location. Cicero, in a Letter to Atticus, on June 8, 45 B.C., asks him to "commission someone to find out if any part of . . . land at ... Nola is for sale."[21] During the first part of the Empire the fame of Nola reached new heights; in fact, the Emperor "Augustus . . . went to Nola" and called it home.[22] In his honor, the town of Ottaviano was named after him. In that region, Suetonius tells us, he died "in his bed"[23] in 14 A.D. "Augustus... ended his days at Nola in the same house and room as his father Octavius."[24]

I console, Lucio Papirio Cursore e Gaio Giunio Bubulco, nel 313 a.C., nominarono Gaio Petelio dittatore dell'esercito. Egli, o lo stesso console Bubulco, marciò contro Nola e la popolazione Sannita. Il terreno agricolo circostante la città era densamente popolato e, al suo arrivo, tutti gli abitanti presero rifugio tra le mura della città. Dall'alto degli elevati bastioni circolari intervallati con frequenti torri,[13] confusi ed incapaci di intervenire, la popolazione guardava il fumo che saliva dalle loro fattorie che erano state incendiate e saccheggiate dai Romani. Poco dopo Nola si arrese e l'onore della vittoria fu attribuita a Petelio[14] o a Quinto Fabio. Il vincitore vendette le spoglie e "divise la maggior parte di quel terreno agricolo tra le sue truppe."[15] Insieme alle preesistenti popolazioni di Nola, si aggiungeva un nuovo gruppo etnico, i Romani.

Successivamente vi fu una lunga ed amichevole relazione tra Roma e Nola. Cosicchè, nell'anno 215 a.C., quando Annone, il delegato di Annibale, cercava di attirare i Nolani dalla parte dei Cartaginesi, il senatore nolano Erennio Basso lo licenziò affermando che, "fino a quel tempo, per molti anni, tra il popolo dei Romani e dei Nolani v'era stata amicizia e nessuno dei due se n'era rammaricato."[16] L'anno successivo, fedeli ad i loro alleati Romani, i Nolani opposero un'eroica resistenza contro Annibale. La sconfitta di Annibale, per mezzo della spada del console romano, Marco Claudio Marcello, fu commemorata con un'epigrafe adesso nel Seminario di Nola.[17] Forse, alcune delle ultime monete coniate dalla zecca di Nola, che continuò durante la republica romana, furono le 15 monete, dei 16 esemplari conosciuti, ritrovati nel ripostiglio di Marcianise.[18] Le monete, vittoriati AR 3,62 grammi, probabilmente commissionati da Roma nel 211-208 a.C., mostrano una retrograde rozza Ѵ (N), che potrebbe indicare "Nola." Sul diritto v'è la testa coronata di lauro di Giove a destra con la retrograda Ѵ sotto. Sul rovescio la Vittoria in piedi a destra erige e corona un trofeo, forse commemorante la vittoria di Marcello su di Annibale. Nell'esergo appare il nome *rOMA*.[19]

Nola era molto rinomata tra i Romani. Catone afferma che "a ... Nola ... si devono comprare ... oleifici ... secchi, urne da olio, brocche per l'acqua, urne da vino, [ed] altri vasi di rame."[20] Nell'80 a.C., alla fine della Guerra Sociale, la Repubblica dei Nolani (*Res Publica Nolanorum*) perse la sua indipendenza a causa di Silla, che dedusse la prima Colonia Nolana. La regione era considerata un'ottima località per un investimento fondiario. Cicerone, in una Lettera ad Attico, l'8 Giugno 45 a.C., gli chiede di "commissionare qualcheduno affinchè trovi se qualche particella di ... terreno a ... Nola è in vendita."[21] Durante la prima parte dell'impero la fama di Nola raggiunse nuove vette; infatti, l'imperatore "Augusto ... andò a Nola" e la designò come sua residenza.[22] Il pease di Ottaviano fu chiamato così in suo onore. Egli morì in quella regione, c'informa Suetonio, "nel suo letto"[23] nel 14 d.C. "Augusto... finì i suoi giorni a Nola nella stessa casa e stanza come suo padre Ottavio."[24]

XII
NOLA'S BOUNDARY DISPUTES

Cicero[1] reports a dispute between Nola and Neapolis. A case of exploitation took place when Quintus Fabius Labeo, Roman consul in 183 B.C., was appointed by the Roman Senate to be an arbiter in a boundary dispute between the two neighboring cities. His arbitration was successfully deceitful. He convinced the two contenders to make wide land concessions. It followed that a considerable stretch of territory was left free between the two contenders. Henceforth, Labeo promptly assigned that region to the Roman People.

More significant for our search of Hyria is another land dispute that had taken place between Nola and Abella, at the end of the third and beginning of the second century B.C., after the second Samnite war. Abella, present day Avella located five miles north-east of Nola, was founded by the Chalcidians on a high hill[2] at the base of the Apennines. The fortifications and walls of Abella (*moenia Abellae*) were still renowned in Virgil's times.[3] The area under dispute was that surrounding the temple of Hercules, which was commonly owned by Nola and Abella. Presumably, the temple was located in the present town of Visciano (340 meters from sea level) which, from its promontory of Camaldoli, looks west over a narrow valley and the hill of Cicala.[4] It should be noted that, if the Ausonian settlement of "Vescia," reported by Hecataeus of Miletus,[5] was indeed present Visciano, then the Ausones would have held, at the same time and in the same area, *Nouola* in the plains and *Vescia* on the highest hill. Therefore, these two settlements would have encircled, from their very early beginning, the hill of Cicala with Hyria on it. Consequently, only the presence of a preceding colonization by another population on Cicala's hill can explain why the Ausones did not occupy that site, which was closer to Nola and more defendable than Visciano.

The agreement which ensued from the dispute of the two cities of Nola and Abella was engraved in stone, the "*Cippus Abellanus*,"[6] now housed in the Seminary at Nola. The Oscan writing on the marble states the terms for the consensus reached between the two cities.

Thus, by 183 B.C., Nola extended her borders south-west to Naples and north-east to Visciano and Avella, totally engulfing and controlling, to this day, the hill of Cicala that is situated between Nola and Visciano. Thus, Hyria, the city-state originally located on that hill, would have been, having lost its sovereignty, completely under Nolan jurisdiction, which would explain why its name was forever forgotten.

XII
LE DISPUTE NOLANE DI CONFINE

Cicerone[1] riporta una disputa tra Nola e Neapolis. Un caso di sfruttamento ebbe luogo quando Quinto Fabio Labeone, console romano nel 183 a.C., fu incaricato dal senato romano ad arbitrare una disputa di confine tra le due città confinanti. Il suo arbitraggio ebbe successo con un inganno. Egli convinse i due contendenti di fare ampie concessioni di terreno. Di conseguenza, una considerevole estensione di territorio fu lasciata libera tra i due contendenti. Dopo di che, Labeone, prontamente, assegnò quella zona al Popolo Romano.

Più importante per la nostra ricerca su Hyria è un'altra disputa di confine che avvenne tra Nola ed Abella, alla fine del terzo ed il principio del secondo secolo a.C., dopo la seconda guerra sannitica. Abella, l'attuale Avella ad otto chilometri nord-est di Nola, fu fondata dai Calcidesi su di un'alta collina[2] alla base degli Appennini. Le fortificazioni e le mura di Abella (*moenia Abellae*) erano ancora rinomate al tempo di Virgilio.[3] L'area contesa era quella circostante il tempio di Ercole, che era posseduto in comune da Nola ed Abella. Probabilmente, il tempio si trovava nell'attuale paese di Visciano (340 metri sul livello del mare) che, dal suo promontorio dei Camaldoli, guarda ad occidente su di una stretta valle e la collina di Cicala.[4] È da notare che, se la colonia ausone di "Vescia," riportata da Ecateo di Mileto,[5] era infatti la presente Visciano, gli Ausoni avrebbero occupato, allo stesso tempo e nella stessa zona, *Nouola* nella pianura e *Vescia* sulla collina più alta; pertanto, questi due insediamenti avrebbero circondato, fin dalla loro più antica origine, la collina di Cicala con Hyria su di essa. Comunque, solo la presenza sulla collina di Cicala di una precedente colonizzazione da parte di un'altra popolazione può spiegare perchè gli Ausoni non occuparono quel luogo che era più vicino a Nola e più difendibile di Visciano.

L'accordo che scaturì dalla disputa tra le due città di Nola ed Abella fu inciso su pietra, il "*Cippus Abellanus*,"[6] ora conservato nel Seminario di Nola. La scritta osca sul marmo riporta i termini del consenso raggiunto dalle due città.

Pertanto, entro il 183 a.C., Nola s'estendeva a sud-ovest fino a Napoli ed a nord-est fino a Visciano ed Avella, incorporando e controllando totalmente, fino ad oggi, la collina di Cicala che si trova tra Nola e Visciano. Pertanto, Hyria, la città-stato originariamente localizzata su quella collina, sarebbe stata, avendo persa la sua sovranità, completamente sotto la giurisdizione nolana, il che spiegherebbe come il suo nome sia stato per sempre dimenticato.

E

The *CIPPUS ABELLANUS*, the document which testifies the Nolan sovereignty on its borders, has been freely translated and adapted in a contemporary legal form in order to interpret and convey the importance and weight that the document must have carried in its time.

DESIGNATION OF A CERTAIN PARCEL OF LAND AS COMMUNALLY OWNED LAND AGREEMENT (the "Agreement")
PROCLAIMED BETWEEN THE SENATES OF NOLA AND ABELLA (the "Senates").

WHEREAS, the Senates wish to designate a certain parcel of land (the "Land") as communally owned land, on the terms contained in this Agreement;

THE Senates HEREBY AGREE AS FOLLOWS:

The Communal Ownership

SECTION a. Description of the Communally Owned Parcel of Land

The following areas shall be designated as communally owned:

(1) the parcel of land near the sanctuary of Hercules the "Sanctuary");
(2) the field that is near the Sanctuary;
(3) the land that is near the Sanctuary;
(4) that area that is located outside of the existing limit-posts and the limit-posts (those limit-posts, which by prior common decree were approved to follow a perimeter with rectilinear sides) (the "Limit-Posts"); and
(5) the Sanctuary and the land attached thereto.

SECTION b. Description of the Property Limits

The Limit-Posts demarcate the perimeter of the Land. In relation to the Limit-Posts, the Sanctuary is located in the middle of the land. The outer limits of the Land are marked by the walls that surround the Sanctuary. A roadway is placed beyond, but adjacent to, the Land.

Covenants

SECTION a. Proceeds of the Communally Owned Parcel of Land

I

Il *CIPPUS ABELLANUS*, il documento che testimonia la sovranità nolana sui suoi confini, è stato qui tradotto liberamente ed adattato ad una forma legale contemporanea al fine d'interpretare e comunicare l'importanza ed il peso che il documento deve aver avuto ai suoi tempi.

ACCORDO (l'"Accordo") STABILITO TRA IL SENATO DI NOLA E QUELLO DI ABELLA (i "Senati") PER L'ATTRIBUZIONE DI UNA CERTA PARTICELLA DI TERRENO IN PROPRIETÀ COMUNE

PREMESSO, che i Senati intendono designare una certa particella di terreno (il "Terreno") quale proprietà comune, secondo i patti contenuti in questo Accordo;

I Senati IN TAL CONTESTO CONVENGONO QUANTO SEGUE:
La proprietà comune

SEZIONE a. *Descrizione di una particella di terreno a proprietà comune*

Le seguenti aree resteranno di proprietà comune:

(1) la particella di terreno vicino al santuario di Ercole (il "Santuario");
(2) il campo vicino al Santuario;
(3) il terreno vicino al Santuario;
(4) l'area localizzata al di là dei termini esistenti ed i termini stessi (quei termini, che secondo un precedente decreto comune erano stati approvati e dovevano avere un andamento rettilineo) (i "Termini"); e
(5) il Santuario ed il terreno attiguo.

SEZIONE b. *Descrizione dei cnfini della proprietà*

I Termini individuano il perimetro del Terreno. In relazione ai Termini, il Santuario trovasi al centro del terreno. I confini esterni del Terreno sono indicati dalle mura che circondano il Santuario. La strada si trova al di là, ma adiacente al Terreno.

Patti
SEZIONE a. *Profitti della particella di terreno comune*

E

Any surplus proceeds from the produce of the Land and the economic activities of the Sanctuary shall be divided equally between the Senates.

SECTION b. Subdivision of the Land

Any subdivision is limited to within the Limit-Posts.

SECTION c. Development of the Land

The Senates shall permit development on the Land. Provided that:

(1) such development undertaken by the Nolan Senate shall only be used by the Nolan Senate;
(2) such development undertaken by the Abellan Senate shall only be used by the Abellan Senate; and
(3) no development shall be undertaken within the walls of the Sanctuary or upon the land attached thereto.

SECTION d. Found Treasures

Should any treasure be uncovered and opened, which shall be decreed by the Senates, shall be divided equally between the Senates.

SECTION e. Curved Roadways

Within the Land, wherever the road bordering the Land shall have a curve, the boundary of that road shall be located in the middle of that road.

IN WITNESS WHEREOF, the Senates have executed this Agreement,

THE SENATE OF ABELLA	THE SENATE OF NOLA
by: MAGIUS VESTRICIUS SIRIUS, son of Magius, Title: Supervisor of the Agreement, Quaestor of Abella and by: THE CHIEF OFFICERS OF ABELLA,	by: MAGIUS LUCIUS PUCLATUS, son of Magius, Title: Magistrate-Building Inspector of Nola and by: THE CHIEF OFFICERS OF NOLA,

I
>Tutti gli utili dei prodotti del Terreno e delle attività economiche del Santuario saranno divisi in parti uguali fra i Senati.

SEZIONE b. Suddivisione del Terreno

>Ogni suddivisione è contenuta all'interno dei Termini.

SEZIONE c. Edificabilità del Terreno

>I Senati permetteranno l'edificabilità del Terreno. A patto che:
>
>>(1) della costruzione intrapresa dal Senato di Nola usufruirà solo il Senato di Nola;
>>(2) della costruzione intrapresa dal Senato di Abella usufruirà solo il Senato di Abella; e
>>(3) nessuna costruzione sarà consentita tra le mura del Santuario o sulla terra adiacente.

SEZIONE d. Tesori ritrovati

>Nella eventualità che un qualsiasi tesoro sia portato alla luce ed aperto, il che sarà decretato dai Senati, sarà rpartito equamente tra i Senati.

SEZIONE e. Curvature delle strade

>All'interno del Terreno, ovunque la strada che confina con il Terreno sarà curva, il confine di quella strada sarà situato al centro della strada stessa.

>>PERTANTO, A TESTIMONIANZA, i Senati hanno stipulato quest'Accordo,

I SENATI DI ABELLA da: MAGIUS VESTRICIUS SIRIUS, figlio di Magius, Titolo: Supervisore dell'Accordo, Questore di Abella e dai: FUNZIONARI DIRIGENTI DI ABELLA,	I SENATI DI NOLA da: MAGIUS LUCIUS PUCLATUS, figlio di Magius, Titolo: Magistrato- Ispettore Edile di Nola e dai: FUNZIONARI DIRIGENTI DI NOLA,

E
all appointed by the decree
of the Senate of Abella
and their chief officers.

all appointed by the decree
of the Senate of Nola
and their chief officers.

I
tutti approvati con decreto   tutti approvati con decreto
del Senato dif Abella   del Senato di Nola
e dai loro funzionari dirigenti.   e dai loro funzionari dirigenti.

XIII
COINS OF THE CAMPANIAN CITY-STATE OF PHISTELIA

Two Campanian silver coins depict, on the obverse, "a female (?) head turned slightly"[4] right and, on the reverse, an elephant walking right.

One of these coins – weighting 0.38 grams and with an axis 12 – was discovered in Alexandria of Egypt in 1894. The coin belonged to Sir H. Weber collection.[5] Subsequently, it was sold, through Spink coin dealer, to Edward T. Newell, who, in turn, donated it, in 1944, to the American Numismatic Society.[6] Tentatively, the ANS attributed this coin to the lost city of Phistelia. The city thrived in Campania from the end of Fifth to end of Third Century B.C.

The second coin (Ph.N.1)[7] – a silver half-obol weighting 0.32 grams, measuring about 8-9 mm. and with an axis 8 – was found, before 1994, by a resident of Paphos, Cyprus, who unearthed it while metal detecting near his home town of Geroskipou. The coin was given to a Cypriot collector, who, in turn sold it, in 2002, to *Quality Ancient Coins* dealer of Larnaca, Cyprus.

The analysis of this last coin raises a number of questions. Was this one also from the lost Campanian city of Phistelia? Where was the city located? What was its history? Why did it disappear? Why the two coins were found outside of Italy?

To determine if this last half-obol is a Phistelian coin, we must compare it with the ones that have a definite proven attribution. The obols of this city show striking resemblance with the one we are studying. Comparing the above obol (Ph.N.1) with other Phistelian obols (Ph.N.2, Ph.N.3, Ph.N.4),[8] we notice a definite nose and mouth style correspondence.[9] Furthermore, on the reverse, the elephants show a similarity of craftsmanship, style and artistic technique with the lions on other Phistelian coins (Ph.N.5), in spite of the fact that they are different animals.[10]

Some Oscan legends on Phistelian coins[11] read, from left to right or the contrary,
8ISTLVIS (FISTLUIS), ZIVLTZI8 (SILTSIF), 8ISTLVS (FISTLUS) and 8ISTLVИ (FISTLUN).

8		I	S	T		L	V		I	S		Oscan = **FISTLUIS**
Ph/F		I	S	T	e	L			I		a	Latin = **FIST**e**LI**a

Livy and Diodorus mention the Samnite city of Plistica, name related to Phistelia.

P	L*	I	S	T	*				I		c	a	Samnite city = **PLISTI**ca

In fact, he states that, during the second Samnite war, Plistica (or Plistia) was an ally of Rome. For this reason it was vanquished by the Samnites in 315 B.C. At the same time, the Romans conquered the nearby larger city of Saticula,[12] current Sant'Agata dei Goti (province of Benevento) Campania.[13]

For the Samnite to contemporarily retaliate against the Roman siege and takeover of Saticula by conquering Plistica, these two cities must have been relatively close. Today, the

XIII
LE MONETE DELLA CITTÀ-STATO DI FISTELIA

Due monete campane d'argento rappresentano, al diritto, "una testa di donna (?) legermente volta"[4] a destra e, sul rovescio, un elefante gradiente a destra.

Una di queste monete – dal peso di 0.38 grammi e con un asse 12 – è stata scoperta in Alessandria d'Egitto nel 1894. La moneta faceva parte della collezione di Sir H. Weber.[5] Successivamente, fu venduta, tramite il rivenditore di numismatica Spink, a Edward T. Newell, il quale, a sua volta, la donò, nel 1944, all'American Numismatic Society.[6] Tentativamente, l'ANS ha attribuito questa moneta alla città perduta di Fistelia. La città prosperò in Campania dalla fine del quinto alla fine del terzo secolo A.C.

La seconda moneta (Ph.N.1)[7] – un emi-obolo d'argento dal peso di 0.4 grammi e con un asse di circa 8-9 – fu scoperta, prima del 1994, da un residente di Paphos, Cipro, il quale la scavò mentre faceva sopraluoghi col rilievatore metallico nei pressi di Geroskipou, la sua città di residenz. La moneta fu data ad un collezionista cipriota, il quale, a sua volta, la vendè, nel 2002, al rivenditore *Quality Ancient Coins* di Larnaca, Cyprus.

L'analisi di questa ultima moneta genera un numero di domande. Anche questa moneta proviene dalla scomparsa città campana di Fistelia? Dove si trovava la città? Qual è la sua storia? Perché è scomparsa? Perché le due monete suddette furono ritrovate fuori dal suolo italiano?

Per determinare se quest'ultimo emi-obolo è una moneta di Fistelia, dobbiamo confrontarlo con quelli che hanno una precisa attribuzione. Oboli di questa città mostrano notevole somiglianza con quello che stiamo studiando. Comparando l'obolo sopra descritto (Ph.N.1) con altri oboli di Fistelia (Ph.N.2, Ph.N.3, Ph.N.4),[8] notiamo una precisa corrispondenza nello stile del naso e della bocca.[9] Al rovescio, inoltre, gli elefanti mostrano una similarietà di artigianato, stile ed tecnica artistica con i leoni sulle altre monete di Fistelia(Ph.N.5), nonostante il fatto che essi sono animali differenti.[10]

Alcune legende osche sulle monete di Fistelia[11] leggono, da sinistra a destra o viceversa, 8ISTLVIS (FISTLUIS), ZIVLTZI8 (SILTSIF), 8ISTLVS (FISTLUS) and 8ISTLVA (FISTLUN).

8	I	S	T	L	V	I	S		Oscan = **FISTLUIS**
Ph/F	I	S	T	e L		I		a	Latin = **FISTeLI**a

Livio e Diodoro menzionano la città sannita di Plistica, nome connesso con Phistelia.

P	L*	I	S	T	*		I		c a	Samnite city = **PLISTI**ca

Infatti, egli afferma che, durante la seconda guerra sannita, Plistica (o Plistia) era alleata di Roma. Per questo moltivo essa fu sottomessa dai Sanniti nel 315 a.C. Nello stesso tempo, i Romani conquistavano la vicina e più grande città di Saticula,[12] l'attuale Sant'Agata dei Goti (provincia di Benevento) Campania.[13]

Per i Sanniti a fare contemporaneamente rrappresaglia contro l'assedio e la presa romana di Saticula con la conquista di Plistica, le due città dovevano essere relativamente vicine. Oggi, la

E closest historical city near Sant'Agata dei Goti - namely Saticula - is Castel Morrone - namely Plistica/Phistelia - (province of Caserta) only 12.5 km. SE distant.[14]

During Roman time, Plistica was structured as Pagus Tifatinus. Namely, its district was dedicated to Jupiter of the nearby Mount Tifata, Oscan for holms, the trees abundant on the banks of the close river Volturno. Also Capua, 11.5 km. E. from Castel Morrone, had a similar Pagus with the worship of Jupiter Tifatinus.

During Phistelian times, the city had nine districts (*fundi*) with megalithic walls dating back to the VII and VI century B.C. Within these walls, in 216-215 B.C., Hannibal quartered his Carthaginian army with his elephants.

Images of elephant on III century B.C. Campanian coins are very meaningful; they had a connection with political events. In fact, in 282 B.C., Tarentum asked Pyrrhus of Epirus for help against Rome. Pyrrhus came to Italy with war elephants and Tarentum minted a coin showing, on the reverse, Tarentunm (*Taras*), with a bow in the left hand and an arrow in the right, riding a dolphin with an elephant below. Furthermore, an Etruscan AE, 208-207 B.C. with the head of a Nubian right, on the reverse, and an elephant standing right, on the reverse, makes a similar political statement.[15]

Samnite, Carthaginian, Roman and other states used that animal on their coins.[16] Perhaps, the elephant on our Phistelian coin (Ph.N.1) is proof of the city's commitment to the Carthaginians, who were stationed among Phistelian walls. Different from Nola, as we have seen, Phistelia pledged allegiance to Hannibal and, with his defeat, lost its own sovereignty. Probably, when the general left Italy, also our coin was carried away in the pouch of one of his soldiers.

I
città storica più vicina a Sant'Agata dei Goti – ovvero Saticula – è Castel Morrone – ovvero Plistica/Fistelia – (provincia di Caserta) che dista solo 12,50 km SE.[14]

Durante l'epoca romana, Plistica era organizzata come Pagus Tifatinus. Ovvero, il suo distretto era dedicato al Giove del vicino monte Tifata, osco per leccio, per i numerosi alberi sulle sponde del fiume Volturno. Anche Capua, 11.5 km. E. da Castel Morrone, aveva un simile Pagus con il culto di Giove Tifatinus.

All;epoca di Fistelia, la cttà aveva nove distretti (*fundi*) con mura megalitiche datanti intorno alo VII e VI secolo a.C. Tra queste mura, nel 216-215 a.C., Annibale acquartierò il suo esercito cartaginese con i suoi elefanti.

Immagini di elefanti sulle monete campane del III secolo a.C. sono molto significative; esse avevano una connessione con eventi politici. Infatti, nel 282 a.C., Tarentum chiese aiuto a Pirro re dell'Epiro contro Roma. Pirro venne in Italia con elefanti da guerra e Tarentum coniò una moneta recante, sul rovescio, Tarentunm (*Taras*), con un arco nella mano sinistra e una freccia nella destra, che cavalcava un delfino con un elefante sotto. Jnltre, un etrusco AE, 208-207 a.C. con la testa di un nubiano a destra, sulla diritta, e un elefante a destra, sul rovescio, intende fare una simile asserzione politica.[15]

Sanniti, cartaginesi, romani ed altri stati usarono quell'animale sulle loro monete.[16] Forse, l'elefante sulla nostra moneta di Fistelia (Ph.N.1) è prova dell'impegno preso dalla città nei confronti dei Cartaginesi, i quali erano stazionati tra le mura di Fistelia. Diversamente da Nola, come vedemmo, Fistelia guiro alleanza ad Annibale e, con la sua sconfitta, perse la sua stessa sovranità. Probabilmente, quando il generale lasciò l'Italia, anche la nostra moneta fu portata via nella borsa di uno dei suoi soldati.

TABŬLA I

SELECTED COINS FROM THE MINT OF HYRIA

○ **Obverse:** 47 types of Athena's head profiles, with crested galea crowned with olive and adorned with an owl (*cf.* selection: 2 to 8, 11a to 13, 16),
  1 type without an owl (*cf.* selection: 1),
  5 types of Hera, Hera Lakinia's head facing, with a crown, mitella, small palms and hippogriffs (*cf.* selection: 9 to 11),
  2 types of Nymph's or Parthenope's head profiles with band, earing and necklace (*cf.* selection: 14, 15).
● **Reverse:** profile of Achelous running (*cf.* selection: 1) or walking (*cf.* selection: 2 to 16).
☞ **Ethnic name:** *URINA* 38 times (e.g. AИICY, *cf.* selection: 2 to 5, 8, 10, 12), *URINAI* 6 times (YDINAI *cf.* selection: 7, 13, 14) and once for each one of the following *HURIETES* (HVPIETES, *cf.* 1), *SRIN* (NI◁S, *cf.* 16), *UIRINA* (YIDINA, *cf.* 9), *URENA* (AИE◁Y), *URIANOS* (YDIANOΣ, *cf.* 15), *URNAI* (VDNAI, *cf.* 6), *URNYA* (YDNVA).
Transliteration of vowel "υ-Y:" 1) as "*u-U*," or 2) as "*y-Y*," and 3) as "*hy-Hy*" to differentiate it from the consonant "y-Y."

MONETE SCELTE DALLA ZECCA DI HYRIA

○ **Diritto:** 47 tipi di profili di testa di Atena con elmo con criniera coronato con olivo ed adornato con civetta (*cf.* selezione: 2 a 8, 11a a 13, 16),
  1 tipo senza civetta (*cf.* selezione: 1),
  5 tipi di testa di Hera Lakinia di prospetto, con corona cilindrica, palmette ed ippogrifi (*cf.* selezione: 9 ad 11),
  2 tipi di profili di testa di Ninfa o Partenope con nastro, orecchini e collana (*cf.* selezione: 14, 15).
● **Rovescio:** profilo di Acheloo correndo (selezione: 1) o ambulante (*cf.* selezione: 2 a 16).
☞ **Dicitura:** *URINA* 38 volte (es. AИICY, *cf.* selezione: 2 a 5, 8, 10, 12), *URINAI* 6 volte (YDINAI *cf.* selezione: 7, 13, 14) ed una volta per ciascuno dei seguenti *HURIETES* (HVPIETES, *cf.* 1), *SRIN* (NI◁S, *cf.* 16), *UIRINA* (YIDINA, *cf.* 9), *URENA* (AИE◁Y), *URIANOS* (YDIANOΣ, *cf.* 15), *URNAI* (VDNAI, *cf.* 6), *URNYA* (YDNVA).
Traslitterazione della vocale "υ-Y:" 1) con "*u-U*," o 2) con "*y-Y*," e 3) con "*hy-Hy*" per differenziarla dalla consonante "y-Y."

N	OBVERSE (DIRITTO)	REVERSE (ROVESCIO)	ETHNIC (DICITURA)
1	**Athena**, r/d. No owl (senza civetta) Rutter, n.1HO1, **sim. Neapolis**: *Cf.* Neapolis, Rutter ob/dr. type Period III, Group II. Glasgow, London; Weber; Sotheby, Berlin.	**Achelous running (correndo)** r/d. 1 exergue (1 esergo), HURIETES below (sotto) ASX. Rutter, n.1HR1. **Sim. Neapolis** Rutter n. 81R70. Analogous (analogo) NEOPOLITHΣ (NEOPOLITES). *Cf.* Hyria n. 10. *AR* 7.44. **415-405 B.C.**	*HVPIETES* below (sotto) *A S V*
2	Athena, r/d. Rutter n.2HO2 & *S.N.G.* 254. **Sim. Neapolis.** Rutter n. 72O41. Frasso Telesino Hoard (Ripostiglio) (*cf.* Tabŭla V). Palermo, Glasgow.	**Achelous** walkind (ambulante), r/d. double exergue (doppio esergo), URINA ret. Rutter n.2HR2. *AR* 7.40. **405-400 B.C.**	*AuICTY*
3	Athena, l/s. **Mon. Γ** (G) belhind (dietro) neck (collo) Rutter n. 123HO46 & *C.F.* 951. = mon. Rutter n. 115/24HO46.	Achelous walkind (ambulante), l/s. double exergue (doppio esergo), URINA ret. Rutter n. 123HR109 & *C.F.* 951. **Mon. Nola (1) & Neapolis.** . Rutter n. 182R165 & 189R169. *AR* 7.40. 405-400 B.C.	*Au ICTY* below (sotto) *O*
4	Athena, r/d. **Mon. ΛÊ** (LE) belhind (dietro)neck (collo). Rutter n. 65HO31 and 66HO31 (7 co.). **die (conio) alternated (alternato) with (con) Nola (2).** London, Copenhagen, Glasgow, Berlin, Paris.	Achelous walkind (ambulante), r/d. double exergue (doppio esergo), URINA Rutter n. 65HR59. **Mon. LÊ. Mon. Nola (2-3).** *AR* 7.24. 405-400 B.C.	*A VICTY* below (sotto) *Æ*
5	Athena, r/d. Rutter n.66HO31. Cambridge.	Achelous walkind (ambulante), l/s. double exergue (doppio esergo), URINA.Rutter n.66HR60. **Mon. LÊ ret. Mon. Nola (5).** *AR* 7.23. 405-400 B.C.	*YDINA* below (sotto) *Ǝ∧*
6	Athena, r/d. Rutter n. 80HO32 [54 coin (moneta) n.67 - 81). **die (conio) alternated (alternato) with (con) Nola (4).** Cariati Hoard (Ripostiglio), *C.F.*HYRINA n. 872.	Achelous walkind (ambulante), l/s. double exergue (doppio esergo), URNAI. Rutter n. 80HR74 *cf.* HR72, 75, 81. **Sim. Allifae,** Rutter, n. 1AR1. *AR* 7.03. 405-400 B.C.	*VDNAI*
7	Athena, l/s. Rutter n. 87HO37 [24 coins (monete)], & n. 88, 91-93, 95HO37)**die(conio) subsequently (successivamente) Nola (3).** London.	Achelous walkind (ambulante), l/s. double exergue (doppio esergo), URINAI. Rutter n. 87HR79. **analogous (analogo) NΩΛΑΙ (9)** (NOLAI). *AR* 6.93. 405-400 B.C.	*YDINAI*
8	Athena, l/s. *Cf.* Title page (Frontespizio) *S.E.A.O. S.N.G.*.266. Rutter n. 40HO26. Florence.	Achelous walkind (ambulante), r/d. double exergue (doppio esergo), URINA ret. **below (sotto) profile (profilo) Phoenix (Fenice) with (con) wings (ali) outstretched (spiegate) (sim. Thurii/Turio)**, r/d. Rutter n. 40HR34. *AR* 7.35. **390-385 B.C.**	*AuICTY*
9	**Hera. Mon. Γ** (G) r/d. Rutter n.125HO47; *S.N.G.* 269 (67 coins (monete) n. 125 - 139HO47) **die (conio) Fenserni, Rutter n.1 - 4FO1. Mon. Thurii/Turio.** Sambon-Canessa.	Achelous walkind (ambulante), l/s. 1 exergue (1 esergo), UIRINA. **Mon. G.** Rutter n.125HR111. **Mon. Fenserni.** Rutter n.2FR2. **Mon. Neapolis,** Rutter n. 167R152, 155, 159 = **mon. Hyria,** Rutter 114 - 116HR100 - 102. *AR* 7.21. 390-385 B.C.	*YIDINA* below (sotto) *Γ*
10	Hera. Rutter n. 141HO49; S.N.G. 268. **die (conio) Fenserni, Rutter n. 5 - 8FO3.** Cambridge, Oxford, Dorotheum.	Achelous walkind (ambulante), r/d. 1 exergue (1 esergo), URINA ret. Rutter n. 141HR127. *AR* 7.14. 390-385 B.C.	*A VI ᗡY*

11	Hera. Rutter n. 133iHO47; *S.N.G.*273. Sambon- Canessa.	Achelous walkind (ambulante), r/d. double exergue (doppio esergo), NEOPOLI -TES ret. Rutter n.133iHR119. **overstruck (riconiato) Hyria** coin (moneta) *Cf* Hyria1 *AR* 7.29. **390-389 B.C.**	NEOPOLI-ΣΗΤ
a	**Athena**, r/d. Rutter n. 153iHO57. R.C. Lockett, Sambon-Canessa, Paris.	Achelous walkind (ambulante), l/s. 1 exergue (1 esergo), EOIPO'J Rutter n. 153iHR136. **overstruck (riconiato) Hyria** coin (moneta) *AR* 7.28. **390-389 B.C.**	EOIΠO'J.
b	Athena, r/d. *S.N.G.* 307; Rutter 55O29 **overstruck (riconiato) Hyria** Rutter 8H03HR8 = coin (moneta) Frasso Telesino (Plate 9. gr. 6.72). S.E.A.O.	Achelous running (correndo), r/d. double exergue (doppio esergo), NEOPOLI ret. **overstruck (riconiato) Hyria** coin (moneta) *Cf* Hyria1 *AR* 7.07. **390-389 B.C.** Rutter 55R47 S.E.A.O. *Cf.* Plate 9.	IΛΟΠΟΕΝ
12	Athena, l/s. Rutter n. 47HO26. Ashmolean Museum Oxford, & Cales Hoard (Ripostiglio) (*cf.* Tabŭla V).	Achelous walkind (ambulante), r/d. double exergue (doppio esergo), URINA ret. Rutter n. 47HR41. **overstruck (riconiato) Neapolis** coin (moneta) (Oxford) *AR* 7.15. Cales Hord (Ripostiglio) *AR* 6.95. **390-389 B.C.**	A Ͷ ICΓY
13	Athena, r/d.Rutter, n. 85H035, *C.F.* 942. **Sim. Nola (6) & Allifae** Rutter, n. 1AO1. Vatican, Berlin, Turin, Hess.	Achelous walkind (ambulante), l/s. double exergue (doppio esergo), URINAI. Rutter n. 85HR79. **analogous (analogo) ΝΩΛΑΙ (9) (NOLAI).** *AR* 7.19. **389-350 B.C.**	YDINAI
14	**Nymph**, r/d. Rutter n.152HO56. die (conio) of coin (di moneta) attributed (attribuita) Nola without (senza) ethnic (Tabŭla Ia n. 3). Paris.	Achelous walkind (ambulante), l/s. double exergue (doppio esergo), URINAI. Rutter n.152HR135. An.: ΝΩΛΑΙ (9) (NOLAI). *AR* 6.92. **370-350 B.C.**	YDINAI
15	Nymph, r/d. Rutter, n. 144HO51. Sim. to/a Nola (7a) & Neapolis., Rutter n. 152O98. Lockett, Naville and Ars Classica., J. Hirsch.	Achelous walkind (ambulante), r/d. 1 exergue (1 esergo), URIANOS. Rutter, n. 144HR129. **An.: ΝΩΛΑΙΟΣ (7a) (NOLAIOS) & ΝΩΙΑΛΟΣ (8) (NOIALOS).** *AR* 6.64. 370-350 B.C.	YDIANOΣ
16	**Athena**, r/d. Rutter n. 30HO22. Turin.	Achelous walkind (ambulante), r/d. 1 exergue (1 esergo), SRIN ret. Rutter n. 30HR, 26. *AR* 5.37. **360-340 B.C.**	NI ⊲S

TABŬLA I a

ACHELOUS CROWNED (CORONATO)
NIKE -VICTORY FLYING (VOLANTE) ABOVE (SOPRA)

1	**Hera**.4coins(monete):**attributed (attribuite)**Phistelia (Sambon n. 830 & S.N.G. n. 566) & Hyria (Rutter ns. 147 HO53 - 150HO54). Berlin, Cambridge, London, Naples, Naville & Ars Classica.	**Achelous crowned (coronato)**, r/d. double exergue (doppio esergo) , Rutter ns. 147HR131 to/a 150HR134. *AR.* 7.45, 7.39, 7.32 (380 B.C.), 6.12, (380-350 B.C.)	
2	**Hera.attributed (attribuito)**Nola (Sambon n. 816 = Neapolis n. 347-360) & Hyria (Rutter n.142HO50). Paris.	Achelous crowned (coronato), r/d. 1 exergue (1 esergo), legend below (sotto) (GL UKI OI) Rutter n. 142HR128. *AR* 6.83. 370-350 B.C. overstruck (riconiato) ?	ΓΛ ΥΚΙ ΩΙ
3	**Nymph**, r/d. Rutter n.63NO31. die (conio) Hyria (14). attributed (attribuito)Nola *Cf.* Hyria, Rutter n. 152HO56. Milan.	Achelous crowned (coronato), l/s. 1 exergue (1 esergo), Rutter n.63NR43. *Cf.* Hyria, Rutter n. 152HR135. *AR* 5.76. 332-320 B.C.	

TABŬLA II

SELECTED COINS FROM THE MINT OF NOLA.

○ **Obverse**: 15 types of Nymph's or Parthenope's head profiles with band, earing and necklace (*cf.* selection: 7, 7a, 8,) and
  7 types of Athena's head profiles, with crested galea crowned with olive and adorned with an owl (*cf.* selection: 1 to 6);
  on the bronzes there is Apollo's head profile laureate (*cf.* selection: 9).
● **Reverse**: profile of Achelous walking (*cf.* selection: 1 to 5), and
  full-face Achelous walking and crowned by flying Nike (Victory) above (*cf.* selection: 6 to 9).
☞ **Ethnic name**: on the bronzes: *NOLAI* (ΝΩΛΑΙ, *cf.* 9); on the staters: *NOLAION* 17 times (ΝΩΛΑΙΩΝ, *cf.* selection: 2), *NOLAION* 8 times (ΝΩΛΑΙΟΝ, *cf.* selection: 6), *NOLAIOS* 7 times (ΝΩΛΑΙΟΣ, *cf.* selection: 7, 7a), *NOLAIOIN* 5 times (ΝΩΛΑΙΩΙΝ, *cf.* selection: 3, 5), *NOLA* 4 times (ΝΩΛΑ, *cf.* selection: 1, 4), *NOIALOS* once (ΝΩΙΑΛΟΣ, *cf.* 8).

MONETE SCELTE DALLA ZECCA DI NOLA

○ **Diritto**: 15 tipi di profili di testa di Ninfa o Partenope con nastro, orecchini e collana (*cf.* selezione: 7, 7a, 8,) e
  7 tipi di profili di testa di Atena, con elmo e criniera coronato con olivo ed adornato con civetta (*cf.* selezione:1 a 6);
  sui bronzi v'è il profilo della testa di Apollo coronata d'alloro (*cf.* selezione: 9).
● **Rovescio**: profilo di Acheloo ambulante (*cf.* selezione: 1 a 5), ed
  Acheloo con volto di prospetto ambulante e coronato da Nike (Victtoria) volante sopra (*cf.* selezione: 6 a 9).
☞ **Dicitura**: sui bronzi: *NOLAI* (ΝΩΛΑΙ, *cf.* 9); sugli stateri: *NOLAION* 17 volte (ΝΩΛΑΙΩΝ, *cf.* selezione: 2),
  NOLAION 8 volte (ΝΩΛΑΙΟΝ, *cf.* selezione: 6), *NOLAIOS* 7 volte (ΝΩΛΑΙΟΣ, *cf.* selezione: 7, 7a), *NOLAIOIN* 5 volte (ΝΩΛΑΙΩΙΝ, *cf.* selezione: 3, 5), *NOLA* 4 volte (ΝΩΛΑ, *cf.* selezione: 1, 4), *NOIALOS* una volta (ΝΩΙΑΛΟΣ, *cf.* 8).

N.	OBVERSE (DIRITTO)	REVERSE (ROVESCIO)	ETHNIC (DICITURA)
1	Athena, r/d. Rutter n. 2NO1; C.F. 1327, 1274. Berlin, Paris.	Achelous walkind (ambulante), r/d. 1 exergue (1 esergo), NOLA. **Mon. O.** Rutter n. 2NR2; C.F.1327, 1274. **Mon. Hyria(3) & Neapolis.** Rutter n. 182R165, 189 R169. *AR* 7.19. **380-370 B.C.**	*NΩΛA* below (sotto) *O*
2	Athena, r/d. **Mon. ΛΕ̂ (LÊ) belhind (dietro)neck.(collo)** Rutter n. 1-2NO1; C.F. 1324 -5, [8 coins (monete)]. **die (conio) alternated (alternato) with (con) Hyria (4)**. Berlin, Vienna.	Achelous walkind (ambulante), r/d. 1 exergue (1 esergo), NOLAION. **Mon. LÊ.** Rutter n. 1NR1. **Mon. Hyria (4) &** Rutter n. 4NR4. *.AR* 7.18. 380-370 B.C.	*NΩΛAIΩN*be low (sotto) *Æ*
3	Athena, l/s. Rutter n. 14NO5 [2 coins (monete)]**die (conio) previously (precedentemente) used (usato) by (da) Hyria (7)**. Berlin, Helbing.	Achelous walkind (ambulante), r/d. double exergue (doppio esergo), NOLAIOIN. **Mon. LÊ.** Rutter n. 14NR9. Mon. Hyria (4). *AR* 7.16. 380-370 B.C.*Cf.* Plate 9.	*NΩΛAIΩIN*b elow (sotto) *Æ*
4	Athena, r/d. Rutter n. 3NO2; C.F. 1273; S.N.G. 557, [7 coins (monete)]. **die (conio) alternated (alternato) with (con) Hyria (12)**. *Cf.* Hyria, Rutter n. 67HO32. Manchester, Paris, Berlin.	Achelous walkind (ambulante), r/d. 1 exergue (1 esergo), NOLA. Rutter n. 3NR3. *AR* 7.08. 380-370 B.C.	*NΩΛA*

5	Athena, r/d. Rutter n.11NO3. Berlin, Turin, London, Vienna.	Achelous walkind (ambulante) , l/s. double exergue (doppio esergo) , Ret. NOLAIOIN. **Mon. LE ret. Mon. Hyria (5)**.Rutter n.11NR8. *AR* 6.92. **380-370 B.C.** 5NO4 **mon. horizontal (orizontale):** ɰ̌	*NIΩIAΛΩNb* elow (sotto) *ƎΛ*
6	Athena, r/d. Rutter n. 64NO32. **Sim. Hyria (13)** Rutter ns. 85 to/a 109HO35 to/a 40. **die (conio) Allifae** Rutter n. 1AO1. Oxford.	Achelous crowned (coronato), r/d. double exergue (doppio esergo) , Ret. NOLAION. Rutter n. 64NR44. *AR* 6.49. **370-350 B.C.** *Cf.* **Allifae**, Achelous, l/s. Rutter n. 1AR1. *AR.* 6.91 to/a 5.46.	*NOIAΛΩN*
7	**Nymph**, l/s. Rutter n. 26NO12 [10 coins (monete)]. Tesoretto Torchiarolo, **previous (precedente) die (conio) Neapolis**: Rutter n. 18IO113. Paris.	Achelous crowned (coronato), l & = ethnic, 1 exergue (1 esergo), Rutter n. 26NR18. *AR* 7.45. **370-350 B.C.**	*NΩΛAIOΣ*
a	Nymph,. r/d.[*Cf.* Title page (Frontespizio) *S.E.A.O.*- SNG.556.]- Rutter n. 16NO7 (2 co.). **Sim. Hyria (15). die (conio) alternated (alternato) with (con) Neapolis** Rutter n. 152O98. Vienna, Cambridge.	Achelous crowned (coronato), l/s. ed., NOLAIOS Rutter n. 16NR11.analogous (analogo)YDIANOΣ (15). ͺ(URIANOS) *AR* 7.25. **370-350 B.C.**	*NΩΛAIOΣ*
8	Nymph, r/d. Rutter n. 39NO15; *C.F.* 1280.	Achelous crowned (coronato), l/s. 1 exergue (1 esergo), NOIALOS I letter (lettera) faint (impercettibile). Rutter n. 39NR27. *C.F.* reads (legge): ͶΩIAΛΩ (.OIALON ret.).**analogous (analogo)YDIANOΣ (15)** ͺ(URIANOS) *AR* 17. **350-320 B.C.**	*NΩIAΛOΣ*
9	**Apollo**, r/d. Behind mon. A. *C.F.* 1281-4 Vienna.	Achelous crowned (coronato), r/d. NOLAI. Mon. MI. analogous (analogo) YDINAI (13, 7, 14) (URINAI). Bronze (bronzo) 20-17, gr. 0,58. **332-320 B.C.**	*NΩΛAI* below (sotto) *MI*

TABŬLA III

COIN COMPARISON (COMPARAZIONE DELLE MONETE)

	ob/dr.		rv.		ob/dr.	rv.	ob/dr. - rv.	ob/dr. - rv.
	Hyria n.	Nola n.	Hyria n.	Nola n.	Fenserni	Fenserni	Neapolis	Others
Athena die (conio) Hyria I.	7	3						
Athena die (conio) alternated (alternato)	4	2						
	6	4						
Athena = die (conio)		6						ob/dr. Allifae
Sim. Athena.	1		1				ob/dr. + rv.	
		6						rv. Alifae
			6					ob/dr. Alifae
	13						ob/dr.	
	2						ob/dr.	
Hera = die (conio)	9				✓			
	10				✓			
Hera head (testa)	✓				✓			Croton Pandosia Poseidinia Thurii/Turio
Nymph = die (conio)	14	Tabŭla Ia,n3						
		7					ob/dr. I	
		7a					ob/dr. alt.	
Sim. Nymph.	15	7a					ob/dr.	
Sim. Achelous.			Rutter n.				rv.Rutter n	
			114HR100				153	
			115HR102				156	
			121HR107				167	
			1*HVPIE-TES*(HIRIE-TES)				Re*NEOPOLI* *ΣHT*(NEO POLI-TES)	

An. ethnic.			7+13+14 *YDINAI* (URINAI)	9 *NΩΛAI* (NOΛAI)				
			15 YDIANOΣ URIAN-OS	7a *NΩΛAIOΣ* NOLAI-OS 8 *NΩIAΛOΣ* NOIALOS				
= mon.	4 Æ	2 Æ (L͡E)	4 Æ	2+3 Æ				
			5 Ǝ Λ (Λ͡E)	5 ƎΛ				
	3+9 *Γ*(G)		3 *O*	1 *O*			rv. *O*	
			9 *Γ*		*Γ*	*Γ*	rv. (3) *Γ*	Ob*Γ* Thurii/Turio

OVER-STRUCK (RICONIATI)

rv. Hyria	Neapolis	
12 Neapolis	Hyria, 11 - 11a - b rv.	
	Caulonia, *cf.* Tabūla V, Neapolis 2	*NEOPOLI -- TAS*,
	Thurii/Turio, *ob/dr.* Athena r rv. Achelous walkind (ambulante) l/s. *AR.*7.53, (Staatliche Museen zu Berlin)	*NEOPOLIT Z Ǝ* (NEOPOLIT E S)
	Croton, *ob/dr.* Athena r/d. rv. Achelous walkind (ambulante) l/s. *AR.*7.59, (Egger Bros., Vienna) Rutter n. 42R40.	
	Poseidonia, *ob/dr.* Nymph r/d., Rutter n. 6O4, *C.F.* 881. *rv.* Achelous walkind (ambulante) r/d., squid (seppia) below (sotto)*AR.* 7.00, (Rutter n. 6R6)	*NEOP O*

TABŬLA IV
INVENTORY OF HYRIAN AND NOLAN COIN HOARDS
(INVENTARIO DEI RIPOSTIGLI DI MONETE DI HYRIA E NOLA)

N.	Date data	Locality località	Province provincia	Region regione	Collocation collocazione	Year anno	Hyria	Nola
1	389-380 B.C.	Frasso Telesino	Benevento	Campania	Naples	1931	12	-
2	350-300 B.C.	Cales (Calvi Risorta)	Caserta	Campania	Naples	1959	4	5
3	c. 330 B.C.	?	?	Basilicata	?	1865	3	1
4	c. 300 B.C.	Cariati	Cosenza	Calabria	Reggio Calabria	1957	3	-
5	III cen/sec. B.C.	Gioia del Colle	Bari	Puglia	Reggio Calabria	1936	1	-
6	III cen/sec. B.C.	Campo Laurelli	Campobasso	Molise	?	1854	3	1
7	295-265 B.C.	Benevento	Benevento	Campania	Naples	1884	2	2
8	c. 290 B.C.	Mesagne	Brindisi	Puglia	Taranto	1907	-	1
9	c. 280 B.C.	Santa Maria Capua Vetere	Caserta	Campania	?	1855	2	-
10	c. 280 B.C.	?	?	Basilicata	New York	1953	2	-
11	c. 280 B.C.	?	?	South Italy	?	1969	1	1
12	c. 270 B.C.	Torchiarolo (Tesoretto)	Brindisi	Puglia	Taranto	1926	4	5
13	265-260 B.C.	Pietrabbondante	Campobasso	Molise	Naples	1899	-	3
14	c. 250 B.C.	Vulcano, Lipari	Messina	Sicily	Oxford	1896	1	1

TABŬLA V
NAPLES: "MUSEO NAZIONALE"
22 STATERS OF THE FRASSO TELESINO HOARD (389 - 380 B.C.)
[22 STATERI DEL RIPOSTIGLIO DI FRASSO TELESINO (389 - 380 a.C.)]

N.	5 - CUMAE	2 - NEAPOLIS	12 - HYRIA	2 - CAPUA
1	Ob Nymph r/d. rv.mussel (mitilo) shell (conchiglia) r/d. I) gr.7.65(Rutter K40) 480BC. II) gr. 7.60 & III) gr. 7.50, 400 BC.	ob/dr. Athena r/d. rv. Achelous l/s. overstruck (riconiato) Caulonia gr. 7.41, (Rutter 43), 400 BC.	ob/dr. Athena l/s. rv.Achelous r/d. I) gr.7.57 (Rutter H12), II-III) 7.56 (Rutter H37-8), IV) 7.55 (Rutter H36), V) 7.54 (Rutter H16), VI) 7.52 (Rutter H33), VII) 7.40 (Rutter H39), 400-380 BC.	ob/dr. Athena r/d. rv. Achelous r/d. gr.7.00 [worn (consumato)], (Rutter C3), 400 BC.
2	ob/dr. Nymph l/s. rv. mussel (mitilo) shell (conchiglia) r/d. gr. 7.60, (Rutter K64), 470 BC.	ob/dr. Nymph (Parthenope) r/d. Re .Achelous crowned (coronato)r/d. gr. 7.55, (Rutter 115), 389 BC.	ob/dr. Athena l rv. Achelous l/s. I) gr. 7.56 (Rutter H50), II) 7.30 (Rutter H64), 400-380 BC.	ob/dr. Nymph r rv. Achelousr/d. gr.7.53, (Rutter C1), 400 BC.
3	ob/dr. Nymph r/d. rv. mussel (mitilo) shell (conchiglia) l/s. I) gr. 7.55 & II) gr. 7.50, 400 BC.		ob/dr. Athena r/d. rv. Achelous r/d. I) gr. 7.55 (Rutter H8) (*cf.* n. 11b), II) 7.52 (Rutter H7), III) 7.40 (*cf.* n. 2), 400-380 BC.	

15 STATERS FROM THE CALES HOARD (350 - 300 B.C.).
[15 STATERI DEL RIPOSTIGLIO DI CALES (350 - 300 a.C.)]

N.	5 - NEAPOLIS	4 - HYRIA	5 - NOLA	1 - PHISTELIA
1	ob/dr. Nymph l/s. rv. Achelous crowned (coronato) l/s. gr. 7.30, Rutter 186.	ob/dr. Athena l/s. rv. Achelous r/d. gr. 7.30, Rutter H45	ob/dr. Nymph (Parthenope) r/d. rv. Achelous crowned (coronato) l/s. gr. 7.35, Rutter N42	Ob Circular border (bordo circolare), Hera ¾ facing (di prospetto). rv. Achelous l/s., dolphin (delfino) below (sotto) gr. 7.34, Rutter P 4.
2	ob/dr. Athena r/d. rv. Achelous r/d. gr. 7.29, Rutter 64.	= gr. 7.27, Rutter H120	I) gr. 7.22, Rutter N29 II) gr. 7.14, Rutter N42	
3	ob/dr. Nymph r/d. rv. Achelous crowned (coronato) l/s. dolphin (delfino) below (sotto) gr. 7.28, Rutter 159	= gr. 7.05, Rutter H18	ob/dr. Nymph (Parthenope) r/d. rv. Achelous crowned (coronato) r/d. gr. 7.30, Rutter N58	
4	ob/dr. Nymph r/d. rv. Achelous crowned (coronato) r/d. I-II) gr. 7.27, Rutter 123-74.	= gr. 6.95, cf. n. 6	= gr. 7.19, Rutter N60	

TABŬLA VI
SELECTED COINS WITH ELEPHANTS FROM 310 TO 202 B.C.
MONETE SCELTE CON ELEFANTI DAL 310 AL 202 A.C.

Calabria Tarentum (281-272 B.C.?) didrachm AR **Obv.** horseman as Ephebus, carrying shield and three spears **Rev.** dolphin-rider holding bow and arrows, **elephant below** (Livy 24.12-20; 25.7) (#184.1941.153.23:189.1957.172.162 : 193.1967.152.33 SNGANS.ANSSNG.1.1081/ 2 /3)
Calabria Tarentum (281-272 B.C.?) didrachm **Obv.** horseman as jockey with attendant crowning horse **Rev.** dolphin-rider carrying bow and arrow **elephant below** (#185.1944.100.3466 /7/8:187.1951.71.2: 188.1955.54.8: 192.1957.172.167/8/9: SNGANS.1.1100 /2 /3 / 4 /5 1.1098/9)
Campania Capua (216 B.C.) semuncia **Obv.** Athena head r. in Attic helmet **Rev.** elephant (Livy 23) (#195.1916.192.8: SNGANS.1.226)
Campania Neapolis (280-200 B.C.) didrachm AR **Obv.** nymph head l. **Rev.** bull, manfaced r., crowned by Nike **elephant below** Livy 23.14 (#196.1944.100.2213: SNGANS.1.394)
Campania Volcei (Buccino) (209 B.C.) □ Sextans 12,25 g. 25 mm **Obv.** Bust of Sol facing **Rev.** Elephant r.; CELECA (Livy 27.15.2) (SNG ANS 1442 Historia Nummorum)
Carthaginian Campania (216-11 B.C.) 8 shekel AR **Obv.** Hermes head l. **Rev. Elephant with castle on back** (#194.1944.100.293: 3/ NC 1964,37-64|SNGANS.1.147)
Carthaginian Hispano (216-11 B.C.) Shekel AR **Obv.** Laureate head l., club over shoulder, Melkart-Herakles **Rev.** Forest elephant r. (V.8.4 no. 21; Vil l. 37-44 2.1001.1.23377)
Carthaginian Hispano (216-11 B.C.) AR **Obv.** head of Melkart-Herakles l. **Rev.** elephant with rider walking r. (#657.1944.100.81012/3 V.31 V.45)
Carthaginian Hispano (216-11 B.C.) Quarter shekel AR **Obv.** Laureate head l., club over shoulder, Melkart-Herakles **Rev.** Forest elephant r. (#1.1001.1.23268: V.8.5 no. 22; Vill. 45-58)
Etruria (217 B.C.) AE **Obv.** male head **Rev.** elephant lake trasimeno (Livy 22.2) (#634.1984.66.49)
Etruria (Chiana) (208 B.C.) AE Weight: 5.23 Standard: n/a Die Axis: 6 SNG Vol: X 43 (18mm) **Obv.** Head of African r. **Rev.** Elephant with bell at neck stdg. r. (Livy 22.2) (#635.1981.40.32:636.1941.131.201:637.1944. 100.1989: 638.1944.100.1990: 639.1944.100.1991/2: 641.1957.172.31/2: SNG.ANS.36-41/1.36/7/8/9/40/1-7)
Etruria (208-7 B.C.) AE **Obv.** African head r. **Rev.** elephant r. (Livy 22.2) (#642.1987.32.1: SNG.1219)
Etruria Rome Republic (300-1B.C.) Sextans AE AG.336 **Obv.** Male head right **Rev.** Elephant left with two pellets (#87.1944.100.72009)
Hispania Citerior Usekerte (300-1B.C.) **Obv.** Victory, carrying a laurel wreath **Rev.** elephant r., a serpent below (#656. 1001.1.11656: V.72.1|CNH.184.1)
Lucania Paestum (216 B.C.) triens AE **Obv.** elephant **Rev.** cornucopiae, pellets 4 (Livy 25.19; 27.35) (# 660.1944.100.5231: SNGANS.2.777)
Lucania Volcei (216 B.C.) AE sextans **Obv.** Sol head radiate, pellets, 2 **Rev.** elephant, pellets 2 (Livy 25.19; 27.35) (#661.1938.127.20: SNGANS.2.1442)
Romano Sicilian Greek (215 B.C.) AE Obj. C **Obv.** Male head r. **Rev.** Elephant r. (allied?) (Livy 24) (#7764.1964.108.7)
Roman (215 B.C.) ST Seal|Gem **Obv.** elephant stdg. Right (#0000.999.34999: 63)
Rome Republic (241-235) AE Litra **Elephant's head Obv.** Mars head r. **Rev.** ROMA Horse's head r.; behind, sickle (#1944.100.27: C.25.3|S.26)
Sicily Syracuse (310-4 B.C.) Stater **Obv. Head of Africa r., wearing elephant scalp headdress Rev.** ATHOKLEIOS Winged Athena adv. r., holding shield in l. & spear in upraised r.; before, owl (# 796.1997.9.63: Ier. p.16ff.)
Siculo-Punic (221-202 B.C.) AR **Obv.** male head l.**Rev.** elephant walking r (#797.1001.57.6089:798.1944.100.79987/8: 800.1982.65.1: SNG.Cop.382/3)

Abbreviations				Abbreviazioni			
ar.	= silver	ob/dr	= obverse	ar.	= argento	ob/dr.	= diritto
B.C.	= before Christ	r/d.	= right	B.C.	= avanti Cristo	r/d.	= destra
cen/sec.	= century	rv.	= reverse	cen/sec.	= secolo	rv.	= rovescio
cf.	= see	ret.	= retrograde	cf.	= vedi	ret.	= retrogrado
fol.	= following	sim.	= similar	fol.	= seguenti	sim.	= simile
l/s.	= left	&	= and	l/s.	= sinistra	&	= e
mon.	= monogram	=	= same	mon.	= monogramma	=	= stesso
Equivalent Weight and Measure				**Equivalenza di peso e misura**			
gr: gram [grammo] = 0.035 273 96 ounces							
mm: millimeter [millimetro] = 0.001 inch;				cm: centimeter [centimetro] = 0.393701 c. inch.			

NOTE/S

1. *Cf.* Plate 1.
2. *Cf.* Thomson, Charles, *Remarks and Explanation*, June 20, 1782.
3. *Cf.* Plate 1.
4. *Cf. Ibid.*
5. *Sacred...*, pp. 203 & 179.
6. *Ibid.* p. 165.

I

1. REGIONE CAMPANIA, *The town of FRASSO TELESINO*. *Cf. Enciclopedia Italiana*, Appendice 1, p. 263. *Cf.* Baedeker, *Southern Italy* ..., p. 238.
2. *Un ripostiglio di Frasso Telesino*, p.16.
3. *Cf.* Polybius, *Histories*, III. 91. 8-9.
4. *Ibid.*, III. 91. 1, & *cf.* 10.
5. *Cf. Ibid.*, III. 91. 4.
6. *Cf. Ibid.* III. 91. 6. Map I.
7. *Cf. Ibid.* III. 91. 5.
8. *Cf.* Livy, IV. 37. 1 - 2.
9. Eliade, *Immagini e simboli*, p. 148 & *Images and Symbols*, p. 167.
10. Pappalardo, *Le conseguenze delle grandi eruzioni* ..., p. 358.
11. Polybius, *Histories*, III.91.7
    ἐπιεικέστατος δὲ καὶ παρὰ τοῖς μυθογράφοις ὁ περὶ τούτων τῶν πεδίων λέγεται λόγος· προσαγ ορεύεται δὲ καὶ ταῦτα Φλεγραῖα, καθάπερ καὶ ἕτερα τῶν ἐπιφανῶν πεδίων· θεούς γε μὴν μάλιστ α περί τούτων εἰκὸς ἠρικέναι διὰ τὸ κάλλος καὶ τὴν ἀρετὴν αὐτῶν. & *cf. ibid.* 2-3.
12. Plate 1.
13. Leo, *Nola*, p. 6.
14. Plate 1.
15. *Cf.* Manzi, *Il Clanio* ..., p. 11.

II

1. *Cf.* Ramage, *King Croesus' Gold*.
2. Aristotle, *Politics*, 1257a 35.
3. Strabo, *op. cit.*, XIV. 6. 5; IV. 2. 3.
4. Pliny, *Natural History*, XXXIII. 31. 96. *Cf.* Strabo, III. 2. 11.
6. *Cf.* Strabo, *op. cit.*, XV. 1. 30; XV. 2. 14; XII. 3. 18-19.
7. *Cf. Ibid.*, VII. 34.
8. Xenophon, *Scripta Minora: Ways and Means*, IV. 2. *Cf.* Pausanias, *Descriptions of Greece*, I. 1. 1.
11. *Cf. Ibid.* V. 4. 8.
12. Maiuri, *Passeggiate campane*, p. 238. *Cf.* Leone, *Nola*, p. 30.
13. *Cf.* Seaby, H. A., *Greek Coins and Their Values*, p. 19.
14. *Cf.* Breglia, Laura, *Un ripostiglio di Frasso Telesino*, p. 10; & *Vecchie notizie* ..., p. 287.
15. *Cf.* Catalli, Fiorenzo, *Monete dell'antica Italia*, p. 40.
16. *Cf.* Herodotus III. 91.
17. *Cf.* Burn, *Persia and the Greeks*, pp. 123-6.
18. (*S.N.G.*) = *Sylloge Nummorum Graecorum*, The Collection of The American Numismatic Society, HYRIA n. 251 - 273 (23), n. 277, 287, 305 - 307, 442 - 464.
19. *Ibid.*n. 276, 278 - 286, 288 - 304, 316 - 421, 465 - 506.
20. *Cf.* Forni, *Coins of Italy, Naples*, 141.

21. *Cf.* Kent, *Roman Coins*, p. 9., Plate 1, 1, notes p. 265. *Cf.* Grueber, *Coins of the Roman Republic*, II, p. 125. *Cf.* Thomson, *Early Roman Coinage: A Study of Chronology*, I, p. 49. 1. & *cf.* Breglia, *Vecchie notizie...*, pp. 297-8. Plate 2.
22. *S.N.G.*n. 308, 309, 433 - 441.
23. *Cf. Ibid.*n. 427, 433, 443, 444, 447.
24. *Cf.* Rutter, *Campanian coinages, 475-380 B.C.*, & p. 71 fol.
25. Crawford, *Roman Republican Coinage*, p. 592.
26. Hackens, *Essai de métrologie comparée des monnayages de Naples*, p. 439. *"Le point fixe suivant serait la décision des villes du golfe ionique de baisser le poids du didrachme en 280."*
27. Mommsen, *The History of Rome*, II, p. 79.
28. *Cf. Ibid., Die unteritalischen Dialekte*, p. 105.
29. Friedlander, *Die Oskischen Münzen*, p. 37.
30. *Cf.* Avella, *NOLA ipotesi, 2*, p. 51. Tabūla I & Plate 2.
31. *Cf.* Rutter, *op. cit.*, p. 94 fol.
32. *Cf.* Livy XXIV. 3. 3; & Strabo VI. 1. 11.
33. *Cf.* Plate 2, Hyria, didrachma AR , 7.27 gr., 18+ mm. ob/dr. Athena r/d. rv. Achelous walkind (ambulante) r/d. AИI◁Y, *S.N.G.*252. (*S.E.A.O.*).
34. *Cf.* Ross Holloway, *Art and Coinage in Magna Graecia*, p. 19 n. 1, & p. 142.
35. *Cf.* Breglia, *Un ripostiglio di Frasso Telesino*, burial site dating (luogo di sepoltura datato) 400-380 B.C. (a.C.).
36. *Cf. Inventory of Greek Coin Hoards*, p. 282, n. 1912; p. 285, n. 1931; p. 291-6, n. 1962, 1966, 1967, 1971, 1985, 1986, 1992; p. 336, n. 2210; p. 401, 403. Tabūla IV, n. 1. & Tabūla V.
37. *Cf. Ibid.*, p. 287, n. 1938; p. 288, n. 1946; p. 294, n. 1977; p. 304, n. 2046. Tabūla IV (n. 2, 4, 12) & V.
38. *Cf.* Mommsen, *Conghietture sulle monete d'Hyrina*, p. 32.
39. *Cf.* Cordano, *La Magna Grecia. C.F.* 1281-4. TabūlaII & Plate 2 (Nola *S.N.G.* 551).
40. *Cf.* Hackens, *Essai de métrologie comparée des monnayages de Naples*, p. 429-41. & Sambon, *Les monnaies antiques de l'Italie*, p. 39.
41. *Cf.* Maiuri, in *Enciclopedia Italiana*, XXIV, p. 888.

III

1. *Iliad*, 2. 496.
2. Herodotus, VII. 170.
3. *Cf.* Strabo, *op. cit.* VI. 3. 6.
4. *Cf.* Del Viscio, *Uria*, pp. 41 fol. & *C.F. = Catalogo del Museo Nazionale di Napoli, Medagliere I: Monete Greche*, Catalogo Fiorelli, n. 1595 -1600.
5. *Cf.* Strabo VI.3. 9.
6. *Cf.* Pliny, III. 11. 103 - 105.
7. *Cf.* Friedlander, *Die Oskischen Münzen*, p. 37, 38. *Cf. C.I.L.* IX (Apulia) pp. 66 [XXIX. Hyria in monte Gargano? (*Vico*)] & 67 ns. 700 -1.
8. XVIII. 29. 111, ed. Jahn. *Cf.* Nissen, III, 839.
9. Igino, *De limitibus constituendis*, tav. 24, fig. 197, in Momsen, *Conghietture* .... p. 33 & Garrucci, *Le monete ...*, p. 92.
10. *Cf.* Mommsen, *Conghietture sulle monete d'Hyrina*, pp. 33 - 34.
11. *Cf.* Lachmann, pl. 24, f. 197a (p. 204) & Pais, p. 28 - 29.
12. *Cf.* Strabo VIII. 6. 17.
13. *Cf. Ibid.* IX. 2. 12. Map. II.
14. *Cf.* Stephanus Byzantius, *Ethnica....* *Cf.* Frazer, *Adonis Attis Osiris*, vol. I, p. 134.
15. *Cf.* Pindar, *Odes, Nemean*, 2.10c. & *Isthmian*, 4.53c, *Frag.* 73.
16. *Cf.* Ovid, *Fasti*, V 499 fol.
17. *Cf.* Nonnos, XIII. 83.
18. *Cf.* Pausanias, *Descriptions of Greece*, IX. 37. 4.

19. *Cf.* Barthell, *Gods and Goddesses ...*, pp. 80, 129, 162 & Seyffert, *A Dictionary of Classical Ant.*, p. 660.
20. *Cf. Enciclopedia Italiana*, XIV, p. 505.
21. *Cf.* Homer, *Iliad*, XXI. 194.
22. *Cf. Brahmavaivarta Pur☐☐a*, & Chinmayananda, *Glory of Ganesha*, p. 74-5; & Nathan, *Symbolism in Hinduism*, p. 142 fol.
23. *Cf.* Apollodorus, of Athens, *The library*, II. 7-5; Ovid, *Metamorphoses*, V. 552, XIV. 87-8; Lucian, *The Dance (Saltatio)*, 50; Silius Italicus, *Punica*, XII. 33. 6; Sophocles, *Women of Trachis*, 9-20; Strabo, X. 2. 19.
24. *Cf.* Reggio Calabria, Museo Archeologico Nazionale, . cat. n. 99.
25. *Cf.* Ross Holloway, *Art and Coinage in Magna Graecia*, p. 15, 125.
26. *Cf. Coins, An illustrated survey 650 B.C. to the present day*, p. 30 fol. Plate 2, n. 22. Plate 3 (*S.E.A.O.*).
27. *Cf.* Ross Holloway, *Art and Coinage in Magna Graecia*, p. 14, 118.
28. *S.N.G.* n. 448 & 460-1, 518.
29. Museo Gregoriano & Louvre. Plate 3.
30. Plate 3 (*S.E.A.O.*).
31. 43mm. Plate 3 (*S.E.A.O.*).
32. Budge, *The Gods of the Egyptians*, I, p. 62, and II, p. 299.
33. *The Holy Bible*, (1. 5- 6 - 10).
34. V. 83. 7.
36. *S.N.G.* n. 452.
37. *Cf.* Philpot, *The Sacred Tree*, pp. 72 fol.
38. *Cf.* Boehmer, *Die Entwicklung der Glyptik während der Akkad-Zeit*, p. 86. & Teissier, *Ancient Near Eastern Cylinder Seals*, p. 128, n. 74 + 75, p. 150, n. 145. Plate 3.
39. Plate 3.
40. Wilber, *Persepolis...*, p. 36, 37.
42. (*c*. 280-268 B.C.) *S.N.G.* n. 616 to 623, *cf.* n. 624.
43. *S.N.G.* 444 & 456.
44. *Cf.* Garrucci, *Le monete dell'Italia antica*, II, p. 91. Plate 3.
45. (334-330 B.C.) Ross Holloway, *Art and Coinage in Magna Graecia*, pp. 11 (n. 10) & 102.
46. Plate 3 (*S.E.A.O.*).
47. *Cf.* Tucci, *Le religioni del Tibet*, p. 150. Plate 3 (*S.E.A.O.*).
48. Hyria n. 8.
49. Rutter, *op. cit.*, p. 64.
50. *Cf.* Benton, *Journal of Hellenic Studies*, p. 46-8.
51. Chevalier, *Dictionnaire des Symboles*, vol. 3, p. 22; egret: "<u>symbole de la science divine</u> (phénix);" p. 386, "*un symbole des révolutions solaires; ... associé ☐ la ville d'Héliopolis...<u>citédu soleil</u>... <u>Terre solaire</u> primordiale,... à la <u>Syrie</u> d'Homère.*"

IV

1. *Cf.* Garrucci, *Le monete dell'Italia antica*, p. 93.
2. *Cf.* Mommsen, *Sulle desinenze delle epigrafi nelle monete osche*, p.38.
3. *Cf.* Monier-Williams, *A Sanskrit-English Dictionary*, pp. 221 col. 3, 1086 col. 1, 1231 col. 3, 1243 col. 1-2, 1280 col. 2, 1281 col. 1, 1285 col. 1.
4. *Cf.* Chevalier, *Dictionnaire des Symboles*, IV, p. 216.
5. As the Sanskrit √<u>sv</u>-*apna*, sleep, changes into the Greek <u>hy</u>-*pnos* (ὕ-πνος) (see hypnosis).
   [Così come il sanscrito √<u>sv</u>-*apna*, sonno, si trasforma nel greco <u>hy</u>-*pnos* (ὕ-πνος) (vedi ipnosi)]
6. Hyria n. 16.
7. *Opuscoli*, Part 3, p. 99.
8. *Cf.* Mommsen, *Conghietture sulle monete d'Hyrina*, p. 33 & Friedlander, *Die Oskischen Münzen*, p. 38.
9. *Cf.* Garrucci, *Le monete dell'Italia antica*, p. 92.
10. *Cf.* Strabo, V. 4. 8.
11. *Cf.*Friedlander , *Die Oskischen Münzen*, p. 36.

12. *Odyssey*, XV. 403 to 408. (403)

   Νῆσός... Συρίη...(404)...ὅθι τροπαί ἠελίοιο, (405)...ἀγαθὴ μέν, (406) εὔβοτος, εὔμηλος, οἰνοπ–ληθής, πολύπυρος· (407) πείνη δ'οὔ ποτε δῆμον ἐσέρχεται, οὐδέ τις ἄλλη (408) νοῦσος ἐπί στυγερή. *Cf. Iliad*, II. 496.

13. *Cf.* Guénon, *Symboles fondamentaux de la Science sacrée*, p. 69 & 119.
14. *Cf.* Strabo, XVI. 1. 27 & 4. 27; *cf.* Iscrizioni, in Rocci, ☐Αταργατ☐ς, p. 292, c. 2.
15. Lucian, *De dea Syria*, 1.
17. *Cf.* Seyffert, *A Dictionary of Classical Antiquities...*, p. 609.
19. *Cf.* Lucian, *De dea Syria*, 31.
20. *Cf.* Norman, *The Hero:...*, p. 59. *Cf. Ṛig-veda*, V. 83.
21. *Cf.* Chevalier..., *Dictionnaire des Symboles*, IV, pp. 214 fol. & 271 fol.
22. Frazer, *op. cit.*, p. 165.
23. *S.N.G.* n. 453-4.
24. *Ibid.* n. 462 - 4.
25. *Ibid* n. 445-6. *Cf.* bronze caduceus, Brindisi V century (secolo) B.C., in Naples, Museo Archeologico, inv. n. 250162. Plate 4.
26. Plate 4.
27. *Cf.* Singh, Raghubir, *Banaras. Sacred City of India*, p. 29, Plate 40.
29. *Cf.* W. Armistead Falconer, different tr. (*De divinatione*).
30. Cicero, *De divinatione*, I. 24. 48.
31. Tacitus, *The Histories*, II, 3. "*Simulacrum deae non effigie humana, continuus orbis latiore initio tenuem in ambitum metae modo exsurgens, set ratio in obscuro.*" *Cf.* Servius, I. 724.
32. Plate 4. Avella, Fototeca.
33. *Cf.* Daniélou, *The Phallus*, pp. 11 fol.
34. *Cf.* *C.I.L.*, X, Nola 1236, l/s. 5. Plate 11.
35. Nola, cortile del Municipio. *Cf.* Simonelli, *Nuovi ritrovamenti...*, Ep. I, pp. 386-7. Plate 11 (Fototeca Nolana).
36. # 2 reg IX isola 7. Plate 4. *Cf.* Ryley Scott, *Phalic worship*, pp. 151 fol.
39. *Cf.* Pompeii, Via dell'Abbondanza, Casa del Criptoportico # 2 reg I isola 6. Plate 4. *Cf.* De Ruggiero, *Dizionario ...*, p. 464, 1).
40. *Cf.* Avalon, *Il potere del serpente*, p. 11. Plate 4.
41. *Cf.* Paolino, *Le lettere*, vol. I, pp. 15-31.
42. *Cf.* Vecchione, *Folklore d'Italia...* & *Cf.* Avella, *NOLA sulla soglia del Novecento*.
43. Onomatopoeic of the archaic term *cerus* [*cf.* the *Salian* chant *cerus nanus* (Paulus, p. 122)] connected with *Ceres* (Demetra) and *creo* (generate).

   Onomatopeico del termine arcaico *cerus* [*cf.* il canto Saliare *cerus nanus* (Paulus, p. 122)] connecsso a *Ceres* (Demetra) e *creo* (generare).
44. Plate 5.
45. *Ibid.*
46. *Ibid.*
47. *Cf.* Frazer, *op. cit.*, p. 34 fol. *Cf.* Herodotus, I, 199, & Strabo, XVI, 1, 20; *cf.* Grigson, *The Goddess of Love*, pp. 112 - 124.

V

1. Νῶλα· πόλις Αὐσόνων; Hecataeus of Miletus in: Jacoby, *Die Frag. der griec. Hist.*, Vol. 1, p. 18, F. 61.
2. *Cf.* Dionysius of Halicarnassus, *Roman Antiquities*, I. 35. 1. Antiochus of Syracuse, in Müller, *Fragmenta historicorum Graecorum*, I, pp. 181 fol., frg. 1 & 4. Strabo (7 B.C.), *The Geography*, V. 4. 3. Stephanus Byzantius (VI A.D.), *Ethnica*, S. V. *Cf.* Stemplinger, E, *Studien zu den 'Εθνικά...*
3. *Cf.* Servius (*c.* 400 A.D.), *Aen.*, VII. 206 & 727.
4. VIII 15-16.
5. *Natural History*, III. 9. 4.

6. Aristotle, *Politics*, VII. 9 & 10.
7. Thucydides, *History*, VI. 2. 4.
8. *Cf. Enciclopedia Italiana*, XXV, p. 653.
9. Dionysius of Halicarnassus, *Roman Antiquities*. I. 35 Οὐιτουλίαν (2) (Hellanicus: ἰταλός, ἰτοῦλον). & *Cf.* 44, 1. Hellanicus of Lesbos, in: Jacoby, *Die Frag. der griec. Hist.*, I, p.134-5, F 111, & in Müller, *Frag. hist. Gr., op. cit.*, frg. 97, I, p. 58.
10. Timaeus (*c.* 350- *c.* 250 B.C. in *Fragmente der griechischen Historiker, Die,* Jacoby, von Felix, n. 566) & Festus, (II, III A.D., *De verborum significatu*...).
11. *Cf.* Varro (116-27 B.C.), *On Agriculture*, II. 1. 7, "*apud antiquos...magnae dignitatis pecus esset*"-7 - 5, 3.
12. *Cf.* Aristotle, *On marvellous things heard*, 97.
13. *Cf.* Mommsen, *Sulle desinenze delle epigrafi nelle monete osche*, p. 36.
14. *Ṛig-veda*, I. 162. 163, (*aśva-medha*). *Cf.* Dowson, *A Classical Dictionary of Hindu Mythology*, p. 28.
15. *Cf. Śatapatha Brāhmaṇa*, XIII. 5. 4. 9 - 11 & 15.
16. *Cf.* Dumont, *L'aśvamedha, description du sacrifice...du cheval dans le culte védique d'après les textes du Yajurveda blanc*, pp. 22-3.
17. *Cf.* Simonelli, *Una lettura della Bṛihad. Up.* & *La morte nella B. U. e Śat. Bra.*,
18. *Cf.* Basham, *The wonder that was India*, p. 42. *Cf.* Chand Devi's tr. *The Yajurveda*, p. 365, note 1.
19. *Ṛig-veda*, I. 162. 9 *hiraṇyaśṛiṅgo'yo asya*, (11) *śṛiṅgāṇi vishṭhitā. Cf. Ibid.*, I. 84. 14-15.
20. *Cf.* De Caro, *Una tomba ...*, p. 86 - 93. Plate 6.
21. *Cf.* Sestieri, *Tombe dipinte di Paestum.* & Museo Archeologico Nazionale di Napoli, inv. 9363, p. 69.
22. *Cf.* Chevalier, *Dictionnaire des Symboles*, vol. 1, p. 354.
23. Saviano, Via vicinale 5 vie. Plate 6.
24. I Samuel, 6. 10 - 11 - 12 - 14.
25. White Elephant Gate, Northern Thailand, Chiang Mai Province.
26. Dumézil, *La religione romana arcaica*, pp. 207 fol.
27. Festus, pp. 295-296 & Paulus, pp. 197, 326, L².
28. Polybius, XII. 4. b. & Plutarch, *Moralia, Quaestiones Romanae*, 287, a, b.
29. *Cf. Ṛig-veda*, X. 63 & 64.
30. *Cf.* Dionysius of Halicarnassus, *Roman Antiquities*, I. 12, 2 fol.
31. Strabo, *op. cit.*, XVII. 3. 7. *Ibid.*, XV. 1. 69. *Cf.* Bhattacharji, *The Indian Theogony*, pp. 268-73, 280-1.
32. *Ṛig-veda*, VI. 72. 2. *sūryam nayatho..*
33. *Cf. Ṛig-veda*, VI. 60. 2. *Cf.* Frawley, David, *Gods, Sages and Kings*, pp. 130 to 132. *Cf.* Aurobindo, *On the Veda. The Secret of the Veda*, chapters XIV (*The Cow and the Angirasa Legend*) pp. 158 fof. & XV (*The Lost Sun and Lost Cows*) pp. 170 fol. *Cf.* Dowson, *A Classical Dictionary of Hindu Mythology*, pp. 123-7.
34. *Cf.* Mommsen, *The History of Rome*, vol. 1, I, p. 39.
35. =Σαβάζιος (Bacchic).
36. *Cf.* Dionysius of Halicarnassus, *Roman Antiquities*. I I. 49.
37. *Cf.* Mommsen, *The History of Rome*, Vol. I, p. 40 - 41.
38. *Cf.* Dionysius of Halicarnassus, *Roman Antiquities*. I. 35. 3. *Cf. Ibid.*, I. 11. 4. *Cf. Ibid.*, I. 29.
39 *Cf.* Duruy, *History of Rome,* vol. I, p. 68.

VI

1. Polybius, *Histories*, II. 17. 1.
2. *Cf.* Mommsen, *The History of Rome*, vol. 1, p. 40.
3. *Cf.* Dionysius of Halicarnassus, *Roman Antiquities*, I. 73. 3.
4. *Cf.* Keller, *The Etruscans*, p. 24. Ras-ennae, Τυρρηνοί, Etrusci.
5. *Cf.*Herodotus I. 94. *Cf.* Dionysius of Halicarnassus, *Roman Antiquities*. I. 29. 2. *Cf.* Heurgon, *Daily Life of the Etruscans. Cf.* Lopes Pegna, *Storia del popolo etrusco.*
6. *Cf.* Woodhead, *The Greeks in the West*, p. 35.
7. *Cf.* Strabo, V. 4. 9.

8. *Cf. Ibid.*, XIV. 2. 10.
9. *Cf.* Livy, VIII. 22. 5 fol..
10. *Cf.* Thucydides, *History*, VI. 3. 2.
11. *Cf.* Herodotus, I 166.
12. Velleius Paterculus (30 A.D.), *The Roman History*, I. VII. 3: "*Qui dicat Capuam ab eisdem Tuscis conditam ac subinde Nolam.*" *Cf.* Scullard, *The Etruscan cities and Rome*, p.188 & 190.
14. *Cf.* Hammond, *A History of Greece*, p.201.
15. Diodorus, XI 51.
16. Pindar, *The Odes*, *Pythian* 1. 72 - 74.
17. *Selection of Greek historical inscriptions*, p.62, n. 29.
19. Sambon, A., *La cronologia delle monete di Neapolis*, p. 120 fol.
20. Hammond, *A History of Greece*, p.271.
21. *Cf.* Pausanias, *Descriptions of Greece*, VI. 19. 7. Cf. Botsford, *Hellenic History*, Plate 34 (in Museum of Fine Arts, Boston). Plate 7.
22. *Cf.* Diodorus, XI. 88. 4-5.
23. *Cf.* Maiuri, *Pithecusana*, pp. 155-84.
24. *Cf.* Strabo, V. 4. 7.
25. *Cf.* Strabo, V.4. 9.
26. *Cf.* Rutter, N. K., *Campanian coinages*, 475-380 B.C., p. 93 f..
27. *Cf.* Strabo, VI. 1. 1.
28. *Cf.* F 98.
29. *Cf.* Lepore, *La vita politica ...*, p.179.
30. *Cf.* Strabo, V. 4. 7.
31. *Cf.* Sambon, A., *La cronologia delle monete di Neapolis*, p. 122.
32. *Cf.* Thucydides, *History*, VI & VII.
33. *Cf.* Diodorus, XIII. 44. 1-4; 55. 7-8; 66. 5; 80. 4; 87. 1; 110. 5-6; XIV. 61. 5.
34. *Cf. Ibid.*, XIII. 80. 4; 85. 4; XIV. 8. 5-9; 58. 2; 61. 4-6; 68. 3.
35. *Cf. Ibid.*, XIV. 9. 8-9;15. 3.
36. *Cf.* Strabo, VI. 1. 5.
37. Mommsen, *The history of Rome*, I, p. 454. *Cf.* Diodorus, XIV.100. 3.
38. Diodorus, XIV. 91. 1
39. Diodorus, XIV. 101. 1
40. *Cf.* Hill, *Historical Greek Coins*, pp. 62 - 66.
41. *S.N. G.* Croton, 3.379; Plate 7.
42. *Cf.* Reutter, pp. 61-63.
43. *Cf.* Jürgensen, *On the Earliest Coins of Thurioi*, p. 176; pl.IX.33. *Cf.* Rutter, p. 60; n.2 p.111; pl. 33 c. Plate 7.
44. *S.N.G.* Pandosia, 3.600; Plate 7.
45. *Cf.* Diodorus, XIV. 100.
46. *Cf. Ibid.*, XIV. 101. 2-4.
47. *Cf. Ibid.*, XIV. 102.
48. *Cf. Ibid.*, XV. 7. 3-4.
49. *Cf. Ibid.*, XIV. 103. 1-6.
50. *Cf. Ibid.*, XIV. 104.
51. *Cf. Ibid.*, XIV. 106.
52. *Cf. Museo Archeologico Nazionale di Napoli*, F.g. 5122, p. 362. Plate 7.
53. Diodorus, XIV. 105. 4.
54. Plate 7.

VII

1. Strabo, *op. cit.* V. 4 . 12. δ'ἔστειλαν εἰς ἀποικίαν, ἡγήσατο δὲ ταῦρος·

2. *Cf.* Mommsen, *Sulle desinenze delle epigrafi nelle monete osche*, p. 42. Also *Die unteritalischen Dialekte*, p. 293. *Cf.* Devoto, *Gli antichi italici*, and in *Enciclopedia Italiana*, XXX, p. 741.
4. *Cf.* Livy, IV. 37. 1 - 2. & X.. 38. 6
5. Livy, IV. 37. 3.
6. *Ibid.*, IV. 37. 12.
7. *Museo Archeologico Nazionale di Napoli*, inv. 9363, p. 69.
8. Soprintendenza Arceologica delle province di Napoli e Caserta, cat . n. 252. *Cf.* De Caro, *Una nuova tomba...*, pp. 74-76, 86-87. *Cf.* Plate 6.
9. *Ibid.*, X. 61: "*Ovio Paccio... id sacrum petere adfirmabat ex vetusta Samnitium religione, qua quondam usi maiores eorum fuisset, cum adimendae Etruscis Capuae clandestinum cepissent consilium.*"
12. *Cf.* Angelini, *Vasi dipinti del museo Vivenzio*; & Car, *Zwei Vasen aus Nola*.
13. Museo Nazionale, Naples, inv. N. 123929.
14. Maiuri, *The Great Centuries of Painting, Roman Painting*, p. 23.
15. *Cf.* Mommsen, *The History of Rome*, I, p. 456 fol.
16. *Cf. Ibid.*, *The History of Rome*, I, p. 55.
18. *Cf.* Livy, VIII. 3. 6-7; 18. 8-10 & 23.

VIII

1. *Cf. A Dictionary of Greek and Roman Geography*, p. 1107.
2. *Cf.* Silius Italicus, *Punica*, XII. 161. (*Chalcidicam*).
3. *Cf.* Leone, *Nola*, p. 25 fol.
4. *Cf.* Justinus, *Epitoma...* 20. 1. 13. Tr. Yardley. *Cf.* Donceel, *Timée et la mention d'une fondation chalcidienne...*, p. 55.
5. *Cf.* Friedlander , *Die Oskischen Münzen*, p. 37. "*Diese griechischen Formen beweisen dass die Stadt ursprünglich griechisch war.*"
6. Hyria n. 1, *Cf.* Jeffery,*The Local Scripts of Arcaic Greece*, p. 97, 239. *Cf.* & Guarducci, *Epigrafia greca I*, pp. 225 fol.
7. Livy, VIII. 25. 3.
8. *Cf.* Herodotus, 4. 114. *Cf.* Remondini, I, p. 257. *Cf.* Manzi, *Il castello di Cicala*, pp. 12, 13, 19, 20, 23, 29.
9. *Eroici Furori*, P. II, Dial. II, Mariconda. See Map III.
10. Leone III, cap. 5.
11. Plate 8.
12. *Cf.* Maiuri, in *Enciclopedia Italiana*, XXIV, p. 888.
13. *Cf.* Crisci, *Cenno storico del culto di S. Maria dell'Abbondanza*, p. 11.
14. *Cf.* Ammirati, *Le fonti...*, pp. 51-2.
15. *Cf.* Hammond, *A History of Greece*, pp.113-4.
16. *Cf.* Eliade, *Immagini e simboli*, p. 118; & Picard, *Les Religions préhelléniques*, pp. 60, 80, fol.
17. *Cf.* Tabŭla V, Cumae. 420-380 B.C. (6.80 gr.), Rutter 149 (KO114/KR136) Plate 8. (*S.E.A.O.*).
18. Strabo, V. 4. 7, & XIV. 2. 10. *Cf.* Pliny, *Natural History*, III. 62. (Neapolis, *cf.* Tacitus, *The Annals*, XV. 33. 2) . (Parthenope, *cf.* Ovid, *Metamorphoses*, XIV. 101; Virgilius, *Georgica,* IV. 564; Statius, *Silvae*, I. 2. 261.
19. *Cf.* D'Antonio, *Gli ex voto dipinti e il rituale dei fujenti a Madonna dell'Arco*, pp. 44-5, & Capaccio, *Il Forestiero*, ch. 16; Capasso, *Napoli greco romana*, p. 7; Bidera, *Passeggiata per Napoli e contorni*, vol. II, p. 30; De Martino, *La terra del rimorso*, pp. 200-8.
20. *Cf.* Iuno Matuta in Livy XXXIV. 53. 3. *Cf.* Imhoof-Blumer, *Zur Münzkunde...*, pp. 206 fol. & Malagnino, *Il castello di Cicala*, p. 10 - 12. Plate 8.
Any future archeological research on Cicala should start with the analysis of digital images of the area, as the ones offered by the Russian satellite Sovinformsputnik. They have 1m resolution images (April 1998) over the covered area: 80x80 km; average scale: 1:270 000; centered 40*55'N, 14*33'E. and taken from a working altitudes of 220 - 400 km. A sketch of a diagram, showing the location (approximate ground

coverage - 5600 km²) of a digital spectrozonal KFA-1000 image (film 0285 frame 17255) of Sovinformsputnik (25/08/93) over Cicala's hill, is on. Map IV.
Qualsiasi ricerca archeologica futura a Cicala dovrebbe iniziare coll'analisi delle immagini digitali dell'area, come quelle offerte dal satellite russo Sovinformsputnik. Esse hanno 1m risoluzione d'immagine (Aprile 1998) sull'area percorsa: 80x80 km; scala media: 1:270 000; centrata a 40*55'N, 14*33'E. e ripresa da un'altezza di 220 - 400 km. Un abbozzo di un diagramma, raffigurante l'ubicazione (estensione approssimativa del suolo - 5600 km²) di un'immagine digitale spectrozonal KFA-1000 (film 0285 frame 17255) del Sovinformsputnik (08/25/93) sopra la collina di Cicala, è sulla Map IV.

21. Donceel, *Recherches topographiques...*, p. 631 "*remparts concentriques . . . qui ont effacé, au moins on surface, des vestiges plus anciens.*"
22. *Cf.* Plate 8.
23. *Cf.* Remondini, *Della Nolana ecclesiastica storia*, p. 257. *Cf.* Manzi, *Il Castello di* Cicala, pp. 151 - 165. *Cf.* Musco, *Nola e dintorni*, p. 83. *Cf. Comunità montana...*, p. 88.
24. *Cf.* Seyffert, *A Dictionary of Classical Antiquities*, p. 364.
25. *Cf.* Icolari D., Mollo G., Piccolo G., *La chiesa di San Paolo I....*
26. Salzano, p. 95, c. 1.
27. *I Confini Territoriali di Nola con i suoi Casali*, folio n. 58, 1639. Avella, *Nola nel 1639 con i suoi Casali, Presentazione di una copia manoscritta inedita.*
28. *Cf.* Avella, *Nola nel 1639 con i suoi Casali*, p. 106, & *NOLA ipotesi, 2*, p. 40 - 41.
29. *C.I.L.*, X, 1238; in Via Riviera di Chiaia, n. 88. Plate 10.
30. Tacitus, *The Annals*, IV. 57.
31. Cassius Dio, *Roman history*, LVI. 46. 3.
32. *Cf.* Buonfiglio, 4 *Irpinia Oggi*," 1/13/96. *Cf.* Plate 10.
33. Lauro, San Giovanni del Palco, *cf.* La Forgia, 10 *Irpinia Oggi* 2/22/96. *Cf.* Plate 11.
34. *Cf.* Dionysius, IV. 15. 2. (*Cf.* Map III). *Cf.* Scandone, *Documenti...*, Pago, p. 180.
35. *Cf. C.I.L.*, X, 1278.
36. *Cf.* Simonelli, *Nuovi ritrovamenti*, Ep. V, pp. 8-13, Tav. II.
37. *Cf. C.I.L.,* X, 1279, 1280, & Patroni, *Notizie scavi*, p. 101, n. 2.
38. *Cf.* Mommsen, *Conghietture sulle monete d'Hyrina*, p. 34-5.
39. *Cf.* Remondini, *Della Nolana Ecclesiastica Storia*, t. I, p. 91.
40. *Cf.* Bifulco, *Lauro...*, pp. 75-6.

IX

1. *Cf.* Momsen, *Die unteritalishchen Dialeckte*, pp. 313 to 316.
2. *Cf.* Strabo, VIII.- C358; 376 (vol. 4, p. 105).
3 *Cf.* Hammond, *A History of Greece*, p. 132. Numismatic Museum, Athens (1906).
3 *Cf*, Cicero, *De Divinazione*, I, 45 § 101.
5. *Cf.* Frazer, *op. cit.*, p.164. *Cf.* Plate 9.
6. XL. 38. 3.
7. *Cf.* Scandone, *Documenti...*, pp. 166 and 224.
8. *Cf.* Duruy, *History of Rome,* vol. II, sec. 2, p. 582.
10. TabūlaII, Nola n. 8.
   Rutter (n. 39NR27) reads it ИΩIAΛΩ/ (*NOIALO/*) retrograde, being the first letter faint.
   On May 1995, I was not able to view the only example of this coin, in the Medagliere of the Museo Archeologico di Napoli *C.F.* 1280, due to a "*very strict viewing*" policy then in effect. Here, I would like to thank the American Numismatic Society of New York for having the friendly doors of their Museum always opened to the public.
   [Rutter (n. 39NR27)) legge ИΩIAΛΩ/ (*NOIALO/*) retrogrado, essendo la prima lettera debole
   Nel Maggio 1995, mi è stato impossibile vedere l'unico esemplare di questa moneta, nel Medagliere of the Museo Archeologico di Napoli *C.F.* 1280, a causa di un regolamento, allora in forza, "*ristrettissimo per la*

visionatura." Colgo, qui, l'occasione per ringraziare l'American Numismatic Society di New York per avere le sue amichevoli porte sempre aperte al pubblico].
11. TabūlaI, n. 15.
12. Friedlander, *Die Oskischen Munzen*, p. 37. "*Ein Monogramm aus* Λ *und* E... *Diese Uebereinstimmung führt darauf beiderlei Münzen derselben Stadt, oder doch zwei benachbarten zu einem Staat vereinigten zuzuschreiben.*" *Cf.* Mommsen in, *Die unteritalischen Dialekte*, p. 105 fol. & in *C.I..L.*, X, p. 142. Plate 9.
13. TabūlaI, n. 10.
14. TabūlaII, n. 3.
15. Tabŭla I, n. Hyria 4, 6 & Tabŭla II, Nola n. 2, 4. *Cf.* Tabŭla III.
16. Rutter, *op. cit.*, p.72, 73 fol.
17. *Cf.* Hyria n. 11, 11a, 12. *Cf.* Garraffo, *La riconiazione in Magna Grecia e in Sicilia...*, pp. 32-33.
18. *Cf.* Rutter, *op. cit.*, chapter V, & p. 75.
19. TabūlaII, n. 3a.
20. TabūlaII, n. 7a.
21. Rutter n. 184O113 & 152O98. *Cf.* Sovrintendenza archeologica ..., p. 6.
22. Tabŭla I, n. 6.
23. TabūlaI, n. 9, 10.
24. Rutter n. 1FO1 and 5FO3.
25. *Cf.* Rutter, *Campanian coinages*, p. 89; n.1 to 8, p.181-2.
26. *Cf.* Garrucci, *Le monete dell'Italia antica*, p. 93.
27. *Cf.* Cicero, *De officiis*, III. 31; *De finibus*, I. 7; Valerius Maximus, *Dictorum factorumque memorabilium libri* IX. VI. 4. § 1.
28. *Cf.* Rutter, p. 98: "unless the irregular relationship between the Latin V and the Oscan 8 can be explained, Veseris cannot be considered as a home for the Fenserni."
   ["A meno che l'irregolare relazione tra la V latina e la 8 osca pu□ essere spiegata, Veseris non pu□ essere considerata come il domicilio dei Fenserni"].
29. *fhefhaked* (*fecit* = made/fece); Mommsen, *The History of Rome*, vol. I, p. 277, n.1.
30 *Cf.* Meyer, *Griechische Grammatik*, § 244 fol.
31. *Ibid.* p. 282, n. 1.
32. Remondini, *Della Nolanda ecclesiastica storia*; *cf.* Ammirati, *Le fonti...*, p. 48 n. 100.
33. *Cf.* Sambon, L, *Recherches sur les Monnaies...*, p 163. & Vecchione, *La festa dei Gigli...*, p. 22.
34. *Cf.* Sextus Aurelius Victor, *De viris illustribus urbis Romae*, 26 & 28 "*apud Veserim fluvium.*" *Cf.* Livy VIII. 8. 19.
35. *Cf.* Flecchia, *Nomi locali*, pp. 13-14.
36. *Cf.* Imhoof-Blumer, Millingen and Garrucci, *Le monete dell'Italia antica*, p. 93. *Cf.* Albore Livadie, *Territori e insediamen*ti..., pp. 207 fol.
37. *Cf.* Imhoof-Blumer, *Zur Münzkunde Grossgriechenlands*, p. 217; & Donceel, *Une chim□re sur une frise à métopes figurées d'époque augustéenne, à Nole,*, p. 30, n. 4. & *Cf.* Servius, (IV century - secolo A.D.): Mt. "Chimera," volcano in Lycia. Plate 9.
38. Plate 9; *S.N.G.* 271.
39. Plate 9. *S.N.G.* 1.250.
40. *Cf.* Rutter, p. 60 fol. *Cf.* Hyria n. 4 & 10.
41. *Cf. Ibid.*, p. 63.
42. *Cf. Ibid.*, p. 67-71, Group 13.
43. *S.N.G.* 563 - 6. (*S.E.A.O.*) Perhaps, the elephant walking right – present on the reverse of a hemiobol, with a head on the obverse, attributed to Phistelia (AR 0.4 grams – ANS n.1944.100.74954 - Sir H. Weber Coll. #7835) – stands for an alliance with Carthage that was the cause of the disappearance of that city when Hannibal was defeated by Marcellus in 214 B.C.
   [Forse, l'elefante gradiente a destra – presente sul rovescio di un emiobolo, con una testa sul diritto, attribuito a Phistelia (AR 0.4 grammi – ANS n.1944.100.74954 - Sir H. Weber Coll. #7835) – indica un'

alleanza con Cartagine che fu la causa della scomparsa della città stessa quando Annibale fu sconfitto da Marcello nel 214 A.C.].

44. *Cf.* Rutter, p. 45.
45. *Cf.* Ross Holloway, *Art and Coinage in Magna Graecia*, pp. 20-1 n. 4 to 8, pp. 62-4, 146-8, 150-1, 155. *Cf.* Bellinger and Berlincourt, *Victory as a Coin Type*, p. 13. Nike: *cf.* Merone, *Ceramica attica* ..., p. 73. Altenburg (274-284), Berlino (2317-2349-2381), Bruxelles (A1021), Copenhagen (133), Londra (E179-287-312-406-517), Napoli (3047-3112-3384), Nola (Calefatti), Stoccolma (G26), Tubingen (E53), Varsavia (142316-142353), Vienna (769).
46. *Cf.* Sear, *Roman Coins and their values*, ns. 89 to 92, 152-4.
48. *Cf.* Rutter ns. 147-150
50. *Cf.* TabūlaIa ns. 1 & 2 Hyria.
51. Sambon n. 816. TabūlaIa n.2.
52. *Cf.* TabūlaI, Hyria n. 11, 11a, 12 & TabūlaIII: Overstruck. (Riconiati).
53. Rutter n. 43R41.
54. *Ibid.*, n. 42R40 (Staatliche Museen zu Berlin).
55. *Ibid.*, n. 43R41. (Egger Bros., Vienna).
56. *Ibid.*, n. 6O4; (*C.F.* 881), & n. 6R6.
57. *Cf.* TabūlaIII, & *Cf.* TabūlaV. *Cf.* Sambon, L, *Recherches sur les Monnaies*..., Thurium pp.296- 303, Caulonia pp. 317-320, Croton pp. 321-330, Poseidonia pp. 273-280.
58. *Cf.* Seltman, C. T., *Masterpieces of Greek Coinage*, p. 69, pl. 261.
59. TabūlaI, n. 8.
60. Hyria n. 12.
61. n. 11-a-b (11a = Rutter n, 153HR136).
62. Plate 9. (*S.E.A.O.*).
63. 11b = Rutter n 8HO3HR8. Plate 9, gr. 6.72. (*S.E.A.O.*).
64. *Cf.* Gabricci, *Monete antiche riconiate*..., pp. 249, 255, 257-9.
65. *Cf.* *S.N.G.* 268-73.
66. Hyria n. 11. *S.N.G.* 273.
67. Tabŭla I n. 12; *cf.* Rutter, p. 72.

X

1. Dionysius of Halicarnassus, *The Roman Antiquities*, XV. 5. 2. τῶν Νεαπολιτῶν·...
Νωλανῶν ὁμόρων καὶ "σφόδρα τοὺς Ἕλληνας ἀσπαζομένων."
2. Livy, VIII. 23. 1. "*duo milia Nolanorum militum et quattuor Samnitium magis Nolanis cogentibus quam voluntate Graecorum recepta Palaepoli.*"
3. *Ibid.* VIII. 25.
4. *Ibid.*, VIII. 26.
5. *Cf.* Sambon, *Les monnaies*..., p. 286.
6. *Cf.* Simonelli, *Nuovi ritrovamenti di iscrizioni in Nola,* Ep. V, VI, VIII, p. 392 fol.
7. *Cf.* Strabo, V. 4. 7. τοῖς Ἑλληνικοῖς ἀναμὶξ τὰ Καμπανικά·
8. Diodorus Siculus, 14. 7. 4.
συμπεριλαβὼν τῷ τῶν πολιτῶν ὀνόματι τοὺς ἠλευθερωμένους δούλους, οὓς ἐκάλει <u>νεοπολίτας</u>·
9. *S.N.G.*n. 450-1.
10. Diodorus, XVI. 18. 1.
11. *Cf. History*, VI & VII.
12. *Cf.* Mommsen, *Conghietture sulle monete d'Hyrina*, p. 34.
13. *Cf.* TabūlaI ns. 14, 15, & TabūlaIa ns. 1, 2 Hyria & *cf.* n. 3 Nola.
14. Livy, VIII. 26. 6.
15. *Ibid.* VIII. 14. 10-11.
16. *Cf.* Mommsen, *The History of Rome*, I, p. 469.

17. *Cf.* Livy, VIII. 25. 4.
18. *Cf.* Rutter n.1AO1-AR1. *AR.* 6.91 - 5.46 gr.
19. *Cf. Il Museo Archeologico Nazionale di Napoli*, p. 362, n. S.G. 410. *Cf.* Dressel, H., *Erwerbungen des Königlichen Münzcabinets...*, on Allifae, p. 18 fol. Nola n. 7. Tabŭla II, n. 6.

XI

1. *Cf.* Livy, VIII. 27.
2. *Cf. Ibid.* VIII. 36. 3-6.
3. *Ibid.* IX. 2.
4. *Cf. Ibid.* 4. 11-16.
5. *Cf. Ibid.* 5. 1- 6.
6. *Cf. Ibid.* 6. 1- 4.
7. *Cf. Ibid.* 8. 5.
8. *Cf. Ibid.* 7- 8.
9. *Cf. Ibid.* 10.
10. *Cf. Ibid,* 12 - 15.
11. *Cf.* Mommsen, *The History of Rome*, I, p. 475.
12. *Cf.* Livy, IX. 25-28.
13. *Cf.* Silius Italicus, *Punica*, XII, 161.
14. Livy, IX. 28.
15. *Cf.* Diodorus Siculus, *op.cit.*, XIX. 101. 3. "Τοῖς δὲ στρατιώταις πολλὴν τῆς χώρας κατεκληρούχησεν·"
16. Livy XXIII. 44. 1. "*Multos annos iam inter Romanorum Nolanumque populum amicitiam esse, cuius neutros ad eam diem paenitere.*"
17. Remondini, *Della Nolana ecclesiastica storia*, XXVIII; Plate 11. *Cf.* Plutarch, *Life of Marcellus*.
18. *Cf.* Crawford, *Roman Republican coin hoards*, 94/1.
19. Plate 10. (*S.E.A.O.*).
20. *On Agriculture*, CXXXV. 1- 2.
21. XIII, VIII.
22. Velleius Paterculus, *History of Rome*, II. CXXIII. 1.
23. *The lives of the Caesars. Augustus*, XCVIII. 5.
24. Tacitus, *The Annals*, I. 5.

XII

5. I, p. 136.
6. In Mommsen, *Die unteritalischen Dialekte*, pp. 119-120. Plate 12.

XIII

4 ANS n. 1944.100.74954 http://www.amnumsoc.org/, see note 3.
5 n. 7835.
6 ANS Greek Department n. 1944.100.74954. (Broadway at 155th Street, New York, NY 10032, USA) Manufacture: ST http://numismatics.org/collection/1944.100.74954.
7 Plate 13 (Ph.N.1) now in the collection of SEAO.
8 Plate 13 (Ph.N.2, Ph.N.3, Ph.N.4) Phistelia obols Collection of Carlo Morino http://www.morino.it/ Rome, Italy, 2002 and http://www.morino.it/phistelia/c.morino@libero.it, & Ph.N.4 Phistelia AR obol 380-350 BC... SNG Copenhagen 576. Obol (0.1 gm). Facing male head (Testa maschile frontale)/ Dolphin (delfino), barley grain (grano di orzo) & mussel shell (guscio di mitilo). Col. SEAO.
9 Plate 13 (Ph.N.1 detail, Ph.N.2 detail, Ph.N.3 detail).
10 Ph.N.5 CAMPANIA: PHISTELIA. 380-350 BC. AR Obol, 10mm (0.50 gm). O: Facing head of nymph (volto frontale di ninfa). R: Lion, l.; in exergue, serpent. cf. SNG Cop. 578. Plate 13-14.

11 Phistelian coins on (le monete di Fistelia in) Plate 13-14.
12 *Cf.* Livy, *Ab Urbe Condita Libri*, IX, 21, 6 - 22, 2-11 and Diodorus XIX, 72,3.
13 *Cf.* Catalli, *Monete dell'antica Italia*, p. 45.
14 *Cf.* Map V.
15 *Cf.* Etruria, Plate 14.
16 *Cf* Tabŭla VI.

SELECTED and QUOTED BIBLIOGRAPHY
BIBLIOGRAFIA SCELTA e CITATA

Albore Livadie, Claude, *Territorio e insediamenti nell'agro Nolano durante il Bronzo antico (facies di Palma Campania): Nota preliminare,* in *L'eruzionevesuviana delle "Pomici di Avellino" e la <u>Facies</u> di Palma Campania (Bronzo antico),* a cura di Livadie C.A., Centro universitario europeo per i beni culturali, Ravello 15-17 luglio 1994, Edipuglia, Bari, 1999, pp. 357-371. (*Biblioteca Vecchione*).

Ammirati, Vincenzo, *Le fonti della 'nostra' storia. Contributo alla critica delle fonti di alcuni antichi Casali dell'agro nolano SAVIANO SANT'ERASMO SIRICO,* Edizioni Hyria, Istituto Anselmi, Marigliano (NA), 1992.

Angelini, Costanzo, *Vasi dipinti del museo Vivenzio, disegnati da Costanzo Angelini nel MDCCXCVIII,* Detken & Rocholl, Roma-Napoli, 1900.

Antiochus of Syracuse, in Müller, *Fragmenta historicorum Graecorum,* I.

Apollodorus, of Athens, *The library,* tr. J. G. Frazer, The Loeb Classical Library, Harvard University Press, Cambridge Mass., William Heinemann Ltd., London, 1961.

Aponte, Luigi, *Nola antica e moderna,* Fratelli De Angelis, Napoli, 1865. (*Biblioteca Vecchione*).

Aristotle, *Minor works,* tr. W. S. Hett, *On marvellous things heard,* The Loeb Classical Library, Harvard University Press, Cambridge Mass., William Heinemann Ltd., London, 1955.

----------, *Politics,* tr. B. Jowett, The Modern Library, NY, 1942.

Aurelius Victor, Sextus, *De viris illustribus urbis Romae,* ed. Keil, Emil, J. Max, Breslau, 1872.

Aurobindo, Sri Gosh, *On the Veda. The Secret of the Veda,* Sri AurobindoInternational University Centre Collection, Vol. V, Sri Aurobindo's Birth Centenary Library, X, Sri Aurobindo Ashram Pondicherry, Pondicherry, 1971.

Avalon, Arthur, *Il potere del serpente,* Edizioni Mediterranee, Roma, 1968.

Avella, Leonardo, *NOLA ipotesi, 2,* Istituto Grafico Editoriale Italiano, Napoli, 1990.

----------------------, *Nola nel 1639 con i suoi Casali, Presentazione di una copia manoscritta inedita relativa ai confini territoriali della Città di Nola nel 1639 con i suoi Casali il cui originale venne distrutto nell'incendio di Villa Montesano il 30 settembre 1943,* Libreria Editrice Redenzione, Napoli, Roma, 1977.

----------------------, *NOLA sulla soglia del Novecento,* I ed. 1974, seconda edizione,Tip. Scala, Nola, 1990.

Baedeker, Karl, *Southern Italy and Sicily with excursions to Sardinia, Malta, and Corfu. Handbook for travelers,* XVI ed., Baedeker, Leizig, Unwin, London, Scribner's New York, 1912.

Barthell, Edward E. Jr., *Gods and Goddesses of Ancient Greece,* University of Miami Press, Coral Gables, Florida,1971.

Basham, A. L., *The wonder that was India,* Grove Press, Inc., NY, 1959.

Bayet, J., *Idéologie et plastique I: L'expression des énergies divines dans le monnayage des Grecs,* in *Mélanges d'archéologie et d'histoire,* vol. 71, Paris, 1959.

------------, *Les origines de l'Hercule romain,* Bibl. Ec. Fr. Ath. Et Rome, 132, De Boccard, Paris, 1926.

Bellinger, A. R., and Berlincourt M. A., *Victory as a Coin Type,* in *Numismatic Notes and Monographs,* n. 140, New York, 1962.

Beloch, *Campanien. Geschichte und Topographie del antiken Neapel und seiner Umgebung,* E. Morgenstern, Breslau, 1890.

Benton, Sylvia, *Journal of Hellenic Studies,* London, 1961, p. 46-8.

Bhattacharji, Sukumari, *The Indian Theogony, A comparative study of Indian Mythology from the Vedas to the Purāṇas,* Firma KLM Private Ltd.,Calcutta, 1978.

Bible, The Holy..., 1) King James version, The National Bible Press, Philadelphia, PA, 1958. 2) *La sacra Bibbia,* tr. Fulvio Nardoni, Libreria Editrice Fiorentina, 1960.

ΒΙΒΛΙΚΗ ΕΤΑΙΡΙΑ, Η ΚΑΙΝΗ ΔΙΑΘΗΚΗ, Athens, 1967, (Ancient text with Modern Greek Tr. of the New Testament).

Bidera,E., *Passeggiata per Napoli e contorni,* vol. II, Napoli, 1845.

Bifulco, Giuseppe, *Lauro e il suo Vallo attraverso i secoli,* Tipografia Stampa Sud s.n.c., Somma Vesuviana (Napoli), 1986.

Boehmer, Rainer Michael, *Die Entwicklung der Glyptik während der Akkad-Zeit,* Untersuchungen zur Assyriologie und vorderasiatischen Archäologie NF 4 Berlin, 1965.

Bonghi Jovino, Maria, *Commento ad una tomba dipinta a Nola,* in *Klearchos* 25-28, Napoli, L'arte tipografica, 1965.

------------------------, *La necropoli di Nola preromana,* Libreria scientifica editrice, Napoli, 1969.

------------------------, *Una maschera fittile di produzione nolana,* in *ACME Annali della Facoltà di lettere e filosofia dell'Università degli Studi di Milano,* 24 (71), fascicolo 1, Varese - Milano, 1971.

Brahmavaivarta Purāṇa: *textum e codice manuscripto,* bibliothecae regiae Berolinensis, edidit interpretationem latinam adiecit et commentationem mythologicam et criticam praemisit Adolphus Fridericusbegin Stenzler, Latin and Sankrit, Berdini, ex Officina Academica, 1829.

Breglia, Laura, *Roman Imperial Coins, their art & technique,* Frederick A. Praeger, Pub., NY - Washington, 1968.

------------------, *Un ripostiglio di Frasso Telesino,* in *Bollettino del circolo numismatico napoletano. Sezione della R. Deputazione napoletana di storia patria,* Nuova Serie, Luglio - Dicembre 1935 - XIV, Artigrafiche, Napoli, 1936 - XIV, pp. 5 - 18.

------------------, *Vecchie notizie e nuove visioni nella monetazione di Napoli,* in *La Parola del Passato,* 7, G. Macchiaroli, Napoli, 1952, pp. 286-299. (*Biblioteca Vecchione*).

Bruno, Giordano, *De gli eroici furori* (Parigi, 1585), in *Opere italiane,* Vol. III, Laterza, Bari, 1925-7: Vol. II, DIALOGHI MORALI, ed. e note di G. Gentile [*G. Bruno's The Heroic Frenzies,* Eng. trans. Memmo, Paulo Eugene Jr., The University of North Carolina Press, Spain,1964.]

Buck, C. D., *A Grammar of Oscan and Umbrian,* Boston, 1904.

Budge, E. A. Wallis, *The Gods of the Egyptians, or studies in Egyptian Mythology,* 2 Vol., Dover Publications, Inc., NY, 1969.

Buonfiglio, Giuseppe, *Ritrovate tracce dell'era imperiale. Si tratta del tempio di Augusto?,* in 4 *Irpinia Oggi,* Vallo di Lauro-Baianese,13 gen. 96.

Burkert, Walter, *Ancient Mystery Cults,* Cambridge, Massachusetts, and London, England, Harvard University Press,1987.

--------------------, *Greek Religions,* Cambridge, Massachusetts, and Oxford, England, Harvard University Press, 1985.

Burn, Andrew Robert, *Persia and the Greeks: the defence of the West, c.546-478 B.C.,* Arnold, London, 1962.

Capaccio, G. C., *Il Forestiero,* Napoli, 1634.

Capasso, *Napoli greco romana,* Napoli, 1905.

Capasso B., De Petra G., *Napoli, Palepoli e Partenope,* La Botteguccia, Napoli, 1989. (*Biblioteca Vecchione*).

Car, Robert, *Zwei Vasen aus Nola,* G. Reimer, Berlin, 1878.

Cassius Dio Cocceianus, *Roman history,* Harvard University Press, Cambridge, Mass., (1955-1961).

Castel Cicala e i suoi santi Lucia e Agnello, Storia Preghiere Canti, Edizioni Frati Cappuccini - Nola, Istituto Anselmi, Marigliano (NA), 1997.

Catalli, Fiorenzo, *Monete dell'antica Italia,* Istituto Poligrafico dello Stato, Libreria dello Stato, Roma, 1995.

Cato, Marcus Porcius, *On Agriculture,* tr. H. B. Ash & W. D. Hooper, The Loeb Classical Library, Harvard University Press, Cambridge Mass., William Heinemann Ltd., London, 1960.

C.F. = *Catalogo del Museo Nazionale di Napoli, Medagliere I: Monete Greche,* Museo Archeologico, Napoli, Collezione Soprintendenza, Catalogo Fiorelli, Napoli, Stabilimento Tipografico in S.ta Teresa, 1870.

Chevalier, Jean, & Gheerbrant, Alain, *Dictionnaire des Symboles,* 4 Vol., Seghers, Paris, 1974.

Chinmayananda, Swami, *Glory of Ganesha,* Central Chinmaya Mission Trust, Bombay, 1978.

Cicero, Marcus Tullius, *De divinatione, De senectute, De amicitia, De divinatione,* tr. W. Armistead Falconer, The Loeb Classical Library, Harvard University Press, Cambridge Mass., William Heinemann Ltd., London, 1956.

---------------------------, *De finibus bonorum et malorum,* tr. H. Rackmam, The Loeb Classical Library, Harvard University Press, Cambridge Mass., William Heinemann Ltd., London, 1961

---------------------------, *De officiis,* tr. W. Miller, The Loeb Classical Library, Harvard University Press, Cambridge Mass., William Heinemann Ltd., London, 1961.

---------------------------, *Letters to Atticus,* tr. E.O. Winstedt, The Loeb Classical Library, Harvard University Press, Cambridge Mass., William Heinemann Ltd., London, 1961.

C.I.L.* = *Corpus Inscriptionum Latinarum, Consilio et Auctoritate Academia Litterarum Regiae Borussicae, ed. Theodorus Mommsen, 16 Vol., 1863-1936, *Inscriptionum Parietariarum Pompeianarum Supplementum*, ed. Augustus Mau et Carolus Zangemeister, Vol.. IV et supplementum, 1898, *Inscriptiones Parietariae Pompeianae*, ed. M. Della Corte Vol. IV, Berolini apud Georgium Reiner, 1968, 1972.

Clarke, John R., *The houses of Roman Italy, 100 B.C.-A.D. 250 : ritual, space, and decoration*, University of California Press, Berkeley, 1991.

Coins, An illustrated survey 650 B.C. to the present day, Ed. Martin Jessop Price, Published in association with British Museum Publications Limited, Methuen, NY, London, Toronto, Sydney, 1980.

Comunità montana "Vallo di Lauro - Baianese", pubblicazione curata da G. Buonfiglio, Tempi Moderni Edizioni s.r.l., Napoli - Salerno, 1981.

Cordano, F., *La Magna Grecia*, in *Soldi*, n. 7 and 8, Roma, 1970.

Corpus agrimensorum romanorum*, Rei agrariae auctores legesque variae: quaedam nunc primum caetera emendatiora prodeunt*, ed. Goesii, Wilelmi, *Antiquitatum agrarium liber singularis*, Apud Joannem Janssonium a Waesberge, Amstelredami, 1674.

Crawford, Michael H., *Roman Republican Coinage*, Royal Numismatic Society, London, 1969; Cambridge University Press, New York, 1974.

Crisci, Giuseppe, *Cenno storico del culto di S. Maria dell'Abbondanza che si venera nella terra di Marzano, in Diocesi di Nola*, Ed. Giuseppe Manfredi, Istituto Anselmi, Marigliano (NA), 1994.

Daniélou, Alain, *The Phallus, Sacred Symbol of Male Creative Power*, tr. Graham J., Inner Traditions, Rochester Vermont, 1995.

D'Antonio, Nino, *Gli ex voto dipinti e il rituale dei fujenti a Madonna dell'Arco*, Di Mauro Editore, Cava dei Tirreni, 1979.

De Caro, Stefano, *Una nuova tomba dipinta da Nola*, Estratto dalla *Rivista dell'Istituto Nazionale d'Archeologia e Storia dell'Arte*, Roma, 1984. (*Biblioteca Vecchione*).

Del Viscio, Giuseppe, *Uria, studio storico-linguistico-archeologico*, S.T.E.B., Bari, 1921. (*Biblioteca Vecchione*).

De Martino, E, *La terra del rimorso*, Milano, 1960

De Muro, V., *Opicia nella Campania*, in *Atella ricerche storico-critiche*, Napoli, 1840. (*Biblioteca Vecchione*).

De Ruggiero, Ettore, *Dizionario epigrafico di antichità romane*, Pasqualucci, Roma, 1895.

De Stefano, A., *Hyria od Hyrina*, Tipografia Rubino, Nola, 1900.

Devoto, G., *Gli antichi Italici*, Firenze, 1934.

Dictionary of Greek and Roman Geography, A, by various writers, ed. by William Smith, 2 Vol., John Murray, London, 1873, AMS Press, Inc., New York, 1966.

Diodorus of Sicily, tr. Oldfather, Sherman, Welle, Geer, Walton, 12 Vol., The Loeb Classical Library, Harvard University Press, Cambridge Mass., William Heinemann Ltd., London, 1950-67.

Dionysius of Halicarnassus, *The Roman Antiquities*, tr. Earnest Cary, 7 Vol., The Loeb Classical Library, Harvard University Press, Cambridge Mass., William Heinemann Ltd., London, 1950-60.

Donceel, R., *Recherches topographiques et historiques sul la ville de Nole et sa region dans l'antiquite*, dissertation, Tome III, Faculté de Philosophie et Lettres Institut Supérieur d'Archéologie ed d'Histoire de l'Art, Universite Catholique de Louvain, Anne Academique 1969-1970. (*Biblioteca Vecchione*).

--------------, *Timée et la mention d'une fondation chalcidienne de Nole dans Trogue-Pompée et Silius Italicus*, in *Bulletin de l'Institut Historique Belge de Rome,*, Fascicule XXXIV, Academia Belgica, Rome Bruxelles, 1962, pp. 27-55. (*Biblioteca Vecchione*).

--------------, *Une chimère sur une frise à métopes figurées d'époque augustéenne, à Nole*, in *Bull. Inst. Hist. Belge de Rome*, XXXVI, Academia Belgica, Rome Bruxelles, 1964, pp 5-31.

Dowson, John, *A Classical Dictionary of Hindu Mythology and Religion, Geography, History, and Literature*, Routledge & Kegan Paul Ltd, London, 1957.

Dressel, H., *Erwerbungen des Königlichen Münzcabinets in den Jahren 1898-1900 (antike Münzen)*, in *Zeitschrift für NUMISMATIK*, Weidmannsche Buchhandlung, Berlin, 1904.

Dumézil, Georges, *La religione romana arcaica*, tr. italiana F. Jesi, Rizzoli Editore, Milano, 1977.

Dumont, Paul Emile, *L'asvamedha description du sacrifice solennel du cheval dans le culte vedique d'apres les textes du Yajurveda blanc (Vajasaneyisamhita, Satapathabrahmana, Katyayanasrautasutra)*, Societe belge d'etudes orientales, P. Geuthner, etc., Paris, 1927

Duruy, Victor, *History of Rome, and of the Roman People, from its origin to the invasion of the Barbarians*, tr. W. J. Clarke, Dana Estes and Co., Boston, 1886.

Eliade, Mircea, *Immagini e simboli*, Italian tr. M. Giacometti, TEA, Milano, 1993.

Images and Symbols. Studies in Religious Symbolism, English translation P. Mairet, Princeton University Press, Princeton NJ, 1991.

------------------,*Sacred and the Profane, The*, English tr. W. R. Trask, Harcourt, Bruce & World Inc., NY, London, 1959.

Enciclopedia Italiana, Istituto dell'Enciclopedia Italiana fondata da Giovanni Treccani, Roma, 1951 fol.

Festus, Sextus Pompeius, *De verborum significatu quae supersunt cum Pauli epitome*, Bibliotheca scriptorum Graecorum et Romanorum Teubneriana (Scriptores Romani), G. Olms, Hildesheim, 1965. &
II ed. Lindsay, *Glossaria Latina* IV, pp. 91-457, 1930.

Flecchia, G, *Nomi locali del Napolitano derivati da gentilizi italici*, in *Atti R. Acc. sc. Torino*, X, 1874, pp. 6 fol.

Forni, A., *Coins of Italy*, British Museum Catalogue London, Bologna, 1963

Fragmenta historicorum Graecorum... *Apollodore Bibliotheca cum fragmentis*, Müller Carl Otto, 3 Vol., Ed. A. Firmin Didot, Parisii, 1849-70.

Fragmente der griechischen Historiker, Die, Jacoby, von Felix, 3 Vol., Weidmannsche Buchhandlung, Berlin, 1923, E. J. Brill Pub., Leiden, 1958.

Franchi De Bellis, Annalisa, *Il cippo abellano*, Università degli Studi di Urbino, Scienze umane, Serie di Linguistica letteratura arte - XII, Edizioni Quattro Venti, Urbino, 1988. (*Biblioteca Vecchione*).

Frazer, J. G., *The Golden Bough*, complete work in 13 vol..: I. *The Magic Art and The Evolution of Kings*, 2 Vol.., II. *Taboo and The Perils of the Soul,* III. *The Dying God*, IV, *Adonis Attis Osiris*, 2 Vol.., V. *Spirits of the Corn and of the Wild*, 2 Vol.., VI. *The Scapegoat,* VII. *Balder the Beautiful: TheFire Festivals of Europe and The Doctrine of the External Soul*, 2 Vol.., VIII. *Bibliography and General Index,* IX. *Aftermath: A Supplement to "The Golden Bough"*, Macmillan, London - Melbourne - Toronto, St. Martin's Press, NY, 1966.

Frawley, David, *Gods, Sages and Kings. Vedic Secrets of Ancient Civilization*, Passage Press, Salt Lake City, Utah, 1991.

Friedlander, J., *Die Oskischen Münzen*, in commission Bei Georg Wigand, Leipzig, 1850.

Friedlaender, Ludwig, *Roman life and manners under the early Empire*, 4 v., Barnes & Noble, New York, 1965.

Garraffo, Salvatore, *La riconiazione in Magna Grecia e in Sicilia. Emissioni argentee del VI al IV secolo a. C.*, Università di Catania - CNR, Palermo, 1984.

Garrucci, R, *Le monete dell'Italia antica*, Parte Prima, monete fuse, tipi del cav. V. Salviucci, Roma, 1885.

Gabricci, Ettore, *Monete antiche riconiate. Magna Grecia e Sicilia*, in *Rassegna Numismatica*, N. 7 - 8 anno XXXII, Roma, 1935, XIII.

Giordano, Carlo, *La gens Comina in Nola e l'origine della città di Comiziano*, Pompei, 1956.

--------------------, *Spettacoli, nell'anfiteatro di Nola e l'origine della città di Comiziano alla luce di documenti*, Pompei, Città e Turismo, 1961.

Gellius, A., *Noctes Atticae*, Tomi I & II, Oxonii e Typographeo Clarendoniano, 1968.

Grigson, Geoffrey,The Goddess of Love. The birth, triumph, death and return of Aphrodite*, Constable, London, 1976.

Grueber, H. A.,Coins of the Roman Republic*, 3 Vol., Dept. of coins and medals British Museum Catalogue, London, 1910, rev. ed. 1970.

Gruterius, Janus, *Inscriptiones antiquae totius orbis romani in absolutissimum corpus redactae olim auspiciis Josephi Scaligeri et Marci Velseri industria autem et diligentia Jani Gruteri: nunc curis secundis ejusdem Gruteri et notis Marquardi Gudii emendatae...*, Amsterdam, Franciscus Halma Typograph, 1707.

Guarducci, M., *Epigrafia greca I*, Roma, 1967.

Gude, Marquard, see: Gruterius Janus, Amsterdam, 1707.

Guénon, René, *Symboles fondamentaux de la Science sacrée,* Ed. Gallimard, Paris, 1962; English tr.: *Fundamental symbols : the universal language of sacred science,* Quinta Essentia, Cambridge, UK, 1995.

Hackens, Tony, *Essai de métrologie comparée des monnayages de Naples et de monnayages parallèles,* in *La monetazione di Neapolis nella Campania antica,* in *Atti del VII convegno del Centro Internazionale di Studi Numismatici,* Napoli 20-24 aprile 1980, Arte Tipografica, Napoli, 1986.

Hammond, N.G.L., *A History of Greece to 322 B.C.,* Oxford at the Clarendon Press, Oxford, 1959.

Harrel-Courtes, Henry, *Etruscan Italy,* Orion Press, New York, 1964.

Hecataeus of Miletus, in: Jacoby, *Die Frag. der griec. Hist.,* Vol. 1.

Hellanicus of Lesbos, in: Jacoby, *Die Frag. der griec. Hist.,* I; and in Müller, *Frag. hist. Gr.,* I.

Herodotus, tr. A. D. Godley, 4 Vol..,The Loeb Classical Library, Harvard University Press, Cambridge Mass.,William Heinemann Ltd., London, 1960-3.

Heurgon, Jacques, *Daily Life of the Etruscans,* tr. J. Kirkup, The Macmillan Co., NY, 1964.

Hill, George, F., *Historical Greek Coins,* Argonaut, Chicago, 1966.

Homer, *The Iliad,* tr. Richmond Lattimore, The University of Chicago Press, 1952.

---------, *The Odyssey,* tr. A. T. Murray, The Loeb Classical Library, Harvard University Press, Cambridge Mass., William Heinemann Ltd., London, 1960-6.

Iannoni, Gesino, *La Campania dalla preistoria a Roma,* Valentino, Napoli, 1997. (*Biblioteca Vecchione*).

Icolari D., Mollo G., Piccolo G., *La chiesa di San Paolo I eremita in San Paolo Bel Sito. Un contributo per la storia con alcuni spunti tratti dal convegno promosso dalla Pro-Loco,* Istituto Poligrafico Editoriala Italiano, Napoli, 1995.

Igino, *De limitibus constituendis,* in *Corpus agrimensorum romanorum.*

I.I. = Inscriptiones Italiae, Unione Accademia Nazionale, Academiae Italicae Consociatae Ediderunt, Volumen XIII - *Fasti et Elogia,* Istituto Poligrafico dello Stato, Libreria dello Stato, Fasciculus I, 1947, Fasciculus II, 1963.

Imhoof-Blumer, *Zur Münzkunde Grossgriechenlands, Siciliens, Kretas, etc., mit besonderer Berücksichtigung einiger Münzgruppen mit Stempelglechheiten,* in *Numismatische Zeitschrift,* pp. 205-86, vol. 18, Wien, 1886.

Inscriptiones Bruttiorum, Lucaniae, Campaniae, Sicilae, Sardiniae Latinae, in *Corpus Inscriptionum Latinarum,* Vol. 10, apud G. Reimerum,   Berolini, 1979 1883

Inventory of Greek Coin Hoards, An, ed. Margaret Thompson, Otto Mørkholm, Colin M. Kraay, The International Numismatic Commission, The American Numisatic Society, New York, 1973.

Jacoby, von Felix, see Texts: Greek, *Fragmente der ...Die*

Jürgensen, C., *On the Earliest Coins of Thurioi,* in *Corolla Numismatica: Numismatic Essays in Honour of B.V. Head,* pp. 166-177, Oxford, 1906.

Justinus, Marcus Junianus, *Epitoma historiarum Philippicarum Pompei Tragi,* II ed., In aedibus B.G. Teubneri,Stutgardie, 1972. And tr. *Epitome of the Philippic history of Pompeius Trogus,* Scholars Press, Atlanta Ga., 1994.

Keller, Werner, *The Etruscans,* tr. A. & E. Henderson, Alfred A. Knopf, NY, 1974.

Kent, J. P. C., *Roman Coins,* Harry N. Abrams, Inc. Publisher, NY, 1978.

Lachmann , K., *Gromatici Veteres ex rec. C. Lachmann (Die Schriften der röm. Feldmesser, hrg. U. Erläutert v. F. Blumer, k. Lachmann u. A. Rudorff, I),* Reimer, Berlin, 1848.

La Forgia, Elena, *Le antiche "pietre" del Vallo. Ora si esplorano nuove aree,* in 10 *Irpinia Oggi,* 10 Vallo di Lauro-Baianese,22 feb. 96.

Lanciani, Rodolfo Amedeo, *Pagan and Christian Rome,* reissue of work first published in 1892 "*Inscription commenorating the Ludi Sèculares, celebrated in the year 17, B.C. Text as edited by Mommsen,*" Blom, New York, 1967.

Langlotz, Ernst, *Ancient Greek sculpture of South Italy and Sicily,* H.N. Abrams, N ew York, 1965.

Larousse Encyclopedia of Mythology, translated from the French Edition, *Larousse Mythologie Générale,* by Aldington Richard & Ames Delano, New York, Prometheus Press, 1959, IV impression 1963.

Leo, Ambros Nolanus, *Libri III antiquitatum et historiarum urbis et agri Nolani,* Venezia, 1514; *Ambrosii Leonis Antiquitatum nec non historiarum urbis ac agri Nolae, ut & de montibus Vesuvio & Abella descriptionis, libri tres,* Editio prioribus correctior atque emendatior,   Petrvs vander Aa, Lvgdvni Batavorvm, 1723. (*Biblioteca Vecchione*).

Nola, Italian tr. P. Barbati, Tip. Torella, Napoli, 1934.

Lepore, E., *La vita politica e sociale*, in *Storia di Napoli, I: Napoli Greco-romana*, pp. 141-216, Società editrice Storia di Napoli, Napoli, 1967.

Livy, tr. Foster, Moore, Sage, Schlesinger and Geer, 14 Vol., The Loeb Classical Library, Harvard University Press, Cambridge Mass., William Heinemann Ltd., London, 1949-63.

Lopes Pegna, Mario, *Storia del popolo etrusco*, Firenze, 1959.

Lucian, *De dea Syria*, vol. IV, p. 337 fol., *Lucius or The ass*, vol. VIII, p. 47 fol., *The Dance (Saltatio)*, vol. V, p.209 fol., tr. A. M. Harmon, K. Kilburn, 8 Vol.,The Loeb Classical Library, Harvard University Press, Cambridge Mass., William Heinemann Ltd., London, 1961-7.

Maiuri, Amedeo, *Herculaneum*, Istituto poligrafico dello Stato, Libreria dello Stato, Roma, 1959.

--------------------, *Itinerario flegreo*, Bibliopolis, Napoli, 1983.

--------------------, *Nola*, in *Enciclopedia Italiana*, XXIV, p. 888, Istituto dell'Enciclopedia Italiana fondata da Giovanni Treccani, Roma, 1951.

--------------------, *Passeggiate campane*, Rusconi, Milano, 1990.

--------------------, *Pithecusana*, in *La parola del passato; rivista di studi antichi*, I, pp. 155-84, G. Macchiaroli, Napoli, 1946.

--------------------, *Pompeii*, Libreria dello stato, Rome, 1953.

--------------------, *The Great Centuries of Painting, Roman Painting*, Skira, Lausanne, 1953.

--------------------, *Virgilio e Nola*, Istituto di studi romani, Roma, 1939.

Malagnino, Biagio, *Il castello di Cicala*, in *Hyria. Rivista bimestrale*, Num. Unico, Tip. Anselmi, Marigliano, c. 1973.

Manganelli, Franco, *Permanenze simboliche nella toponimia, nell'archeologia e nel folklore dell'Agro Nolano*, in Vol. LXXXII, *Atti dell'Accademia di Scienze Morali e Politiche*, pp. 60 - 88, Napoli, 1971.

--------------------, *Tradizioni popolari e permanenze simboliche*, G. Scala, Nola, 1976.

Manzi, Pietro, *Il castello di Cicala nella storia di Nola*, Palo, Nola 1973. (*Biblioteca Vecchione*).

--------------------, *Il Clanio - Geografia Storia e Leggenda*, in *Economia Irpina*, Pergola, Avellino, Nr. 1-2-3- Gennaio, Febbraio, Marzo -- Nr. 4,-5-6 Aprile, Maggio, Giugno 1969, pp.3-22. (*Biblioteca Vecchione*).

Mascoli, Ottavio, *Opicia, Linee di storia campana*, Majella Editore, Napoli, 1952. (*Biblioteca Vecchione*).

Merone, Maria, *Ceramica attica a figure rosse di V secolo nel comprensorio nolano*, Tesi di laurea, Università degli Studi di Napoli, Anno Accademico 1996-1997. (*Biblioteca Vecchione*).

Meyer, Gustav, von, *Griechische Grammatik*, Breitkopf und Härtel, Leipzig, 1880.

Mollo G., Solpietro A., *Il Cippus Abellanus e le Epigrafi latine*, Biblioteca Diocesana San Paolino, Seminario Vescovile di Nola, 1997. (*Biblioteca Vecchione*).

Mommsen, Theodor, *Die unteritalischen Dialekte*, G. Wigand, Leipzig, 1850.

--------------------, *Conghietture sulle monete d'Hyrina*, in *Annali di Numismatica*, pp. 32-5, ed. G. Fiorelli, Vol. I, G. Spithöver, Roma, 1846.

--------------------, *Histoire de la monnaie romaine*, Fr. tr. de Blantas, Rollin et Feuardent, Paris, 1865.

--------------------, *Sulle desinenze delle epigrafi nelle monete osche*, in *Annali di Numismatica*, ed. G. Fiorelli, Vol. I, G. Spithöver, Roma, 1846.

--------------------, *The History of Rome*, 5 Vol., The Free Press, Glencoe, Illinois, tr. 1894.

Mongelli, Giovanni, *Regesto delle Pergamene di Montevergine*, vol. 7, Istituto Poligrafico dello Stato, Roma.

Monier-Williams, Sir Monier, *A Sanskrit-English Dictionary*, and *English - Sanskrit Dictionary*, 2 Vol., Oxford University Press, London, 1899, Reprint 1974.

Müller Carl Otto, see Texts: Greek, *Fragmenta...*

Musco, A., *Nola e dintorni*, Albrighi, Segati e C., Napoli, 1934.

Museo Archeologico Nazionale di Napoli, Il, Soprintendenza Archeologica di Napoli e Caserta, Guide Artistiche Electa a cura di Stefano De Caro, Electa Napoli, 1994.

Nathan, R. S., *Symbolism in Hinduism*, Central Chinmaya Mission Trust, Bombay, 1983.

Nissen, H., *Italische Landeskunde, II: Die Städte*, Weidman, Berlin, 1902.

Nonnos, *Dionysiaca*, tr. W. H. D. Rouse, 3 Vol., The Loeb Classical Library, Harvard University Press, Cambridge Mass., William Heinemann Ltd., London, 1956-63.

Norman, Dorothy, *The Hero: Myth/ Image/ Symbol*, NAL Book, The World, Pub. Co., NY + Cleveland, 1969.

Ovid, *Fasti*, tr. J. G. Frazer, The Loeb Classical Library, Harvard University Press, Cambridge Mass., William Heinemann Ltd., London, 1959.

------, *Metamorphoses*, tr. Miller, Frank Justus, The Loeb Classical Library, Harvard University Press, Cambridge Mass., William Heinemann Ltd., London, 1960.

Oxford Classical Dictionary, The, ed. Hammond and Scullard, II edition, The Clarendon Press, Oxford, 1970.

Paget, Robert F., *Central Italy: an archaeological guide; the prehistoric, Villanovan, Etruscan, Samnite, Italic, and Roman remains, and the ancient road systems,* 1st U.S. ed., Noyes Press, Park Ridge, N.J., 1973.

Pais, E., *I Dauni e gli Umbri della Campania*, in *Rendec. Acc. Lincei*, Classe sc. mor., stor. fil., serie V, vol. XV, 1906, pp. 21-38.

---------, *Storia d'Italia dai tempi più antichi alla fine delle guerre puniche. Parte II Storia di Roma*, Claresci, Torino, 1899.

Paolino di Nola, *Le lettere*, vol. 2, testo latino e traduzione italiana a cura di G. Santaniello, Istituto Anselmi, Marigliano (Napoli), 1992.

Paulus Diaconus, *Pauli epitome*: *cf.* Festus, Sextus Pompeius.

Pappalardo, Umberto, *Le conseguenze delle grandi eruzioni del Vesuvio e la dinamica dei reinsediamenti alla luce dell'eruzione del 79 d.C.*, in *L'eruzionevesuviana delle "Pomici di Avellino" e la <u>Facies</u> di Palma Campania (Bronzo antico)*, a cura di Livadie C.A., Centro universitario europeo per i beni culturali, Ravello 15-17 luglio 1994, Edipuglia, Bari, 1999, pp. 357-371. (*Biblioteca Vecchione*).

Passerii, Joh. Baptistae, *Linguae oscae specimen singulare quod superest Nolae in marmore Musei Seminarii cum adnotationibus*, Typis Zempelianis Prope Montem Jordanum, Romae, 1774. (*Biblioteca Vecchione*).

Patroni, G., *Notizie scavi*, Museo Nazionale di Napoli, 1900.

Pausanias, *Descriptions of Greece*, tr. W. H. S. Jones, 4 Vol., The Loeb Classical Library, Harvard University Press, Cambridge Mass., William Heinemann Ltd., London, 1960-4.

Philipp, H., *Nola*, in *Real Encyclopädie der classischen Altertumswissenschaft*, Pauly, Wissowa, Kroll, Mittelhaus, 1893 XVII, 1, Stuttgart, -1936, coll. 811-814.

Philpot, J.H, *The Sacred Tree or The Tree in Religion and Myth*, The Macmillan Co., New York, 1897.

Picard, Charles, *Les Religions préhelléniques. Crete et Mycènes*, Paris, 1948.

Pindar, *Odes, Paeans, Dithyrambs, Processional Songs, Maidens' Songs, Dance Songs, Eulogies, Dirges and Fragments*, tr. J. E. Sandys, The Loeb Classical Library, Harvard University Press, Cambridge Mass., William Heinemann Ltd., London, 1961.

Plato, *The Republic*, in *The Dialogues of Plato*, tr. Benjamin Jowett, Auckland, Geneva, London, Manila, Paris, Rome, Seoul, Sydney, Tokyo, Toronto, Encyclopaedia Britannica, Inc., 1952, 30th printing, 1988.

Pliny, *Natural History*, tr. H. Rackham, H. S. Jones & D. E. Eichhola, 10 Vol., The Loeb Classical Library, Harvard University Press, Cambridge Mass., William Heinemann Ltd., London, 1947-63. Edition Jahn, L. Teubner, 1857.

Plutarch, *Moralia, Quaestiones Romanae*, tr. F. C. Babbitt, Vol. IV, The Loeb Classical Library, Harvard University Press, Cambridge Mass., William Heinemann Ltd., London, 1962.

----------, *The lives of the noble Grecians and Romans*, Trans. Dryden. Encyclopædia Britannica, Inc., Chicago, London, Toronto, 1952.

Polybius, *The Histories*, tr. W. R. Paton, 6 Vol., The Loeb Classical Library, Harvard University Press, Cambridge Mass., William Heinemann Ltd., London, 1954-60.

Quindici, Vincenzo, *Nola antica*, Ristampa a cura dei Maestri di festa del Giglio del "Beccaio 1998," Scala, Nola, 1998. (*Biblioteca Vecchione*).

Ramage, Andrew, Craddock, Paul, *King Croesus' Gold: Excavations at Sardis and the History of Gold Refining*, Harvard Univ Press, Cambridge, Mass., 2000.

Recenti scavi a San Paolo Belsito, mostra archeologica, Ministero per i Beni Culturali e Ambientali, Soprintendenza Archeologica delle province di Napoli e Caserta, Comune di San Paolo Belsito, 18-29 maggio 1996. (*Biblioteca Vecchione*).

Regione campania agc- development primary industries SeSIRCA MOUNTAIN COMMUNITY TABURNO, *The town of FRASSO TELESINO* (1997) -[Online] http://www.unina.it/craa/taburno/ukpag07.htm

Remondini, Gianstefano, *Della Nolanda ecclesiastica storia : alla santita di ... pontifice Benedetto XIV dedicata*, Stamp. de G. di Simone, Napoli, 1747 1757.

----------------------------, *Sopra una singolare iscrizione Osca. Il Sopra il celebre Avvenimento di Cassandra in Troja rappresentato in un'antico Vaso Etrusco*, Paolo Scionico, Genova, 1760. (*Biblioteca Vecchione*).

Riccio, Gennaro, *Repertorio ossia descrizione e tassa delle monete di città antiche comprese ne' perimetri delle province componenti l'attuale Regno delle Due Sicilie al di qua del Faro*, Stabilimento tipografico del Tramater, Napoli, 1852. (*Biblioteca Vecchione*).

Ṛigveda, Aufrecht, Theodor, Ed. Text, *Die Hymnen des Ṛigveda*, Vol. I-II, Otto Harrassowitz, Wiesbaden, 1968.

Rocci, Lorenzo, *Vocabolario Greco-Italiano*, Dante Alighieri e S. Lapi coeditori, Roma, Napoli, Città di Castello, 1952.

Ross Holloway, R., *Art and Coinage in Magna Graecia*, Edizioni Arte e Moneta, Publishers, Bellinzona, 1978.

Russo, Alfonso M., *Considerazioni sulla Civiltà Etrusca a Nola*, Mirelli, Napoli. Senza data (*Biblioteca Vecchione*).

Rutter, N. K., *Campanian coinages, 475-380 B.C.*, Edinburgh University Press, Edinburgh, 1979.

Ryley Scott, George, *Phallic Worship, A History of sex and Sex in relation to the Religions of all Races from Antiquity to the Present Day*, Amarko Book Agency, New Delhi, 1975.

Salzano, Antonio, *Vocabolario Napoletano Italiano Italiano Napoletano con nozioni di metrica e rimario*, Edizioni delGiglio, Napoli, 1989.

Sambon, A., *La cronologia delle monete di Neapolis*, in *Società numismatica italiana. Omaggio al congresso internazionale di scienze storiche in Roma*, Cogliati, Milano, 1902, pp. 119 - 137.

----------------, *Les monnaies antiques de l'Italie (Picenum, Samnium, Campanie) (Cumes et Naples)*, Tome Premier, Bureaux du "Musée," Revue d'art antique, Paris, 1903, and Forni, Bologna, 1967.

----------------, *Notes sur l'histoire de l'art en Campanie*, in *Revur numismatique*, Chez C. Rollin et Feuardent, Paris, 1907, pp. 449-60.

Sambon, L, *Recherches sur les Monnaies de la Presqu'ile italique, depuis leur origine usqu'a la bataile d'Actium*, Imprimerie de l'Union, Napoli, 1870.

Sampaolo, Valeria, *Dati archeologici e fenomeni vulcanici nell'area nolana nota preliminare*, in *Tremblements de terre, éruptions volcaniques et vie des hommes dans la Campanie antique*, Bibliotheque de l'Istitut Français de Naples, vol. VII, Publications du centre Jean Bérard, Naples, 1986, pp. 113-9 (pl. LXX-LXXIII). (*Biblioteca Vecchione*).

------------------------, *Nola preromana dalle necropoli di piazza d'armi - ronga - s.massimo*, Amministrazione comunale di Nola, Assessorato ai Beni Culturali, Istituto Anselmi, Marigliano, 12/23 dicembre, 1985. (*Biblioteca Vecchione*).

Śatapatha Brāhmaṇa, ed. A. Weber, Chowkhamba Sanskrit Series 96, Varanasi, 1964.

Scandone, Francesco, *Documenti per la storia dei comuni dell'Irpinia. III Lauro e I casali*, Comunità Montana del Vallo di Lauro e Baianese, Amministrazioni civiche Lauro e del Vallo, Tip. Laurenziana, Napoli, Luglio, 1983.

Scullard, H. H., *The Etruscan cities and Rome*, Cornell University Press, Ithaca, NY, 1967.

Seaby, H. A., *Greek Coins and Their Values*, 2nd Ed., B.A. Seaby, Ltd., London, 1966.

S.E.A.O. = *Sacer Equestris Aureus Ordo, Collection*, PO 411, W. Long Branch, New Jersey, USA.

Sear, David R., *Roman Coins and their values*, Seaby Audley House, London, 1936, II revised edition 1974.

Selection of Greek historical inscriptions to the end of the fifth century B.C., A, edited by Russell Meiggs and David Lewis, Clarendon Press ; New York , Oxford University Press, Oxford [England], 1988.

Seltman, C. T., *Masterpieces of Greek Coinage*, Oxford, 1949.

Servius, Maurus Honoratus, see: Pub. Virgilii Maronis. *Opera omnia* ... Lugdum, 1680.

Sestieri, P. C., *Tombe dipinte di Paestum*, in *Rivista dell'Istituto Nazionale d'Archeologia e Storia dell'Arte*, Nuova Serie, Roma, 1956-57.

Seyffert, Oskar, *A Dictionary of Classical Antiquities, Mythology Religion Literature Art*, revised and edited by Nettleship, New York, Henry & Sandys, J. E., Meridian Books, 1956, V printing 1959.

Silius Italicus, *Punica*, tr. J. D. Duff, The Loeb Classical Library, Harvard University Press, Cambridge Mass., William Heinemann Ltd., London, 1950-61.

Simonelli, Pasquale J., *Nuovi ritrovamenti di iscrizioni in Nola,* (New findings of Inscriptions in Nola), Vol. XXI *Atti dell'Accademia Pontaniana*, Napoli, 1973. !8 newly discovered Roman Inscriptions.

-----------------------------,*Una lettura della Bṛihadaraṇyaka Upanishad*, Vol. 38, *Annali dell'Istituto Universitario Orientale*, Napoli, 1978.

-------------------------------------,*La morte nella Bṛihadaraṇyaka Upanishad e Śatapatha Brahmaṇa*, in *La mort, les morts dans les sociétés anciennes*, Cambridge University Press, 1982.

Singh, Raghubir, *Banaras. Sacred City of India*, Thames and Hudson, N.Y., 1987.

S.N.G. = *Sylloge Nummorum Graecorum, The Collection of The American Numismatic Society, Part I, ETRURIA-CALABRIA*, The American Numismatic Society, NY, 1969.

Sophocles, *Women of Trachis*, tr. Williams, C. K., Oxford University Press, New York, 1978.

Sorrentino, P. Raimondo O.P., *La Madonna dell'Arco. Storia dell'immagine e del suo Santuario*, Editrice Domenicana Italiana, Napoli, 1985.

Sovinformsputnik, Russian satellite digital images, orthorectified 1m resolution images: orthorectification UTM, WGS-84, recording format TIFF on CD-ROM. KFA-100 camera frame format: 30x30 cm; spectral bands number: 1; Spectral band: 570 - 760 nm (for b/w films) 560 - 810 nm (for spectrozonal film); Ground resolution: 5 m; overlap: 60%; KFA-1000 camera. A.Orlovsky, Head of Sales Dept., 47, Leningradskiy Prospect, 125167 Moscow, Russia, tel.:+7-095-943- 0757, fax:+7-501-943-0585 (or +7-095-943-0585) e-mails: common@iasis.msk.su, common@sovinformsputnik.com, website: www.sovinformsputnik.com.

Sovrintendenza archeologica delle Province di Napoli e Caserta, *Nola: la città nuova della Campania antica*, Arte Tipografica, Napoli, Luglio 2000.

Statius, Publius Papinius, *Silvae*, vol. 1, *Thebaid*, 2 Vols., tr. J. H. Mozley, The Loeb Classical Library, Harvard University Press, Cambridge Mass., William Heinemann Ltd., London, 1961.

Stemplinger, E, *Studien zu den'Εθνικά des Stephanus Byzantius*, Monaco, 1902.

Stephanus Byzantius, *Ethnica*, Ed. Ant. Westerman, Leipsic, 1839.

Strabo, *The Geography*, tr. H. L. Jones, 8 Vol., The Loeb Classical Library, Harvard University Press, Cambridge Mass., William Heinemann Ltd., London, 1959-60.

Suetonius, *The lives of the Caesars. Augustus*, tr. J. C. Rolfe, vol. II, The Loeb Classical Library, Harvard University Press, Cambridge Mass., William Heinemann Ltd., London, 1960.

Tacitus, ***The Histories****, tr. Clifford H. Moore, *The Annals*, tr. John Jackson, 4 Vol., The Loeb Classical Library, Harvard University Press, Cambridge Mass., William Heinemann Ltd., London, 1956-62.

Teissier, Beatrice, *Ancient Near Eastern Cylinder Seals*, University of California Press, Berkeley, Los Angeles, London, Summa Publications, Beverly Hills, California, 1984.

Thomson, Charles, *Remarks and Explanation*, United States Continental Congress, June 20, 1782 (*Journals of the Continental Congress, 1774-1789*, Edited from the original records in the Library of Congress, U.S. Govt. print off., Washington, 1904-37).

Thomson, R., *Early Roman Coinage: A Study of Chronology*, 3 Vol., Copenhagen, 1957-61.

Thucydides, *History*, tr. C. Forster Smith, 4 Vol., The Loeb Classical Library, Harvard University Press, Cambridge Mass., William Heinemann Ltd., London, 1919-23.

Timaeus, in: *Fragmente der griechischen Historiker, Die,* Jacoby, von Felix, Vol. 3, n. 566.

Trump, David H., *Central and southern Italy before Rome*, Praeger, New York, 1966.

Tucci, Giuseppe, *Le religioni del Tibet*, Ed. Mediterranee, Roma, 1970.

Valerius Maximus, *Dictorum factorumque memorabilium libri IX*, Italian tr. *Detti e fatti memorabili*, I tascabili degli Editori associati, Torino, 1988.

Varro, Marcus Terenntius, *On Agriculture*, tr. H. B. Ash & W. D. Hooper, The Loeb Classical Library, Harvard University Press, Cambridge Mass., William Heinemann Ltd., London, 1960.

Vecchione, Luigi, in Biblioteca Vecchione [Via Vivenzio 16, Nola (Napoli)]:

---------------------, *Archeologia Nolana: Musei ... Il Museo*, Ediz. Opinione 2, Tipografia Anselmi, Marigliano, 2001.

---------------------, *Folklore d'Italia, La festa dei Gigli, "Una sagra che è una fiaba,"* Arti Grafiche, Napoli, 1950.

---------------------, *Il Museo di Nola: diritto acquisito*, relazione *Convegno Regionale dei Gruppi Archeologici - Convento di S. Angelo - Nola*, 24-25 Aprile, 1982.

----------------------, *La festa dei Gigli: Storia, Miti e riti. Relazione al Convegno nazionale di folklore e cultura popolare*, Sala Mozzillo, Nola, 7 giugno 1990.

----------------------, *La Fondazione di Nola nelle fonti letterarie e archeologiche*, presentazione di *Nola Antica* di V. Quindici - Biblioteca Comunale - Nola, 21 Maggio, 1998.

----------------------, *Nel nome di Hyria Cicala e Bruno. Per il 25 ° di vita dell'Archeoclub*, Ediz. Opinione 2, Nola, Hill Country, Maggio 2000.

----------------------, *Reperti archeologici e Beni Culturali da salvare*, relazione al convegno regionale, *Prospetti: ipotesi prospettive per l'assetto territoriale del Nolano*, Circolo Culturale "G. Bruno" Nola, 7 Dicembre 1973.

Velleius Paterculus, *The Roman History and Res Gestae Divi Augusti*, tr. F. W. Shipley, The Loeb Classical Library, Harvard University Press, Cambridge Mass., William Heinemann Ltd., London, 1961.

Virgilius, Maro, Publius, *Carmina (Bucolica, Georgica, Aeneis)*, Florentiae, apud G. Barbera, 1925.

----------------------------------, *The Aeneid of Virgil*, Edited by R. D. Williams, NY, St. Martin's Press, 1972.

----------------------------------, *Pub. Virgilii Maronis. Opera omnia. Cum notis selectissimis variorum Servii, Donati, Pontani, Farnabii...*, Lugdum Batavorum, apud Franciscum Hackium, 1680.

Volute, Pauline, *Notes sur l'iconographie d'Océan. Á propos d'une fontaine à mosaiques découverte à Nole (Campania)*, in *Mélanges de l'École Française de Rome Antiqué*, 84 (72) - 1, Roma, 1972.

Ward-Perkins, J. B. (John Bryan), *Cities of ancient Greece and Italy; planning in classical antiquity*, G. Braziller, New York, 1974.

Wilber, Donald N., *Persepolis, The Archeology of Parsa, Seat of the Persian King*, The Darwin Press, Inc., Princeton, NJ., 1969, 1989.

Woodhead, A. G., *The Greeks in the West*, F. A. Praeger, Publishers, NY, 1962.

Xenophon, *Memorabilia and Oeconomicus*, tr. E. C. Marchant, The Loeb Classical Library, Harvard University Press, Cambridge Mass., William Heinemann Ltd., London, 1959.

--------------, *Scripta Minora*, tr. E. C. Marchant, The Loeb Classical Library, Harvard University Press, Cambridge Mass., William Heinemann Ltd., London, 1962.

Yajurveda, The, Text and English translation by Devi Chand,Munshiram Manoharlal Publishers Pvt Ltd, New Delhi, 1994.

APPENDIX

MAP I

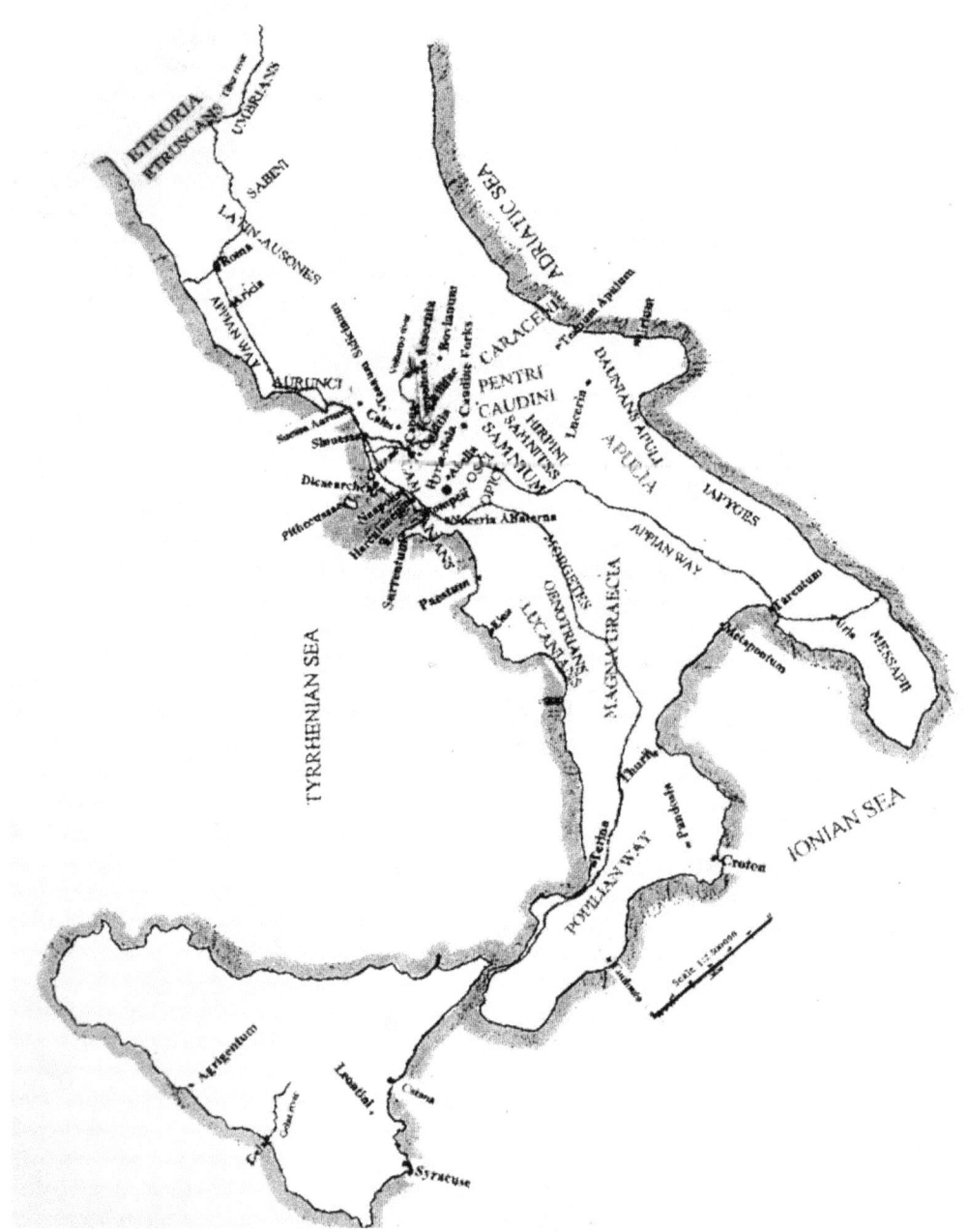

CENTRAL AND SOUTHERN ITALY, II AND I MILLENNIUM B.C.
ITALIA CENTRALE E MERIDIONALE, II E I MILLENNIO A.C.

MAP II

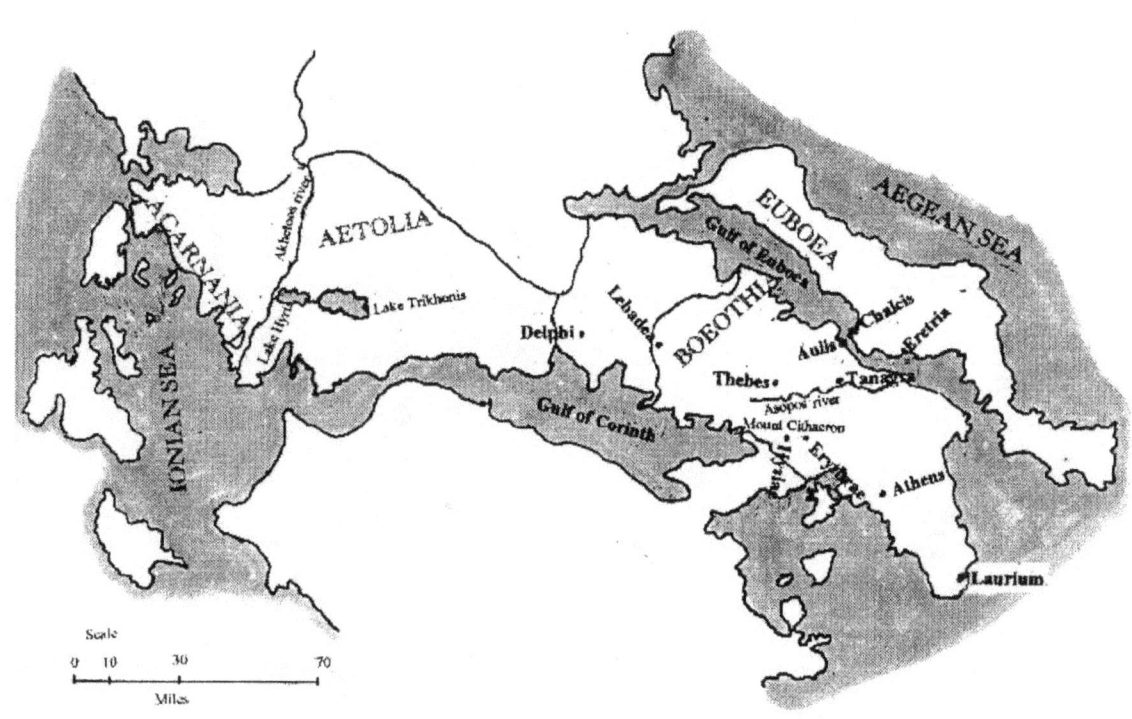

CENTRAL GREECE, I MILLENNIUM B.C.
GRECIA CENTRALE, I MILLENNIO A.C.

MAP III

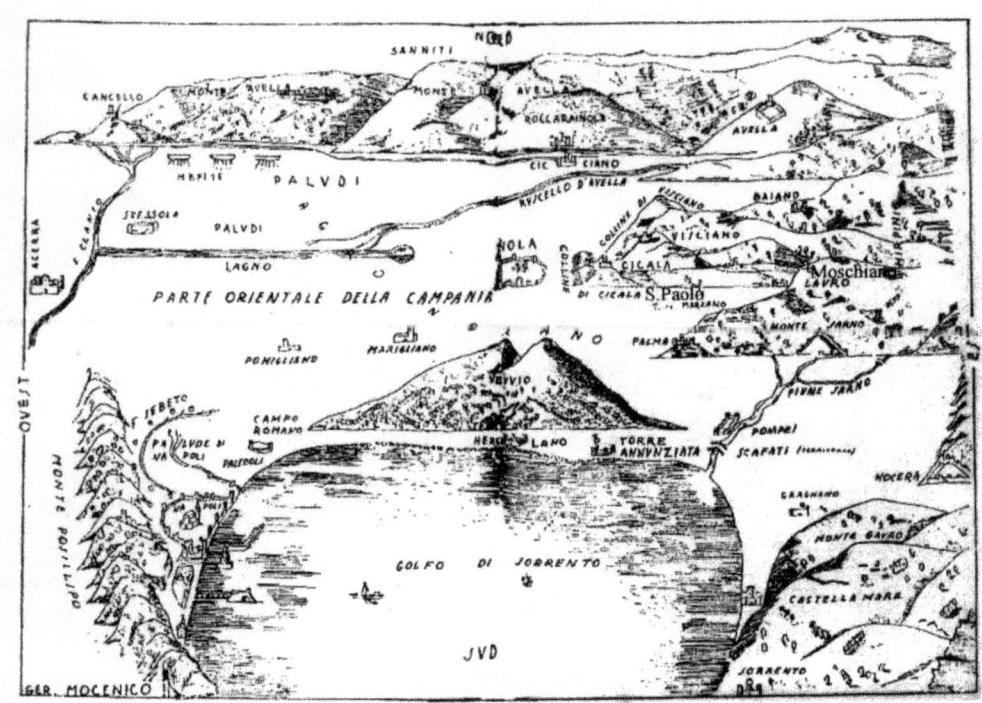

NOLA'S SURROUNDINGS
NOLA E DINTORNI
Leo, Ambros Nolanus, *Libri III antiquitatum et historiarum urbis et agri Nolani,* Venezia, 1514.

MAP IV

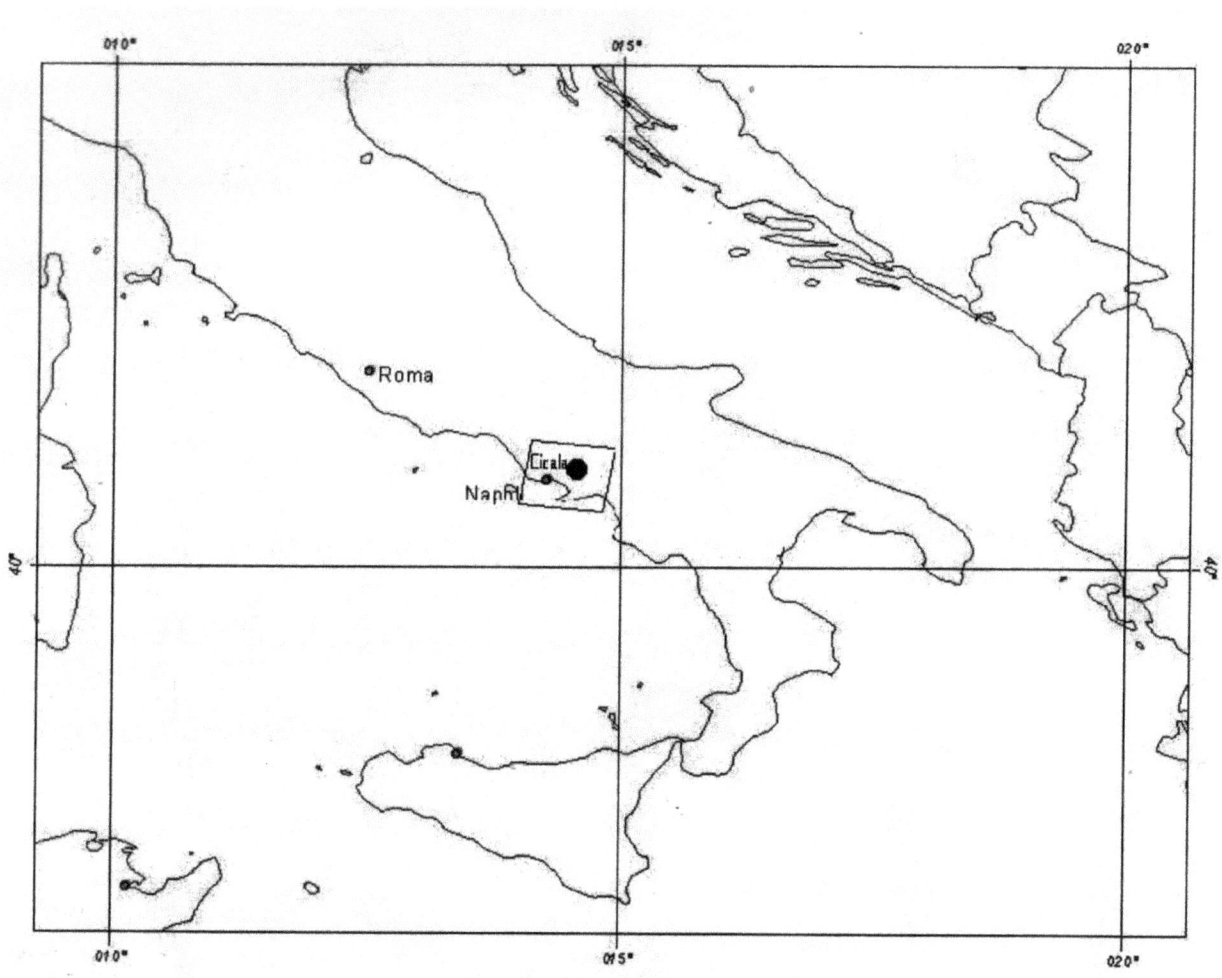

THE LOCATION OF CICALA'S HILL.
L'UBICAZIONE DELLA COLLINA DI CICALA.

MAP V

CAMPANIA

1 Phistelia/Plistica/Castel Morrone (Caserta)   2 Saticula/Sant'Agata dei Goti (Benevento)

PLATE 1

£2: ear of barley
(spiga di grano)

$1: Great Seal
(Grande Timbro).

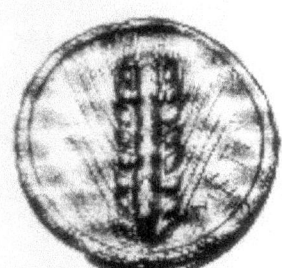

Metapontion: Nomos
(VI cent. B.C.)

Mt. Somma

£10: Pegasus

Present Clanius?
(Avella: Fontanelle)

Syracuse: stater (IV cent. B.C.)

PLATE 2

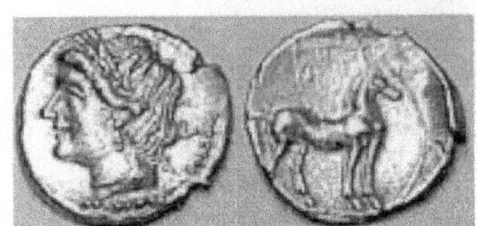
1/4 Shekel, 1.91 gr., Hannibal.

½ Litra, ROMAION

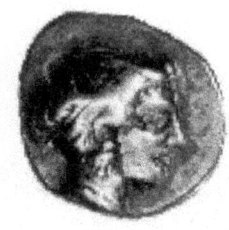

Nola

Hyria: Athena

Neapolis:
Apollo & Achelous

Nola

Hyria

PLATE 3

PLATE 4

Caria: stater.

...Genio Coloniae...

Pompeii: # 2 reg IX isola 7

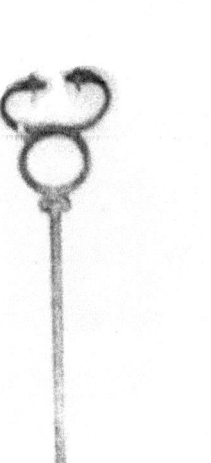
Caduceus

Pompeii: Casa del
Criptoportico # 2 reg I isola 6.

Brahmāṇḍa

PLATE 5

Cero.

Boat (barca) & giglio: Brooklyn, NY.

Giglio: Brooklyn, NY.

PLATE 6

Samnite Warrior.
Guerriero sannita.

Nola: Samnite tomb
(tomba sannita).

Skyphos.

PLATE 7

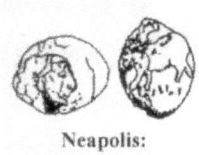
Neapolis:
Berlin Museum.

'Demareteia'

Thurii.

 1944.100.6924

Croton.

 1963.263.1

Pandosia.

Decadrachma, Euainetos.

Neapolis: didrachma.

PLATE 8

Nola.

Cumae.

Cicala: St. Lucia (XV cent.)

Cicala.

PLATE 9

Syrian Mother Goddess (Dea Madre siriana).

Nola: monogram ΛΕ.

1944.100.2119

Senseris.

Hyria: Hera.

Croton.

Pandosia.

Thurii.

Chimaera, Nola, Via G. Bruno.

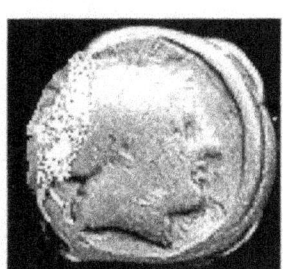
Similar: to Frasso's coin (Simile: moneta di Frasso).

Overstrike: Neapolis on Hyria. (Riconio: Neapolis su Hyria).

PLATE 10

Right side (Lato sinistro):
Attendant with axe (*securis*)
[Inserviente con ascia (*securis*)]
drags a cow
(trascina una vacca).

AVGVSTO
SACRVM
RESTITVERVNT
LAVRINIENSES
PECVNIA SVA
CVLTORES
D D

Left side (Lato destro):
Sacrificial vase (*praefericlum*),
[vaso sacrificale (*praefericlum*)]
dish (*patera*) and sprinkler (*aspergillum*)
[piatto (*patera*) ed aspersorio (*aspergillum*)].

Opposite side (Lato opposto):
Vase (*vas*) and knife (*culter*)
[Vaso (*vas*) e coltello (*culter*)]

C.I.L. X, Nola, 1238.

Maria SS Assunta, Pernosano di Pago

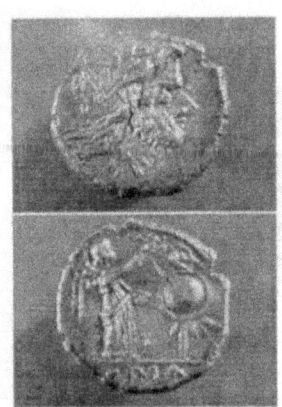

Rome:
victoriatus 211-208 B.C.

Visciano: seen from (visto da) Cicala.

PLATE 11

Nola; Imp. Titus.

IMP · TITVS · CAESAR · DIVI · VES*Pasiani f. vespasianus aug.*
PONT · MAX · TRIB · POTEST · X · IMP · XVII · *Cos. vii. censor p. p.*
TETRASTYLVM · GENI · COLONIAE · TER*rae motibus conlapsum restituit*

Lauro, San Giovanni del Palco, Roman Villa

GENIO · ET
LARIBVS

C.I.L. X, Nola, 1235

M · CL · MARCELLO
ROMANORVM · ENSI
FVGATO · HANNIBALE
DIREPTIS · SYRACVSIS
V · CONS
S·P·Q·NOLA[*nus*

Nola: Marcellus.

C · CATIVS · M · F · IIII VIR · C*NPW* · PVBLICE
AEQVANDVM · CVRAVIT · MACERIEM
ET · SCHOLAS · ET · SOLARIVM · SEMITAM
DE · S · P · F · C
5 GENIO · COLONIAE · ET · COLONORVM
HONORIS · CAVSA
QVOD · PERPETVO · FELICITER · VTANTVR

C.I.L. X, Nola, 1236.

PLATE 12

CIPPUS ABELLANUS

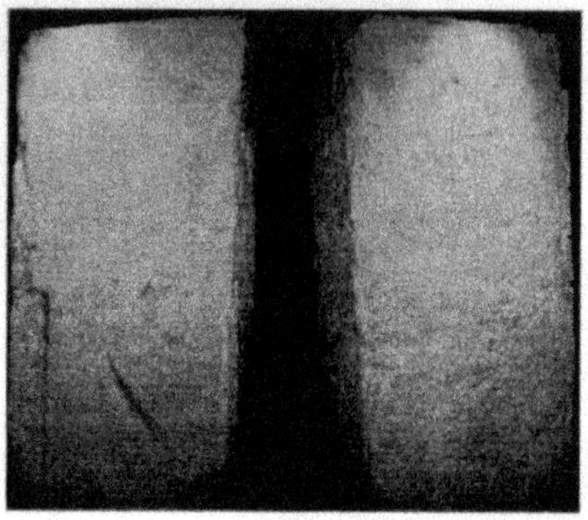

MAIIÚÍ. VESTIRIKIÍÚÍ. MAI. SIIR*ui*
PRUPUKID. SVERRUNEÍ. KVAÍST*u*
REÍ. ABELLANÚÍ× ÍNÍM. MAIIÚ*í*
LÚVKIÍÚÍ. MAI. PUKALATÚÍ
MEDÍKEÍ. DEKETASIÚÍ. NÚVLA
núí. ÍNÍM. LÍGATÚÍS ABELLAN*úís*
ÍNÍM. LÍGATÚÍS. NÚVLANÚÍS
PÚS. SENATE*í*S. TANGINÚD
SUVEÍS. PÚTURUSPÍD. LÍGAT*ús*
FUFANS. EKSS. KÚMBENED *puz*
SAKARAKLÚM. HEREKLEÍS. *ú*P
SLAAGID. PÚD. ÍST. ÍNÍM. TEER*úm*
PÚD. ÚP. EÍSÚD. SAKARAKLÚd *.íst*
PÚD. ANTER. TEREMNÍSS. Eh*trad*
ÍST. PAÍ. TEREMENNIÚ. MÚ*ínîkad*
TANGINÚD. PRÚF TUSET. R*ehtud*
AMNÚD. PUV. ÍDÍK. SAKARA*klúm*
ÍNÍM. ÍDÍK. TERÚM. MUÍNÍ*kúm*
MUÍNÍKEÍ. TEREÍ. FUSÍD. *avt*
EÍSEÍS. SAKARAKLEÍS. *ínîm*
TEREÍS. FRUKTATIUF. FR*ukta*
tiuf. MUÍNÍKÚ. PÚTURU*mpíd*
*fus*ID. AVT. NÚVLANU
..... HEREKLEÍS. FÍ.............
..... IISPÍD. NÚVLAN*um*
///////// IIPPV // IST ///T//////////////////
///
///
///
///
///
///

EKKUM /////////
TRÍÍBARAKA*vum* ///////
LÍÍMÍTÚ*m*...IERM...../////
HEREKLEÍS. FÍÍSNU MEFÍÚ
ÍST. EHTRAD FEÍHÚSS. PÚ*s*
HEREKLEÍS. FÍÍSNAM. AMFR
ET PERT. VÍAM. PÚSSTÍST
PAÍ. ÍP. ÍST. PÚSTIN. SLAGÍM
SENATEÍS. SUVEÍS. TANGI
NÚD. TRÍBARAKAVÚM. LÍ
KÍTUD ÍNÍM. ÍÚK. TRÍBA
RAKKIUF. PAM. NÚVLANÚS
TRÍBARAKATTUSET. ÍNÍM
ÚÍTTIUF. NÚVLANÚM. ESTUD
EKKUM. SVAÍ. PÍD. ABELLANÚS
TRÍBARAKATTUSET. ÍÚK. TRÍ
BARAKKIUF. ÍNÍM. ÚÍTTIUF
ABELLANÚM. ESTUD. AVT
PÚST. FEÍHÚÍS. PÚS. FÍSNAM. AM
FRET. EÍSEÍ. TEREÍ. NEP. ABEL
LANÚS. NEP. NÚVLANÚS. PÍDUM
TRÍBARAKATTÍNS. AVT. THE
SAVRÚM. PÚD. EISEÍ. TEREÍ. ÍST
PÚN. PATENSÍNS. MÚÍNÍKAD. TA*n*
GINÚD. PATENSÍNS. ÍNÍM. PÍD.*Eiseí*
THESAVREÍ. PUKKAPID. EE*stit*
*a*ÍTTÍÚM. ALTRAM. ALTTR*us*
*f*ERRÍNS. AVT. ANTER. SLAG*í*m
*a*BELLANAM. ÍNÍM. NÚVLANAM
*s*ÚLLAD. VÍU. URUVÚ. ÍST. TEDUR
*e*ÍSAÍ. VÍAÍ. MEFÍAÍ. TEREME*n*
*n*IÚ. STAÍET

PLATE 13

Ph.N.1
Phistelia silver (argento) half-obol (emi-obolo) 0.4 gr., 8-9 mm., 8 axis

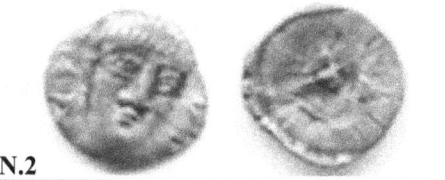

Ph.N.2

Ph.N.3
Phistelia obols, collection of Carlo Morino
http://www.morino.it/ Rome, Italy, 2002.
http://www.morino.it/phistelia/c.morino@libero.it

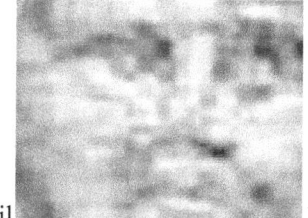 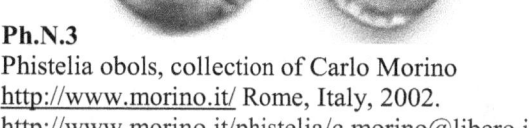

Ph.N.1 detail   **Ph.N.2** detail   **Ph.N.3** detail

Ph.N.4 Phistelia AR obol 380-350 BC... SNG Copenhagen 576. Obol (0.1 gm). Facing male head (Testa maschile frontale)/ Dolphin (delfino), barley grain (grano di orzo)& mussel shell (conchiglia di mitilo). Col. SEAO

Ph.N.5 CAMPANIA: PHISTELIA. 380-350 BC. AR Obol, 10mm (0.50 gm). O: Facing head of nymph (volto frontale di ninfa). R: Lion, l.; in exergue, serpent. cf. SNG Cop. 578.

Ph.N.5 AR Obol. 5 mm x 6 mm. (380-350 B.C.) SNG Cop 577, SNG ANS 584, Rutter S. 180 Group IV. Obverse: Head of nymph in three-quarter turn, facing left. Reverse: lion, snake below.

Ph.n.5 Phistelia 380-350 BC, AR Obol. Head of nymph (testa di ninfa)/ lion and serpent (leone e serpente). Weber Plate 19. Col. SEAO

PLATE 14

AR obols SNG ANS 584 ff.

AR didrachm 380-350 BC Head of female front (viso muliebre) Acheloo l. Similar to Hyria *S.N.G.* 563

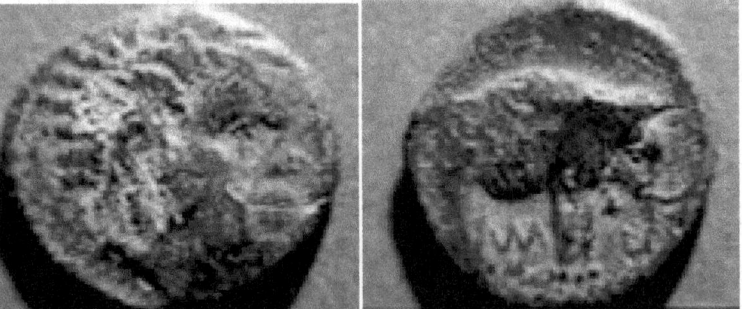

Etruscan AE, Nubian / Elephant gF -- Etruria, Arretium (?) Chiana Valley, E quartuncia, (4.68g) 208-207 BC, Nubian head (testa) r. (d.) / Elephant r. (d.), letters below. SNG ANS 39-41; SNG Cop. 47.

INDICE

Prefazione	7
I Felice Campania	11
II Le monete di Hyria	15
III I miti di Hyria	23
IV L'aspetto sacro ed etimologico di Hyria	31
V I coloni italici	39
VI Gli Etruschi ed i Greci	47
VII I Sanniti	57
VIII Nola, la Nuova--Hyria	63
IX La zecca di Hyria	71
X La supremazia di Nola	81
XI La seconda guerra sannitica	87
XII Le dispute di confine di Nola	91
XIII Le Monete della città-stato di Fistelia	99
TABŬLA I MONETE SCELTE DALLA ZECCA DI HYRIA	102
TABŬLA Ia ACHELOO CORONATO NIKE -VITTORIA VOLANTE SOPRA	105
TABŬLA II MONETE SCELTE DALLA ZECCA DI NOLA	106
TABŬLA III COMPARAZIONE DELLE MONETE	108
TABŬLA III RICONIATI	109
TABŬLA IV INVENTARIO DEI RIPOSTIGLI DI MONETE DI HYRIA E NOLA	110
TABŬLA V NAPOLI: "MUSEO NAZIONALE"	111
TABŬLA VI MONETE SCELTE CON ELEFANTI DAL 310 AL 202 A.C.	113
ABBREVIAZIONI	114
NOTE	115
BIBLIOGRAFIA	127
APPENDIX:	137

    MAP I   ITALIA CENTRALE E MERIDIONALE, II E I MILLENNIO A.C.
    MAP II   GRECIA CENTRALE, I MILLENNIO A.C.
    MAP III   NOLA E DINTORNI
    MAP IV   L'UBICAZIONE DELLA COLLINA DI CICALA
    MAP V   CAMPANIA
    PLATE 1
        $1: Grande Timbro
        £2: spiga di grano
        £10: Pegaso
        Metapontion: *Nomos* (VI cent. a.C.)
        Siracusa: statere (IV cent. a.C.)
        Mt. Somma
        L'attuale Clanio? (Avella: Fontanelle)
    PLATE 2
        1/4 Siclo, 1,91 gr., Annibale

½ Litra, ROMAION
Hyria: Atena
Nola
Hyria
Nola
Neapolis: Apollo ed Acheloo

PLATE 3
Gela
Arte etrusca
Napoli, Piazzetta Nilo
120 grana
Napoleone
Ur, dettaglio del pannello della Grande Lira
Timbro accadico
"Lamassu"
Teanum Apulum
Saetta Siracusana
"Rdo-rje"

PLATE 4
...Genio Coloniae...
Caria: statere
Pompei: # 2 reg. IX isola 7
Caduceo
Pompei: Casa del Criptoportico # 2 reg. I isola 6
Brahmāṇda

PLATE 5
Cero
Giglio, Brooklyn, NY
Barca e giglio: Brooklyn, NY

PLATE 6
Guerriero sannita
Nola: tomba sannita
Skyphos

PLATE 7
Neapolis: Museo di Berlino
'Demareteia'
Thurii (Turio)
Crotone
Pandosia
Decadramma, Euainetos
Neapolis: didramma

PLATE 8
Nola

   Cumae
   Cicala: St. Lucia (XV secolo)
   Cicala
PLATE 9
   Dea Madre siriana

   Nola: monogramma ΛE
   Senseris
   Hyria: Hera
   Crotone
   Thurii (Turio)
   Pandosia
   Riconio: Neapolis su Hyria
   Chimera, Nola, Via G. Bruno
   Simile alla moneta di Frasso
PLATE 10
   C.I.L. X, Nola, 1238
   Maria SS Assunta, Pernosano di Pago
   Roma: vittoriato 211-208 a.C.
   Visciano: visto da Cicala
PLATE 11
   Nola: imperatore Tito
   Lauro, San Giovanni del Palco, Villa romana
   C.I.L. X, Nola, 1235
   C.I.L. X, Nola, 1236
   Nola: Marcello
PLATE 12
   CIPPUS ABELLANUS
PLATE 13
   Monete di Fistelia
PLATE 14
   Monete di Fistelia ed Etruria